뮤지컬 노래 그리고 영어

뮤지컬 노래 그리고 영어

초판발행 2020년 2월 10일

저자 서용득

발행인 나영옥

펴낸 곳 도서출판 **영**

주소 경기도 고양시 일산서구 탄현로 133, 113동 1404호
(탄현동, 일산임광진흥아파트)

전화 031) 904-7905~6

팩스 031) 904-7907

등록번호 825-90-00389

E-mail youngpub@naver.com

ISBN 979-11-88743-53-7 93740

정가 25,000원

뮤지컬 노래 그리고 영어

MUSICAL SONGS AND ENGLISH

서용득

YOUNG

들어가면서

대사, 행위, 춤과 노래가 있는 뮤지컬은 문화의 꽃입니다. 뮤지컬이라는 꽃이 피면 문화의 꽃 또한 활짝 피어날 것입니다. 뮤지컬이 흥행하면 그만큼 우리들의 삶이 풍요로워진다는 것을 의미합니다. 뮤지컬 영화는 우리가 비교적 싼 비용으로 뮤지컬을 즐길 수 있는 장점은 있지만, 무대 위에서 벌어지는 스펙터클과 같은 현장감을 제대로 느낄 수 없다는 단점이 있습니다. 그렇지만 뮤지컬 영화를 보면서 극적 상상력을 동원하여 즐기게 된다면 무대 위의 뮤지컬을 보는 것의 일부분이라도 느낄 수 있는 기회를 갖게 될 것입니다.

영화로 된 뮤지컬 영화이든, 극장에서 실제로 공연되는 뮤지컬이든 영어 소리를 제대로 알아듣고, 그 뜻을 생각하면서 감상하거나 뮤지컬을 머릿속으로 떠올리게 되면, 그 뮤지컬이 오랫동안 우리들의 마음속에 남아 있을 것입니다.

노래 속의 영어는 소리와 의미가 맞아 떨어져야만 제대로 이해될 수 있습니다. 그런데 노래를 제대로 이해하려면 생각보다 상당히 어렵다. 그 이유는 대부분의 노래들이 시적인 의미 즉, 함축적인 의미를 많이 담고 있기 때문입니다.

이 책은 각 뮤지컬에 나오는 주요한 영어 노래 두 곡의 소리와 의미를 제대로 이해한 후 감상할 수 있는 길을 마련하는 것입니다. 이를 통해 뮤지컬을 통해 전하고자 하는 극작가, 연출가 또는 영화감독의 의도 즉, 주제인 중심사상을 이해하는 계기가 된다면, 이 보다 더한 만족은 없을 것입니다. 울림이 있는 뮤지컬 한 편이라도 평생 동안 우리가 마음속에 간직하고 가끔 꺼집어내어 생각할 수 있다면 우리가 살면서 그 보다 더한 행복이 또 어디에 있을까요?

뮤지컬에 나오는 노래는 귀로 듣고 마음으로 뜻을 새기며 들어야 합니다. 가능하다면 뮤지컬에 나오는 몇 곡 정도는 혼자서 노래를 부르거나 흥얼거릴 수 있고 소모둠 앞에서 부를 수 있게 된다면 자신에게 더 큰 기쁨을 가져다 줄 것입니다.

뮤지컬 장면들을 떠올리고 기억하면서 영어를 가르치고 학습할 수 있다면 영어 학습자에게 동기유발이 될 것입니다. 학습자가 영어의 다양한 세계에 자연스럽게 빠져들게 될 것입니다. 학습자가 재미있게 영어를 학습하게 될 것입니다. 노래는 영어를 가르치고 배우는데 있어서 쓸모 있고 효과적인 실제자료(authentic materials)이기 때문입니다. 실제자료란 처음부터 교육용으로 만들어져 있지 않지만 인간의 일상생활에서 자주 쓰이는 자료를 일컫습니다. 실제자료는 학습자가 관심을 갖고 즐길 수 있는 자료들입니다. 실제자료의 예로는 팝송 등과 같은 노래, 문학작품, 영화, 미국과 영국 드라마, 광고나 신문 등이 실제자료에 해당됩니다. 실제자료란 결국 우리들의 일상생활과 밀접하게 관련되어 있으면서 의사소통을 제대로 할 수 있는 능력을 길러줄 수 있는 실질적인 자료입니다.

유튜브(youtube)에 접속하여 다양한 뮤지컬 보고 듣게 된다면, 뮤지컬을 훨씬 더 재미있게 그리고 제대로 즐길 수 있을 것입니다. 언어는 문화의 주요한 요소이기 때문에, 영어로 감상할 때의 감동과 한국어로 감상할 때의 느낌과 감동은 다를 수 있을 것입니다. 그리고 영어로 된 노래에 한글 소리를 힘들게 덧붙일 필요가 없이, 이 책에 나와 있는 '뮤지컬 노래를 제대로 들을 수 있는 방법'은 영어의 음변화(sound changes)의 기본 규칙이기 때문에 이 규칙만 제대로 기억하고 있으면 이런 불필요한 노력을 할 필요가 없을 것입니다. 아울러 영어를 듣고 말하는데 있어서 많은 시간을 절약할 수 있게 될 것입니다.

뮤지컬에 나오는 노래들의 소리와 뜻을 제대로 듣고 이해하면서 뮤지컬을 감상하게 된다면 그 울림은 우리에게 그 누구와도 나눌 수 없는 커다란 기쁨으로 다가올 것입니다. 그 울림의 일부라도 이 책을 읽는 사람들이 느끼게 된다면 저의 의도한 기획은 충족되었다고 볼 수 있습니다.

노래를 부른 가수들의 이름을 제시하지 않았습니다. 그것은 이 책에 나오는 노래들이 유명하고 잘 알려진 곡들이라 세계의 많은 가수들이 불렀기 때문입니다. 필요하다면 다양한 가수들의 노래를 유튜브에서 확인할 수 있을 것입니다. 그런데 가수들의 이름이 우리나라 독자들이 자주 보고 우리나라에서 널리 표기되고 있는 것과는 차이가 나는 것들이 많습니다. 이것은 가수들의 이름이 고유명사이기 때문에 그 나라에서 발음되는 대로 표기하는 것이 원칙인데, 우리나라에서는 글자 그대로 표기하고 있기 때문에 잘못되어 널리 알려지고 있는 경우가 대부분입니다.

노래의 한글 옮김은 가능하면 영어 자체의 의미를 살려서 옮겨 놓았습니다. 기능 낱말(function words)로 되어 있는 가사의 경우에도 작사가의 뜻이 담겨 있으리라는 가정 하에 영어를 가능하면 그대로 살려 한글로 옮겨 놓았습니다.

CONTENTS

뮤지컬 노래를 제대로 듣는 방법

영어는 음절언어(syllable language)인 한국어와 달리 고저언어(pitch language)입니다. 음절언어는 낱말의 길고 짧은 형식으로 이어져가는 반면, 고저언어는 낱말의 높낮이로 이어져갑니다. 한국 사람들이 영어로 소리를 내거나 영어 소리를 들을 때 이 점을 놓치고 있기 때문에 제대로 영어 발음을 하거나 영어 듣기를 할 때 어려움이 뒤따르는 것입니다. 시작부터 제대로 영어 소리를 들어야 하는데, 그렇지 못한 경우가 대부분이어서 저는 안타깝게 생각합니다.

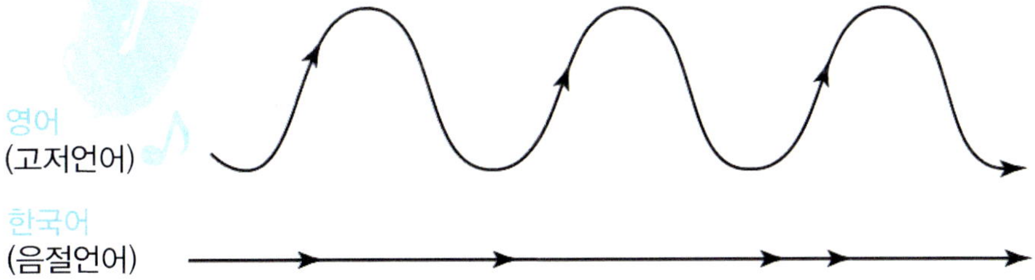

영어를 들을 때 들려오는 내용을 모두 들으려고 하면 번번히 실패하게 되고, 나중에는 듣는 것 자체를 포기하는 경우가 더러 있습니다. 고저언어인 영어의 내용을 파악하기 위해 크게 들려오는 소리인 내용낱말(content words)를 중심으로 내용을 파악하려고 해야 합니다. 그래야만 영어를 들을 때 지치거나 포기하지 않게 되고 반복적으로 영어를 듣는 습관을 갖게 되면 차츰 영어의 내용을 이해하게 됩니다.

우리가 영어 소리를 듣거나 말을 할 때 우리의 예측—표기된 대로 듣거나 말해야 될 것으로 생각하고 있는 현상—을 벗어난 경우에는 우리로 하여금 영어 소리를 이해하는데 큰 어려움이 뒤따릅니다. 그러니까 눈으로 보이는 영어와 귀로 듣고 말로 하는 영어가 차이가 나는 현상을 규칙으로 만들어 놓았는데, 그것을 음변화 또는 음운변화(sound changes)라고 합니다.

영어 소리를 들을 때 정상적인 속도나 조금 빨리 들리는 소리의 경우 어떤 소리는 이웃 철자와 닮기도 하고, 이어지기도 하고, 없어지기도 하고 또한 주의해서 소리를 들어야 할 경우도 있습니다. 이런 현상을 음변화 또는 음운변화라고 합니다. 영어의 음변화에는 이어지는 소리(연결), 닮는 소리(동화)와 없어지는 소리(탈락)가 있습니다. 그 외에 영어를 듣거나 발음해야 할 때 유의해야 할 것으로 줄어진 소리(축약)와 주의해서 듣거나 발음을 해야 하는 경우로 나누어 볼 수 있습니다. 음변화는 규칙이기 때문에 다음에 설명하는 내용을 이해하고 스스로 연습을 하게 되면 영어를 제대로 들을 수 있게 됩니다.

1 이어지는 소리(연음)

영어에서 두 가지 이상의 낱말이 이어져 나올 경우에 두 개의 낱말이 서로 붙어서 소리가 나는 경우가 많습니다. 두 개의 낱말이 서로 붙어서 소리가 나게 되는 이어지는 소리 즉, 연음(連音; linking, liaison) 또는 연결(連結)에는 자음이동과 약모음이동의 두 종류가 있습니다. 두 개가 한 개로 붙어서 소리가 나기 때문에 영어가 외국어인 우리나라 영어발음 학습자들에게는 이런 소리를 이해하는데 힘들 수밖에 없습니다. 특히 중요하지 않은 낱말의 철자가 붙어서 소리가 나는 것 때문에 중요한 내용 낱말을 놓치는 경우가 대부분입니다.

이어지는 소리 현상은 대부분의 한국 영어 학습자들에게 힘들게 하는 영어 발음이라고 할 수 있습니다. 그런데 이 현상도 규칙이기 때문에 현상을 이해하고 어느 정도 연습만 하고 나면 그렇게 힘든 것이 아님을 알게 될 것입니다.

1 자음이동

자음이동(子音移動; consonant transfer)은 가까이 있는 두 개의 낱말이 이어져 나올 경우 앞 낱말의 끝 철자가 뒤에 있는 낱말의 앞에 가서 붙어 소리가 나는 현상입니다. She works in London.에서 works의 끝에 있는 자음 's'가 그 뒤에 있는 in의 앞으로 가서 붙어 소리가 나는 현상입니다. 그러니까 '웍스 인'이 아닌 '웍 신'으로 발음됩니다. 이런 예문들은 다음과 같습니다.

It's on sale today.

That's very kind of you.

It depends on the weather.

Is it all right if I smoke?

A nurse works in a hospital.

그런데 'kind of'의 경우, 자음이동이 되어 '카인더브'로 되는 경우도 있고, 나중에 설명이 되겠지만 'nd'에서 'd'가 'n'을 닮아 콧소리가 되는 현상으로 '카이너브'로 발음이 되는 경우도 있습니다. 그리고 앞 낱말의 끝부분이 모음인 경우—대개 모음 e가 나오는데— e가 거의 약하게 들리게 되어 무시된 채 모음 e 앞에 있는 자음이 뒤에 나오는 낱말 앞에 가서 붙어 소리가 나는 경우도 더러 있습니다. 자음이동은 곧이어 나올 약모음이동과 방향이 반대입니다.

2 약모음이동

약모음이동(弱母音移動; weak vowel shift)은 두 개의 낱말이 이어져 나올 경우, 가까이 있는 두 개의 낱말에서 뒤에 있는 낱말의 앞부분에 있는 철자인 약모음[ə]이 앞에 있는 낱말의 뒤에 가서 붙어 소리가 나는 현상입니다. 자음이동과 방향이 반대입니다. Are you in a hurry?에서 뒤에 있는 낱말의 약모음 a[ə]가 앞에 있는 낱말에 붙어서 '인 어'가 아닌 '이너'로 소리가 나는 현상입니다.

I have a headache.

Children cannot swim alone.

Why don't we take a break?

Should I live alone or with a roommate?

Sorry I didn't answer the phone right away.

2 닮는 소리(동화)

닮는 소리는 동화(同化; assimilation)라고 합니다. 닮은 소리는 가까이 있는 두 개의 소리가 서로 닮아서 다른 소리로 나는 것을 일컫습니다. 닮는 소리에는 네 가지 현상 즉, 단타음화, 구개음화, 비음화와 역행동화가 있습니다. 모은 영어 소리가 이런 현상이 있는 것은 아니지만 미국영어(American English)에서 두드러지게 나타나는 현상입니다.

1 짧게 치고 나오는 소리되기

짧게 치고 나오는 소리되기는 단타음화(單打音化; Flapped "t")라고 불리어지기도 합니다. 짧게 치고 나오는 소리되기는 철자 t(tt)나 d(dd)가 강한 모음(강모음)과 약한 모음(약모음) 사이에 놓이게 되면 t도, d도, r도 아닌 소리가 납니다. 강한 모음은 기본 모음인 a, e, i, o, u가 제대로 음을 내어 소리를 내는 것입니다. 약한 모음은 기본 모음이 약하게 소리를 내는 것으로 주로 [ə]로 소리를 내는 것입니다. 한 개의 영어 낱말에서 모음에 강세를 받게 되는데, 여러 개의 모음이 있다할지라도 한 개만 강하게 소리를 내고 다른 모음은 약하게 소리를 냅니다. I walk much better than I ride!에서 better는 '베터'가 아닌 '베러'에 가깝게 발음됩니다. 그리고 He is climbing a ladder.에서 ladder는 '래더'가 아닌 '래러'에 가깝게 발음됩니다. 짧게 치고 나오는 소리인 경우 한글로 표기할 수 없는 발음이지만, 영어로는 'r'로 표시합니다. 이런 음변화는 미국영어에서 자주 나오는 현상입니다. 이 현상을 익히려면 소리를 내어 발음연습을 해보고 듣는 방법 이외에는 다른 길이 없습니다.

Drink a lot of water (wat⌒er).

I got⌒a job in a clothing factory.

I get⌒up early to catch the first train.

I'm looking for a battery (bat⌒tery) for this camera.

Are you getting (get⌒ting) ready for the party (part⌒y)?

2 구개음화

닮은 소리 가운데 하나인 구개음화(口蓋音化; palatalization)는 두 가지 즉, d[d]와 y[j]가 합쳐지면 [ʤ]로 소리가 나는 경우([d]+[j]=[ʤ])와 t[t]와 y[j]가 합쳐지면 [ʧ]로 소리가 나는 경우([t]+[j]=[ʧ])가 있습니다. 그런데 이 두 가지의 경우로만 발음되는 것은 아니고 따로 따로 발음을 하는 경우도 있습니다. Did you have a good weekend?에서 Did you의 d[d]와 y[j]가 이어져 나오면서 합쳐져 소리가 나게 되면 '디더 유'로 발음되기 보다 '디쥬'에 가깝게 발음됩니다. 그리고 What about you?에서 about you의 t[t]와 y[j]가 이어져 나오면서 합쳐져 소리가 나게 되면 '어바웃 유'로 발음되기 보다 '어바우츄'에 가깝게 발음됩니다. 이런 현상은 미국영어(American English)에 좀 더 두드러진 현상입니다. 특히 팝송이나 영어로 된 노래의 경우 대부분 이 소리 현상이 지켜지는 경우가 대부분입니다.

Did⌒you see that?

How did⌒you get there?

Could⌒you tell me where the bank is?

What kind of bread would⌒you like?

When did⌒you go to the gym on Saturday?

I know what⌒you mean.

Why don't⌒you call her?

You play football, don't⌒you?

I'll meet⌒you at your house.

Aren't⌒you going to see a movie tomorrow?

3 콧소리되기

닮는 소리에서 콧소리되기 즉, 비음화(鼻音化; nasalization)는 철자 nt가 붙어 있는 경우에 해당됩니다. What kind of art?에서 콧소리되기는 'nt'에서 뒷소리 't' 앞에 있는 콧소리 'n'을 닮아 콧소리로 되는 현상입니다. 'nt'에서 't'는 앞에 있는 콧소리 'n'을 닮아서 'n'으로 변하여 'nn'이 된다. 'nn' 'n'이 두 번 겹쳐 나오기 때문에, 앞의 'n'은 탈락됩니다. 따라서 'nt'는 'n'으로 발음된다. 'nt'음이 반드시 이렇게 되는 것은 아니지만, 일상적인 구어체에서 많이 들을 수 있는 현상입니다.

그런데 'nt'만이 콧소리로 되는 것은 아니고 'nd'도 콧소리로 되는 경우가 가끔씩 있습니다. 그 이유는 't'나 'd'는 같은 위치에서 소리가 나는 무성음과 유성음이기 때문입니다. 그리고 don't나 doesn't의 경우 바로 뒤에 자음으로 시작되는 낱말이 놓이기 때문에 't'가 탈락될 수도 있습니다.

The man is painting a picture.

You've always wanted to work overseas.

I have an appointment every week at this time.

This is a nice party, isn't it? Everyone is so friendly.

And point me toward tomorrow,(in "What I Did For Love" from *A Chorus Line*)

She's kind of tall with brown hair.

I'm not desperate to find a job at the moment.

Do you mind lending me this book? I'd like to read it.

Yeah I do a lot of cooking. I kind of enjoy it. It helps me relax.

We'll find a new way of living,(in "Somewhere" from *West Side Story*)

4 역행동화

닮는 소리 현상 가운데 역행동화(逆行同化; retro-assimilation)는 뒷소리의 영향을 받아 앞의 소리가 바뀌면서 닮는 현상입니다. 여기에는 let me~와 give me~의 경우가 있습니다.

(1) let me~의 경우

Let me introduce myself.에서 let me의 경우에는 let의 't'가 me에 있는 'm'의 영향을 받아 'lem'으로 변합니다. 따라서 lemme로 되는 현상입니다. 이 상태에서 표기되기도 하지만, 소리는 'mm'이 겹치기 때문에 앞의 'm'이 탈락되어 '레미'에 가깝게 발음됩니다.

Let me see.

Let me see your receipt.

Let me get you some aspirin.

I don't know, let me take a look.

Just let me have a look at her schedule.

(2) give me~의 경우

Can you give me his phone number?에서 give me의 경우에는 give에서 끝에 있는 모음 e는 본래 소리가 약해 잘 들리지 않습니다. 그래서 give의 'v'가 me에 있는 'm'의 영향을 받아 'gim'으로 변합니다. 따라서 gimme로 변하는 현상 입니다. 이 상태에서 표기되기도 하지만, 소리는 'mm'이 겹치기 때문에 앞의 'm'이 탈락되어 '기미'에 가깝게 발음됩니나.

Give me another part.

Could you give me a ride?

Could you give me the address?

Just give me a tuna fish sandwich.

Can you give me an example of that?

3 없어지는 소리(탈락)

없어지는 소리는 탈락(脫落; deletion)이라고 합니다. 없어지는 소리는 네 가지 경우에 일어납니다. 첫째, k/g, p/b, t/d가 자음과 자음 사이에 놓이면 없어져 버립니다. 둘째, 가까이 있는 두 개의 낱말 또는 한 개의 낱말에서 같은 철자가 이어져 나오게 되면 앞에 있는 철자가 없어집니다. 셋째, 두 개의 낱말에서 가까이 있는 두 개의 철자 발음이 비슷하면 앞에 있는 철자가 없어집니다. 넷째, 두 개의 낱말에서 가까이 있는 두 개의 철자가 다르지만 발음이 같으면 앞에 있는 철자가 없어집니다. 이 네 가지가 없어지는 소리 현상입니다.

1 k/g, p/b, t/d가 자음과 자음 사이에 있는 경우

It depends.에서 depends의 경우에는 뒷부분에 있는 'd'가 소리가 나지 않습니다. 영어 소리를 낼 때 여섯 개의 철자 k/g, p/b, t/d가 자음과 자음 사이에 놓이면 없어집니다. k/g, p/b, t/d가 파열음(破裂音)으로 발음을 할 때 갑자기 터져 나오는 소리이기 때문에, 발음을 할 때 철자와 철자 사이에 공기를 넣어줄 시간이 없게 됩니다. 대부 분의 자음은 모음과 더불어 사이좋게 가까이 놓여 있어 자음과 모음 모두 제대로 소리를 낼 수 있는데, 세 개의 자음이 연이어 나오는 경우에는 결국 사이에 있는 자음이 치일 수밖에 없습니다. 더더구나 이 여섯 개의 철자의 왼쪽과 오른쪽에 자음이 있기 때문에 어쩔 도리가 없이 소리내기가 힘들어져 아예 소리를 내지 못하게 됩니다. 이런 음변화는 영어 발음에서 자주 나오는 것이기 때문에 꼭 알고 있어야 합니다.

Thanks!

I visited my grandchildren.

Could I take next Monday off?

Some of the students did very well.

I wouldn't know where to lead you.(in "Beautiful Ghosts" from *Cats*)

2 가까이 있는 두 개의 낱말 또는 한 개의 낱말에서 같은 철자가 겹치게 되는 경우

I think I went twice.에서 went의 't'와 twice의 't'의 경우에 앞의 't'는 탈락이 됩니다. 이와 같이 '가까이 있는 두 개의 낱말 또는 한 개의 낱말에서 같은 철자가 이어져 나오게 되면 앞에 있는 철자가 없어집니다. 영어에서 똑같은 두 개의 철자가 이어져 나올 때 앞의 철자가 생략하여 발음하게 됩니다. 한국어의 된소리는 영어에서 제대로 소리가 나지 않는다는 뜻이 됩니다. 이런 탈락은 한 낱말 안에서도 있을 수 있겠지만, 두 낱말이 이어져 나올 경우에도 해당이 됩니다.

We went swimming.

The lamp is next to the table.

Jane stays at home with the baby.

I want to know the results of the election.

For I don't want to taste its poison.(in "Gethsemane" from *Jesus Christ Superstar*)

3 두 개의 낱말에서 가까이 있는 철자의 발음이 비슷한 경우

When did the package arrive?에서 did와 the의 경우에 did의 'd'[d]와 the[ðə]의 [ð]가 발음이 비슷하여 앞의 the가 탈락됩니다. 두 개의 낱말에서 가까이 있는 철자의 발음이 비슷하면 앞에 있는 철자가 없어집니다. 이런 경우 단순히 철자가 비슷한 경우가 많지만, 결과적으로 소리가 비슷한 경우에 해당된다고 보는 것이 더 알맞을 것 입니다.

이런 탈락 현상은 주로 자음 두 개가 연이어 있을 때 일어나는 경우가 대부분입니다.

Why is she happy?

They had to leave yesterday.

Have you met the new manager?

The cleaner's is next door to the bank.

I wanted to know some more.(in "Honey, honey" from *Mamma Mia!*)

4 두 개의 낱말에서 가까이 있는 철자가 다르지만 발음이 같은 경우

Police say.에서 Police의 'ce'[s]가 발음되고, say의 's'와 같은 발음이 되기 때문에, 앞의 'ce'가 탈락되어 '폴리 세이'에 가깝게 발음됩니다. 이와 같은 현상은 영어에서 드문 경우입니다. 이 경우는 두 개의 낱말에서 가까이 있는 철자가 다르지만 발음이 같으면 앞에 있는 철자가 없어집니다. 이런 경우는 없어지는 소리 현상인 탈락이긴 하지만 영어에서 드물게 나옵니다.

I've lived here since September 1st.

He has not seen her since Saturday.

I stayed home and watched television.

They've been so kind to me since Sara died.

I'm sure he will have arrived downtown by now.

4 줄어진 소리(축약)

일반적으로 우리가 영어의 모든 음을 하나하나 분리하야 또렷하고 분명하게 소리를 내는 것은 아닙니다. 이런 경우 언어의 경제성 때문에 줄여서 소리를 내는 경우가 많습니다. 줄어진 소리 또는 줄인 소리는 축약(縮約; contraction)이라고도 합니다. 이것은 낱말의 일부를 아포스트로피(')(apostrophe)를 찍고 줄여서 소리를 내는 현상입니다.

줄어진 소리의 경우, 우리가 잘 아는 경우와 같이 Be 동사, Have 동사나 부정형 등과 같이 일반적으로 줄이는 경우—I am=I'm, You are=You're, He is=he's, She is=She's, I/He/She was not=I/He/She wasn't, You/We/They were not=You/We/They weren't, He has=he's, She has=She's, He have=He've, She have=She've, They have=They've, Here is not=Here isn't, There is not=There isn't, Here are not=Here aren't, There are not=There aren't, I/You do not=I/You don't, She/He does not=She/He doesn't—등이 있고, 낱말의 일부를 줄이는 경우—because='cause, madam 또는 madame=ma'am —등 또는 소리가 나는 대로 발음하는 경우—I don't know-I dunno— 등과 이어지는 발음을 하는데 어려움이 있기 때문에 줄이는 경우—doing=doin', and='n, I miss them=I miss'em—등과 도우미동사(조동사)를 줄이는 경우—I/He/She/We/They will=I/He/She/We/They'll, He will not=He won't, I could not=I couldn't, She should not=She shouldn't—등이 있습니다.

줄어진 소리 가운데 가장 어려운 발음은 '~'ll'의 경우입니다. 그 이유는 여기에 있는 철자 'l'이 우리나라 발음에는 없는 소리이면서, 영어에서 제대로 소리를 내려고 하면 혀를 입천장에 붙여서 소리를 내야 하기 때문에, 가장 어려운 축약 현상 가운데 하나가 되고 있습니다.

How're you doing?

I'd like a single room, please.

That's OK. Don't worry about it.

What more is you lookin' for?(in "Under The Sea" from *The Little Mermaid*)

And where he goes I'll follow, I'll follow, I'll follow.(in "I'll Follow Him" from *Sister Act*)

5 주의해야 할 발음

영어에서 주의해야 할 발음으로 tr~과 dr~ 소리의 경우, wh~ 소리의 경우, can과 can't의 경우, have to, has to와 had to의 경우, used to의 경우, 허물없이 발음하는 경우, one of~ 등의 경우와 도우미동사(조동사)의 과거+have+동사의 과거분사의 경우에 주의해서 발음을 해야 하는 경우가 해당됩니다.

1 tr~과 dr~ 소리의 경우

(1) tr~발음의 경우

'tr~'의 발음은 '츠'와 '추'의 중간쯤 되는 소리로 '츄'에 가깝게 발음됩니다. 아마도 'tr~'은 두 자음이 이어져 나오기 때문에 발음을 하려다 보면 't'와 'r'의 거리 가 상당히 멀리 떨어져 있기 때문에, 그 두 소리의 중간쯤을 발음하려고 하는 경향이 있을 것입니다. 우리나라에서 한글로 표기할 때는 '트ㄹ~'로 하고 있습니다. 가령 trip은 '츄립'이 아니라 '트립'으로 표기한다는 뜻입니다.

We planted a screen of tall trees.

Muscles contract and relax during physical activity.

I've been in trouble since I was eleven years of age.

EU citizens can now travel freely between member states.

And I've tried and tried to say what's on my mind.(in "Listen" from *Dream Girls*)

(2) dr~발음의 경우

'dr~'의 발음은 '드'와 '주'의 중간쯤 되는 소리로 '쥬'에 가깝게 발음됩니다. 아마도 'dr~'은 두 자음이 이어져 나오기 때문에 발음을 하려다 보면 'd'와 'r'의 거리가 상당히 멀리 떨어져 있기 때문에, 그 두 소리의 중간쯤을 발음하려고 하는 경향이 있을 것입니다. 우리나라에서 한글로 표기할 때는 '드ㄹ~'로 하고 있습니다. 가령 drip은 '쥬립'이 아니라 '드립'으로 표기한다는 뜻입니다.

Would you care for another drink?

He crashed into a tree in driving rain.

The air smelled powerfully of dry dust.

The money is safely locked in a drawer.

In sleep he sang to me, in dreams he came.(in "Nightwish" of *The Phantom of Opera*)

2 wh~ 소리의 경우

'wh~'로 시작되는 영어 발음은 우리가 실제 알고 있는 것과 다르게 들립니다. 'wh~'로 시작되는 낱말은 'w' 뒤에 있는 'h'의 소리가 보통 들리지 않습니다. 그러니까 where의 발음은 '훼어'로 들린다기 보다 '웨어'에 가깝게 들린다는 뜻입니다. 여기에 해당되는 것으로 what, why, when, which와 white 등이 있습니다. 그러나 사람과 관련된 who, whose, whom은 예외로 'h'의 소리가 나서 who의 경우 '후'라고 발음하지 '우'라고 발음하지 않습니다.

Why did he do it?

Which is the shortest day of the year?

It will certainly be a white Christmas for some.

When the sharpest words / Wanna cut me down / I'm gonna send a flood / Gonna drown 'em(in "This Is Me" from *The Greatest Showman*)

So whose party was it last night?

"I want to send a telegram."–"Fine, to whom?"

Yes, she will sing to those who'll hear.(in "All Is Found" from *Frozen II*)

3 can과 can't의 경우

can과 can't는 구별하여 소리를 내야 합니다. can과 can't는 기능낱말(기능어)이기 때문에 약하게 발음합니다. 그런데 can이 문장의 끝에 오는 경우에는 [kæn]으로 발음하고, 글의 중간에 들어가는 경우에는 [kən]과 같이 약하게 소리가 납니다. 그리고 can't의 뒤에 낱말이 오는 경우 can't에 있는 't'가 자음과 자음 사이에 놓이기 때문에 탈락하게 됩니다. 따라서 can과 구별하기 위해 can't는 [kæn]으로 발음하거나 [kænt]로 발음됩니다. 일반적으로 can은 약간 짧게 발음되고, can't는 약간 길게 발음되는 경향이 있습니다.

Can I sit next to you?

Can I ask a favour of you?

I wonder if you can help me.

We can't be together all the time.

Don't tell me you can't remember.

You can't mix business with pleasure.

4 have to, has to와 had to의 경우

have to는 '~해야 한다'라는 뜻으로 발음은 [hæftə]로 하고, 과거형인 had to는 [hætə]로 발음해야 합니다. 특히 had 새의 최종 발음은 'd'와 't'가 비슷한 소리이기 때문에 앞의 'd'가 탈락되어 뒤의 't'만 발음됩니다. has to의 경우에는 [hæstə]로 발음이 됩니다.

You don't have to sing.

Did she have to pay a fine?

When do you have to let them know?

One of them had to leave.

They finally had to admit defeat.

The plan had to be abandoned on grounds of cost.

She has to do her homework tonight.

The design has to appeal to all ages and social groups.

The customer has to deposit a minimum of $100 monthly.

5 used to의 경우

used to는 '~하곤 했다'라는 뜻으로 발음은 [justə]입니다. 이것은 사람의 어떤 행위가 과거에 규칙적으로 이루어진 반복적인 어떤 것을 말하는데, 지금은 더 이상 하지 않는 행위나 상황을 말하거나 변한 과거의 상태에 관해 이야기할 때 쓰입니다. 이것은 과거에는 옳았던 그 무엇이 이제 더 이상 옳지 않음을 뜻합니다. used to 다음에 단순 동사가 뒤따릅니다.

She used to cook every day.

He used to play in the garden.

Kids used to trade baseball cards.

I admit I can't see as well as I used to.

They used to visit her grave twice a year.

6 허물없이 발음하는 경우

허물없이 발음하는 경우에 세 가지가 있습니다. 이것은 want to를 wanna로, going to를 gonna로, 그리고 trying to를 tryna로 발음하는 경우입니다. 그런데 이 가운데 tryna

는 그렇게 자주 사용되고 있지 않지만 앞의 다른 두 가지와 같은 현상이기 때문에 익혀 두면 도움이 될 것입니다.

(1) wanna의 경우

wanna는 want to가 음변화를 통해 미국영어에서 대부분의 사람들이 사용하고 있는 것입니다. want to에서 want의 't'가 뒤에 있는 to의 't'와 같은 철자이기 때문에 없어지게 되고(wan), to의 't'가 앞에 있는 wan에서 콧소리인 'n'을 닮아 'n' 으로 되고, 'o'는 약모음인 [ə]로 되는데, 약모음 [ə]가 표기하는데 불편함이 있어 a로 해놓은 것으로 볼 수 있습니다. 따라서 want to는 wanna로 된 것입니다. 이 변화 과정은 want to→wan to→wan nə→wannə→wanna입니다. 이 현상은 going to가 gonna로 되고, trying to가 tryna로 되는 것과 같습니다. 일반적으로 want to 로 표기되어 있어서 실제 발음을 하거나 입말체에서는 대부분 wanna로 발음합니다.

Do you wanna get a prize?

Do you want to go with me?

I don't wanna send the money.

What do you wanna do tonight?

I don't wanna know how long we'll last.

(2) gonna의 경우

gonna는 going to가 음변화를 통해 미국영어에서 대부분의 사람들이 사용하고 있는 것입니다. going to에서 going의 'ing'는 발음상 하기 힘들기 때문에 줄여서 'in"으로 하여 'g'를 발음하지 않습니다. 그리고 to의 't'는 앞 goin'의 'n'과 만나면 콧소리인 'n'을 닮아 콧소리로 되기(비음화) 때문에 'n'으로 됩니다. 그 다음 goin' nə는 발음상 불편하기 때문에 gonne로 발음된다. 그리고 마지막 gonne에서 'e'는 일반적으로 표기하는데 불편하기 때문에 그냥 표기하기에 좋은 'a'로 남겨둔 것입니다. 일반적으로 going to로 표기되어 있어도 입말체에서는 대부분 gonna로 발음됩니다. 따라서 going to가 gonna로 된 것입니다. 이 변화 과정은 going to→goin' to→goin' nə→gonnə→gonna입니다. 이 현상은 want to가 wanna로 되고, trying to가 tryna로 되는 것과 같습니다.

he's gonna be twelve.

I'm gonna call the cops.

I'm going to go to the post office.

I'm gonna make this place our home.(in "Homeward Bound")

I'm gonna rouge my knees.(in "All That Jazz" from *Chicago*)

(3) tryna의 경우

tryna는 trying to가 음변화를 통해 이루어진 것으로 격식을 차리지 않는 입말체에서 사용되는 것입니다. trying to에서 trying의 'ing'는 발음상 하기 힘들기 때문에 줄여서 'in''으로 하여 'g'를 발음하지 않습니다. 그리고 to의 't'는 앞 tryin'의 'n'과 만나면 콧소리인 'n'을 닮아 콧소리로 되기(비음화) 때문에 'n'으로 됩니다. 그 다음 tryin' nə는 발음상 불편하기 때문에 trynna로 발음됩니다. 그리고 마지막 tryna에서 'n'이 겹치기 때문에 앞의 'n'이 탈락되어 tryna로 됩니다. 아마도 이것은 발음을 하는데 자연스럽게 하기 위해 tryna로 한 것으로 생각해 볼 수 있습니다. 따라서 trying to가 tryna로 된 것입니다. 이 변화 과정은 trying to→tryin' to →tryin' nə→trynna→tryna입니다. 이 현상은 want to가 wanna로 되고, going to가 gonna로 되는 것과 같습니다. 그런데 tryna는 wanna나 gonna의 경우와 비교가 되지 않을 정도로 영어에서 드물게 나타납니다.

The man is tryna get a taxi.

Well, I'm trying to find a new job.

Are you trying to do a British accent?

I guess I see what you're trying to say.

We're still trying to appraise the two firms.

7 one of~ 등의 경우

One of~의 경우 빨리 소리를 내게 되면 of의 'f'는 자음 앞에서 탈락하게 됩니다. 따라서 of의 발음이 '어브[əv]'이기 때문에 결과적으로 of의 발음은 '어[ə]'로 됩니다. 그리고 이와 같은 현상은 All of~, None of~, Some of~, Most of~나 Many of~경 우에도 똑같이 적용될 수 있습니다.

It's one of my many mistakes.

This city is still one of the world's best.

I always think of you as one of the family.

These are trying times for all of us.

Some of these pills don't mix with drink.

Many of the stories are based on rumour.

None of us is entirely blameless in this matter.

8 도우미동사(조동사)의 과거+have+동사의 과거분사의 경우

주의해야 할 발음 가운데 도우미동사(조동사)+have+과거분사(past principle)의 경우—주로 과거에 일어난 그 무엇에 대해 시기적으로 너무 늦어 상대방의 과거의 행위에 대해 충고가 별 도움이 되지 않을 경우—처럼 겉으로 보기에 세 개의 낱말이 나열되어 있다 할지라고, 한 박자에 맞추어야 하기 때문에 have를 ''ve'로 줄여서 약하게 발음해야 합니다. 또는 표기는 줄여져 있지 않더라도 실제 발음을 할 때는 줄여서 발음해야 합니다. 예를 들면 could have been은 could've been, must have taken은 must've taken, might have been은 might've been, ought to have known은 ought to've known으로 그리고 should have listened는 should've listened 등으로 소리를 내야 합니다.

You must have met my older brother.

(=You must've met my older brother.)

You ought to have asked John to help.

(=You ought to've asked John to help.)

He could have said that, I don't remember.

(=He could've said that, I don't remember.)

I might have gotten here on time, if the bus hadn't been late.

(=I might've gotten here on time, if the bus hadn't been late.)

If I had seen the advertisement in time I would have applied for the job.

(=If I had seen the advertisement in time I would've applied for the job.)

- 이 책의 각 팝송에서 '* 영어 발음 제대로 듣거나 소리내기' 코너는 1. 이어지는 소리(연음)의 경우 ─1) 약모음 이동, 2) 자음이동─, 2. 없어지는 소리(탈락)의 경우, 3. 닮는 소리(동화)의 경우, 4. 줄어드는 소리(축약)의 경우, 5. 주의해야 할 발음과 6. 기타의 순서로 소개되고 있습니다.
- 이 책의 각 팝송에서 '* 영어 발음 제대로 듣거나 소리내기' 코너에서 한글로 설명을 할 때 '가깝게 발음된다'라는 뜻은 한국말에는 없지만 영어로는 발음이 된다는 뜻입니다. 소리내어 영어로 하면 제대로 발음할 수 있지만, 한글로 정확하게 표기할 수 없다는 뜻으로 이해하면 될 것입니다. 특히 영어에는 있지만 한국말에 없는 소리나 발음은 대부분의 한국 영어 학습자들은 제대로 교육을 받지 않으면 틀리는 경우가 대부분입니다.

1 『레미제라블』 *Les Misérables*

1) "On My Own"

And now I'm all alone again
Nowhere to turn, no one to go to
Without a home, without a friend
Without a face to say "Hello" to
But now the night is near
And I can make believe he's here

Sometimes I walk alone at night
When everybody else is sleeping
I think of him and then I'm happy
With the company I'm keeping
The city goes to bed
And I can live inside my head

On my own
Pretending he's beside me
All alone I walk with him till morning
Without him
I feel his arms around me
And when I lose my way
I close my eyes
And he has found me

In the rain the pavement shines like silver
All the lights are misty in the river

In the darkness
The trees are full of starlight
And all I see is him and me forever and forever

And I know
It's only in my mind
That I'm talking to myself
And not to him
And although I know that he is blind
Still I say there's a way for us

I love him
But when the night is over
He is gone
The river's just a river
Without him the world around me changes
The trees are bare and everywhere
The streets are full of strangers

I love him
But every day I'm learning
All my life
I've only been pretending
Without me his world will go on turning
A world that's full of happiness
That I have never known
I love him
I love him
I love him
But only on my own

나 홀로

그리고 지금 나는 혼자이네
갈 곳 없고 찾을 사람 없어
집 없이 친구 없이
인사 나눌 그 아무도 없이
하지만 이제 깊어진 밤
그리고 난 그가 내 곁에 있는 것처럼 할 수 있어

때로는 나는 밤에 혼자 걸어
다른 모든 사람들이 잠들고 있을 때
난 그를 생각하면 난 행복해
함께 걷는 상상
그리고 도시가 잠자리에 들게 되면
나만의 세상이 깨어나

나 홀로
그가 내 곁에 있는 것처럼
오직 혼자서 아침까지 그와 함께 걸어
그이 없이
난 날 안아주는 그의 두 팔을 느껴
그리고 내가 길을 잃고
내가 눈을 감을 때
그리고 그가 날 찾아오네

비를 맞으면 포장된 도로는 은빛으로 비치네
모든 가로등은 강에 으른거리고
어둠 속에서
나무들은 별빛으로 가득하네

그리고 내가 보는 모든 것은 그와 내가 영원히 그리고 영원히 있는 모습이네
그리고 난 알아요
나 혼자 중얼거리는 게
단지 내 마음에 있어
그리고 그에게 말하는 것이 아니야
그리고 난 그가 모른다는 것을 알지만
우리에게 어떤 방법이 있다고 여전히 말해

난 그를 사랑해
하지만 이 밤이 끝나면
그는 사라지고
강은 단지 강일 뿐
그이 없이 내 주변의 세상은 변해
헐벗은 나무들 그리고 온통
거리는 낯선 사람들로 가득해

난 그를 사랑해
하지만 매일 난 배우고 있어
내 평생 동안
난 단지 주장해 왔어
나 없이 그가 사는 세상은 계속해서 돌아갈 거라고
행복으로 가득 찬 어떤 세상
내가 결코 알지 못한
난 그를 사랑해
난 그를 사랑해
닌 그를 사랑해
하지만 단지 나 홀로

영어 발음 제대로 듣거나 소리내기

1 이어지는 소리(연음)의 경우

1 약모음 이동

all alone, Without a, walk alone, arms around, there's a, world around

all alone에서 alone의 a는 약모음 [ə]가 되어 앞 낱말 끝부분에 가서 붙어 '올러로운'으로 발음되거나 들린다. walk alone도 마찬가지 경우이다. Without a에서 a는 약모음 [ə]가 되어 앞 낱말 끝부분에 가서 붙어 '위다우러'에 가깝게 발음되거나 들린다. there's a도 마찬가지 경우이다. arms around에서 around의 a는 약모음 [ə]가 되어 앞 낱말 끝부분에 가서 붙어 '암저 라운드'로 발음되거나 들린다. world around도 마찬가지 경우이다.

2 자음 이동

night is, And I, think of, live inside, when I, lights are, love him

night is에서 night의 t는 뒤에 있는 낱말 앞부분에 가서 붙어 '나이티즈'로 발음된다. And I에서 And의 d는 앞의 콧소리 n을 닮아서 n으로 되었다가 n이 겹쳐서 나오기 때문에 앞의 n이 탈락된다. 따라서 남은 자음 n이 뒤에 있는 낱말 앞부분에 가서 붙어 '애나이'로 발음된다. when I도 마찬가지 경우이다. think of에서 think의 k는 뒤에 있는 낱말 앞부분에 가서 붙어 '싱커브'로 발음된다. of는 기능낱말이기 때문에 [əv]나 [ə]로 발음된다. live inside에서 live의 끝에 있는 e는 약화되고 그 앞에 있는 v는 뒤에 있는 낱말 앞부분에 가서 붙어 '리빈사이드'로 발음된다. lights are에서

lights의 s는 뒤에 있는 낱말 앞부분에 가서 붙어 '라이챠'로 발음된 다. love him에서 love의 끝에 있는 e는 약화되고 그 앞에 있는 v는 뒤에 있는 낱말 앞부분에 가서 붙어 t는 뒤에 있는 낱말 앞부분에 가서 붙어 '러빔'으로 발음된다.

2 없어지는 소리(탈락)의 경우

⊙ 없어지는 소리 현상에서 같은 철자가 겹칠 때, 철자 한 개는 탈락되고 한 개의 철자로만 소리가 나는 경우는 생략한다.

and then, With the, found me, pavement shines, and forever

and then에서 and의 d는 then의 th의 발음 [ð]와 비슷하기 때문에 and의 d는 탈락되어 '앤덴'에 가깝게 발음되거나 들린다.

With the에서 With의 th는 발음이 [ð]로 되어 뒤에 있는 the의 th의 발음 [ð]와 같아 앞의 th가 탈락된다.

found me의 d는 자음 n과 자음 m 사이에 놓이기 때문에 탈락되어 '화인 미'로 발음된다. 이와 같이 자음과 자음 사이에 놓이는 여섯 개의 파열음인 철자—k/g, p/b, t/dt—가 탈락되는 예로 pavement shines('페이브먼 샤인즈')와 and forever('앤 훠레브'에 가깝게)가 해당된다.

3 닮는 소리(동화)의 경우

(1) 단타음화

without a

without a에서 t가 강모음과 약모음 사이에 놓이면 단타음(單打音)으로 되어 t도, d

도, r도 아닌 발음이 된다. 그러니까 뒤에 있는 a가 약모음 이동이 된 후 앞에 있는 t와 연결되어 단타음화가 일어난다. without a는 '위다우러'에 가깝게 발음된다. 이 소리는 한글로 표기할 수 없으며 오직 소리로만 익힐 수밖에 없다. 특히 미국영어(American English)에서 두드러진 현상이다.

4 줄어진 소리(축약)의 경우

I'm, he's, there's, It's, river's, that's

이 노래에서 축약은 모두 be 동사가 줄어진 발음이다.

5 주의해야 할 발음

again, When, Nowhere, misty, trees, can

again의 발음은 미국영어와 영국영어에서 다르게 발음된다. again의 미국영어 발음은 어겐[əgen]이고, 영국영어 발음은 어게인[əgein]이다.

When에서 wh~로 시작되는 낱말은 'w' 뒤에 있는 'h'의 소리가 보통 들리지 않는다. 그러니까 when은 '휀'이라기 보다 '웬'에 가깝게 발음된다. Nowhere도 마찬가지 경우이다. 그러나 사람과 관련된 who, whose와 whom은 예외로 'h' 소리가 그대로 난다.

misty에서 s+k/p/t가 되면 된소리에 가깝게 소리가 난다. 대부분 k/p/t가 들어간 낱말은 h가 들어가는 소리를 내게 되는데, s+k/p/t의 경우는 h 소리가 들어가지 않고 된소리에 가깝게 발음되거나 들린다. 그러니까 misty는 '미스티'라기 보다 '미스띠'에 가깝게 발음되거나 들린다.

trees에서 'tr~'의 발음은 '트_'와 '츄'의 중간쯤 되는 소리로 '츄'에 가깝게 발음된다. 따라서 trees는 '트리즈'라기 보다 '츄리즈'에 가깝게 발음된다.

can과 can't는 도우미동사로 기능낱말이기 때문에 약하게 발음한다. 그런데 can't 다음에 자음이 나오기 때문에 탈락되는 경우가 대부분이어서 can은 [kən]으로 can't는 [kæn]으로 발음하기로 약속이 되어 있다. 그런데 can이 문장 가운데 들어가는 경우가 [kən]으로 주로 발음되고 문장의 끝에 들어가는 경우에는 [kæn]으로 발음되는 경우가 대부분이다. can't는 기본적으로 [kæn]으로 발음되면서 can 보다 약간 길게 발음되는 경향이 있다.

노래에 들어 있는 쓸모 있는 영어 표현들

1. make believe : make believe는 '(…인) 체[척]하다'라는 뜻이다. 예문들은 다음과 같다.

I'll make believe I didn't hear you.

(난 네 말을 못들은 척 할 거야.)

I made believe him that I am rich.

(나는 그에게 내가 부자인 척했다.)

Make believe you don't know me, too.

(너도 나 모르는 척해.)

2. at night : at night는 '밤에, 야간에'라는 뜻이다. 예문들은 다음과 같다.

It's not safe to walk the streets at night.

(밤에 거리를 걷는 것은 안전하지 못하다.)

He prowled the empty rooms of the house at night.

(그는 밤이면 어슬렁거리며 집 안의 빈 방들을 돌아다녔다.)

I don't understand it. All day long I feel sleepy and then at night I can't fall asleep.

(난 왜 그런지 모르겠어요. 난 하루 종일 졸립기만 하고 밤에는 잠이 안 와요.)

3. everybody else : 일반적으로 형용사는 명사, 대명사나 부사의 앞에서 꾸며주는 것이 일반적이다. 그렇지만 -thing, -body, -one으로 '끝나는 복합대명사를 꾸며주는 경우나 any~, some~이나 no~와 같은 경우 이것들의 뒤에 놓여 이것들을 꾸며준다. 여기에 해당되는 복합대명사로는 anything, everything, nothing, some-

thing/anybody, everybody(every body), nobody, somebody/anyone, every one, no one과 somewhere이 있다. 예문들은 다음과 같다.

Did you go anywhere interesting?

(어디 재미있는 데 갔었니?)

It's time for someone new to take over.

(새로운 어떤 사람이 이어받아야 할 때이다.)

It was nowhere near as painful as David had expected.

(고통은 데이비드가 예상한 것에 한참 못 미쳤다.)

4. think of : think of는 '~을[를] 생각하다[머리에 떠올리다], ~을[를] 고려하다'라는 뜻이다. 예문들은 다음과 같다.

He doesn't care what people think of him.

(그는 사람들이 자기를 어떻게 생각하든 신경 쓰지 않는다.)

I always think of you as one of the family.

(난 항상 너를 가족의 한 사람이라고 생각해.)

Don't despair! We'll think of a way out of this.

(절망하지 마! 이것을 벗어날 수 있는 길을 생각하게 될 거야.)

5. live in my head : live in my head는 글자 그대로 '내 머릿속에서 산다'인데, 이것은 '나 혼자 생각하게 된다'는 비유적인 표현이다. 그 이유는 바로 위 가사 '그리고 도시가 잠자리에 들게 되면'과 대조적인 상황을 이야기하기 때문이다. 그래서 '나 혼자 생각하게 되며' 또는 '나만의 세상이 깨어나'로 이해하면 될 것이다.

6. On my own : on one's own은 '혼자[다른 아무도 없이, 혼자서, 혼자 스스로, 단독으로, 직접, 혼자 힘으로, 자력으로, 자기 책임 아래, 독립해서'(=alone, by oneself, independently) 그리고 be on one's own은 '독립하다, 스스로 하다, 혼자 힘으로 해내다'라는 뜻이다. 그렇지만 이 노래에서는 '혼자 있게 되다'란 뜻으로 이해하면 될 것 같다. on one's own이 쓰인 예문들은 다음과 같다.

She lives on her own.

(그녀는 혼자 산다.)

He did it on his own.

(그는 그것을 혼자 했다.)

I'm all on my own today.

(내가 오늘은 아무도 없이 혼자이다.)

7. lose my way : lose one's way는 '길을 잃다'라는 뜻이다. 예문들은 다음과 같다.

We lost our way in the labyrinth of streets.

(우리는 미로 같은 거리에서 길을 잃었다.)

He lost his way and couldn't find his home.

(그는 길을 잃었고 집이 어디에 있는지 몰랐다.)

Why has the White House lost its way on tax and budget policy?

(왜 백악관이 세금과 예산 정책에서 방향을 잃었습니까?)

8. are full of : be full of는 '~로 가득 차다'란 뜻이다. 가끔 full of로도 쓰인다. 예문들은 다음과 같다.

The article is full of technical terms.

(그 글에는 전문적인 용어가 가득 나온다.)

The street is full of traffic from morning till night.

(그 거리에는 아침부터 저녁까지 교통량이 가득하다.)

Hotels were full of rich people wolfing expensive meals.

(호텔들은 비싼 음식을 게걸스럽게 먹어치우는 돈 많은 사람들로 가득 차 있었다.)

9. forever and forever : forever는 '영원히, 영구히, 아주 오랜 시간'이란 뜻이다. forever and forever는 forever를 강조하는 표현이라고 볼 수 있지만, 일반적으로 이런 뜻을 갖고 있는 표현으로는 forever and ever('항상, 영원히, 언제까지나')가 많이 쓰인다. 이런 예문들은 다음과 같다.

I'll love you forever and ever.

(나는 당신을 영원히 사랑할 거예요.)

I will stay with him forever and ever.

(나는 영원히 그와 함께 할 거야.)

We'll be there forever and ever talking about whatever.

(우리는 무엇이든 이야기하면서 영원히 그곳에 있을 것이다.))

10. I'm talking to myself : talk to oneself는 '혼잣말하다, 독백하다'라는 뜻이다. 예문들은 다음과 같다.

I'm just talking to myself now.

(나는 그냥 지금 나 혼자 이야기 하고 있어.)

Whenever she is in trouble, she talks to herself.

(그녀는 고민이 있을 때마다 혼잣말을 한다.)

Only the younger brother was weeping and talking to himself.

(단지 막내 동생만이 울며 혼잣말을 하고 있었다.)

11. All my life : All my life는 글자 그대로 '내 전 삶'이란 뜻이지만 일반적으로 '내 평생' 또는 '내 일생'이라고 옮겨도 될 것이다. all my life는 앞에 for를 붙여 for all of my life로 주로 쓰이는데, 이 뜻은 '내 평생 동안' 또는 '내 일생 동안'이란 뜻으로 쓰인다. 이 노래에서도 for가 없지만 for가 생략된 것으로 보면 될 것이다. all one's life 또는 all of one's life의 예문들은 다음과 같다.

He has been in and out of jail all his life.

(그는 평생 감옥을 들락거렸다.)

That man has been in farming all of his life.

(그 남자는 평생 농사를 지었다.)

He had a goal to work in the Army for all of his life.

(그는 군인을 평생 직업으로 삼을 계획이었다.)

12. pretending : pretend는 1) '…인 척하다[것처럼 굴다], 가식적으로 행동하다', 2) '…라고 가장하다'와 3) '(사실이 아닌 것을) 주장하다'라는 뜻이다. 이 노래에서는 1)의 뜻으로 쓰이고 있다.

1)의 예문들은 다음과 같다.

I'm tired of having to pretend all the time.

(나는 언제나 가식적으로 행동해야 하는 것에 질렸다.)

Don't be surprised if I pretend not to recognise you.

(내가 당신을 못 알아본 척 해도 놀라지 말아요.)

I don't like people who pretend to be a man of altruism.

(난 다른 사람들을 위하는 척 하는 사람을 싫어해.)

2)의 예문들은 다음과 같다.

I know you can pretend a banana is a gun.

(네가 바나나를 총인 것처럼 가장할 수도 있다는 걸 알아.)

You cannot pretend there's no evil in the world.

(이 세상에 악이란 없는 것처럼 가장할 수는 없다.)

It is idle to pretend that their marriage is a success.

(그들의 결혼 생활이 성공적인 것처럼 가장해 봐야 소용없다.)

3)의 예문들은 다음과 같다.

You know what this is about. Why pretend otherwise?

(넌 이게 무슨 얘긴지 알고 있어. 왜 딴청이니?)

The book doesn't pretend to be a great work of literature.

(그 책은 위대한 문학 작품이라고 주장하지 않는다.)

I do not pretend to have produced a work without mistakes.

(나는 틀림이 없는 책을 만들었다고 생각하지는 않는다.)

13. go on turning : go on은 1) '(공연을) 시작하다; (무대에) 나오다', 2) '들어가다', 3) '(불 · 전기 등이) 들어오다', 4) '(부정문 · 의문문에 쓰여) ~을[를] (판단 · 의견의) 근거로 삼다', 5) '(~에 대해) 말[불평]을 늘어놓다', 6) '가다, 먼저[앞서] 가다', 7) '이어지다, 지속되다, 계속되다', 8) '(시간이) 흐르다', 9) '일어나다[벌어지다]와 10) '(~을[를]) 계속하다, 끊임없이 계속해서 나아가다'라는 뜻으로 쓰인다. 이 노래에서는 7)의 뜻으로 쓰이고 있다.

1)의 예문들은 다음과 같다.

She doesn't go on until Act 2.

(그녀는 이 막이 되어야 나온다.)

He is dying to go on the stage.

(그는 몹시 배우가 되고 싶어 한다.)

The new models will go on sale next week.

(신 모델들은 다음 주부터 판매에 들어갈 것이다.)

2)의 예문들은 다음과 같다.

I go on watch in an hour.

(난 한 시간 있다가 불침번을 서러 간다.)

Cole went on in place of Beckham just before half-time.

(전반전 종료 직전에 콜이 베컴 대신에 들어갔다.)

She stood in the wings and waited for her cue to go on.

(그녀는 무대 옆 부분에 서서 들어가라는 신호가 떨어지기를 기다렸다.)

3)의 예문들은 다음과 같다.

Suddenly all the lights went on.

(갑자기 모든 전등에 불이 들어왔다.)

The lights went on as darkness gathered.

(어두워지면서 불이 켜졌다.)

As the actors exited the stage the lights went on.

(배우들이 무대에서 퇴장하자 불이 켜졌다.)

4)의 예문들은 다음과 같다.

We didn't have much to go on.

(우리는 근거로 삼을 만한 것이 별로 없었다.)

We really didn't have much to go on.

(우리는 정말로 근거로 삼을 만한 것이 별로 없었다.)

The police don't have much to go on.

(경찰에서 근거로 삼을 만한 것이 별로 없다.)

5)의 예문들은 다음과 같다.

All right, don't go on about it.

(알겠어. 그것에 관해 불평을 늘어놓지 마라.)

Please, don't go on about her again tonight.

(제발, 오늘 저녁 그녀에 대해 또 다시 불평을 늘어놓지 말아라.)

He went on and on about how poor he was.

(그는 자기가 얼마나 가난한지에 대해 끝도 없이 불평을 늘어놓았다.)

6)의 예문들은 다음과 같다.

He's far too young to go on his own.

(그는 혼자 가기엔 너무 어리다.)

I'd love to go on a round-the-world cruise.

(난 세계 일주 유람선 여행을 가고 싶다.)

You go on ahead—I'll catch you up in a few minutes.

(너 먼저 가. 내가 곧 따라갈게.)

7)의 예문들은 다음과 같다.

Let's go on to the next item on the agenda.

(다음 안건으로 넘어가기로 하죠.)

This situation can't go on. We need to talk.

(이런 상황이 계속될 수는 없어요. 우린 대화가 필요해요.)

How much longer will this hot weather go on for?

(이렇게 더운 날씨가 얼마나 더 오래 계속될까?)

8)의 예문들은 다음과 같다.

As time goes on, his passion foamed off.

(시간이 흐름에 따라, 그의 열정이 헛되이 사라져버렸다.)

She became more and more talkative as the evening went on.

(저녁 시간이 흘러갈수록 그녀는 점점 더 말이 많아졌다.)

The group were getting louder and louder and laughing more and more as the afternoon went on.

(오후 시간이 흘러갈수록 그 무리는 점점 더 소리가 커지고 점점 더 많이 웃고 있었다.)

9)의 예문들은 다음과 같다.

What's going on here?

(여기는 무슨 일이 벌어지고 있는 거지?)

Hello, hello, what's going on here?

(이런, 이런, 여기 무슨 일이 벌어지고 있는 거야?)

We're trying to fathom out what's going on.

(우리는 무슨 일이 일어나고 있는지 가늠하려고 노력하는 중이다.)

10)의 예문들은 다음과 같다.

She hesitated for a moment and then went on.

(그녀가 잠깐 망설이더니 말을 계속했다.)

"Well, go on," said Camilla, her voice fairly steady.

("그래, 계속해."라고 카밀러는 꽤 침착한 목소리로 말했다.)

"We do tune our guitars before we go on," he insisted.

("우리는 계속하기 전에 반드시 기타를 조율한다."라고 그가 고집했다.)

기억할 만한 영어 문장

❶ The streets are full of strangers.

(거리는 낯선 사람들로 가득해.)

❷ I think of him and then I'm happy.

(난 그를 생각하면 난 행복해.)

❸ Without him the world around me changes.

(그이 없이 내 주변의 세상은 변해.)

1 『레미제라블』 *Les Misérables*

2) "Do You Hear The People Sing?"

Do you hear the people sing?
Singing a song of angry men
It is the music of a people
Who will not be slaves again
When the beating of your heart
Echoes the beating of the drums
There is a life about to start
When tomorrow comes!
Will you join in our crusade
Wwho will be strong and stand with me

Beyond the barricade
Is there a world you long to see
Then join in the fight
That will give you the right to be free

Do you hear the people sing
Singing a song of angry men
It is the music of a people
Who will not be slaves again
When the beating of your heart
Echoes the beating of the drums
There is life about to start
When tomorrow comes!

Will you give all you can give
So that our banner may advance
Some will fall and some will live
Will you stand up and take your chance
The blood of the martyrs
Will water the meadows of France
Do you hear the people sing
Singing a song of angry men
It is the music of a people
Who will not be slaves again
When the beating of your heart
Echoes the beating of the drums
There is a life about to start
When tomorrow comes!

당신들은 민중이 노래하는 소리를 듣는가?

당신들은 민중이 노래하는 소리를 듣는가?
성난 사람들이 노래 부르는 것을
그건 민중의 노래
또 다시 노예가 되지 않겠다는
심장 박동소리가
울려 퍼져 드럼을 울리고
새로운 삶이 있으리라
내일이 밝으면
당신들은 나와 함께 강인해져 지지하는 우리의 성전에 함께 하겠는가

바리케이드 너머에는
당신들이 갈망하는 세상이 있는가
그러면 전쟁에 참여하게
당신들이 자유롭게 될 수 있는 권리를 줄 것이라네

당신들은 민중이 노래하는 소리를 듣는가
성난 사람들이 노래 부르는 것을
그건 민중의 노래
또 다시 노예가 되지 않겠다는
심장 박동소리가
울려 퍼져 드럼을 울리고
새로운 삶이 있으리라
내일이 밝으면
당신들이 줄 수 있는 모든 것을 주겠는가
그래서 우리가 전진하여
누군가는 죽을 것이고 그리고 누군가는 살아남을 것이다.
당신들은 일어서서 스스로 위험을 감수하겠는가

순교자들의 피가
프랑스의 초원을 물들일 것이다
당신들은 민중이 노래하는 소리를 듣는가
성난 사람들이 노래 부르는 것을
그건 민중의 노래
또 다시 노예가 되지 않겠다는
심장 박동소리가
울려 퍼져 드럼을 울리고
새로운 삶이 있으리라
내일이 밝으면

영어 발음 제대로 듣거나 소리내기

1 이어지는 소리(연음)의 경우

1 약모음 이동

slaves again, is a, clinch a, beneath an, from a

slaves again에서 again의 a는 약모음 [ə]가 되어 앞 낱말 끝부분에 가서 붙어 '스레이브저 겐' 또는 '스레이저 게인'으로 발음된다. again의 발음은 미국영어와 영국 영어에서 다르게 발음된다. again의 미국영어 발음은 어겐[əgen]이고, 영국영어 발음은 어게인[əgein]이다. is a에서 a는 약모음 [ə]가 되어 앞 낱말 끝부분에 가서 붙어 '이저'로 발음된다. clinch a와 from a도 마찬가지 경우이다. beneath an에서 an의 a는 약모음 [ə]가 되어 앞 낱말 끝부분에 가서 붙어 '버니선' 또는 '비니선'으로 발음된다.

2 자음 이동

join in, stand up, blood of

join in에서 join의 자음 n이 뒤에 있는 낱말 앞부분에 가서 붙어 '조이닌'으로 발음된다. stand up에서 stand의 자음 d가 뒤에 있는 낱말 앞부분에 가서 붙어 '스탠덥'으로 발음된다. blood of에서 blood의 d는 뒤에 있는 낱말 앞부분에 가서 붙어 '블러더브'로 발음된다. of는 기능낱말이기 때문에 [əv]나 [ə]로 발음된다.

2 없어지는 소리(탈락)의 경우

⊙ 없어지는 소리 현상에서 같은 철자가 겹칠 때, 철자 한 개는 탈락되고 한 개의 철자로만 소리가 나는 경우는 생략한다.

and stand, Beyond the, right to, and take

and stand에서 and의 자음 d가 stand의 자음 s 사이에 놓이기 때문에 탈락되어 '앤 스탠드'로 발음된다. 이와 같이 자음과 자음 사이에 놓이는 여섯 개의 파열음인 철자—k/g, p/b, t/d—가 탈락된다.

Beyond the에서 Beyond의 d는 the의 th[ð]와 비슷한 발음이기 때문에 앞에 있는 d가탈락되어 '비얀 더'에 가깝게 발음된다.

right to에서 right의 t와 to의 t는 같은 철자이기 때문에 앞의 t가 탈락되어 '라이 터'로 발음된다.

and take에서 and의 d와 take의 t는 비슷한 발음이기 때문에 앞에 있는 d가 탈락되어 '앤 테이크'로 발음된다. 달리 말하면 and의 d는 자음 n과 take의 자음 t 사이에 놓이는 파열음이기 때문에 탈락된다고 볼 수 있다.

3 닮는 소리(동화)의 경우

(1) 단타음화

beating, water

beating에서 t가 강모음과 약모음 사이에 놓이면 단타음(單打音)으로 되어 t도, d도, r도 아닌 발음이 된다. beating은 '비링'에 가깝게 발음된다. water에서 t가 강모음과 약모음 사이에 놓이면 단타음(單打音)으로 되어 t도, d도, r도 아닌 발음이 된다. water는 '워러'에 가깝게 발음된다. 이 소리는 한글로 표기할 수 없으며 오직 소리 로만 익힐 수밖에 없다. 특히 미국영어(American English)에서 두드러진 현상이다.

(2) 구개음화

world you

world you에서 world의 d[d]와 you의 y[j]가 합쳐지면 서로 닮아서 [ʤ]로 바뀌어 '월쥬'에 가깝게 발음된다. 발음된다. 이런 현상은 영국영어(British English) 보다 미국영어(American English)에서 자주 나타나는 현상이다.

(3) 역행동화

give me에서 give의 끝에 있는 e는 약화되어 그 앞에 있는 v가 me의 m을 닮아서 m으로 바뀌어 '기브 미'가 아닌 '기미'로 된다. 그러니까 v가 뒤에 있는 음인 m의 영향을 받아 거꾸로 바뀌게 되는 현상이다. 가끔 gimme로 표기되기도 한다.

4 주의해야 할 발음

When, again, drums, can

When에서 wh~로 시작되는 낱말은 'w' 뒤에 있는 'h'의 소리가 보통 들리지 않는다. 그러니까 when은 '휀'이라기 보다 '웬'에 가깝게 발음된다. 그러나 사람과 관련된 who, whose와 whom은 예외로 'h' 소리가 그대로 난다.

again의 발음은 미국영어와 영국영어에서 다르게 발음된다. again의 미국영어 발음은 어겐[əgen]이고, 영국영어 발음은 어게인[əgein]이다.

drums에서 'dr~'의 발음은 '드_'와 '주'의 중간쯤 되는 소리로 '쥬'에 가깝게 발음된다. 따라서 drums는 '드럼즈'라기 보다 '쥬럼즈'에 가깝게 발음된다.

can과 can't는 도우미동사로 기능낱말이기 때문에 약하게 발음한다. 그런데 can't 다음에 자음이 나오기 때문에 탈락되는 경우가 대부분이어서 can은 [kən]으로 can't는 [kæn]으로 발음하기로 약속이 되어 있다. 그런데 can이 문장 가운데 들어가는 경우가 [kən]으로 주로 발음되고 문장의 끝에 들어가는 경우에는 [kæn]으로 발음되는 경우가 대부분이다. can't는 기본적으로 [kæn]으로 발음되면서 can 보다 약간 길게 발음되는 경향이 있다.

노래에 들어 있는 쓸모 있는 영어 표현들

1. hear the people sing : hear the peopler sing에서 hear 다음에 목적어(the people)가 나오고 그 다음에는 to 부정사가 나와야 되는데, hear와 같은 감각동사(지각동사)인 경우에는 알몸동사(원형동사; bare infinitive)가 쓰여 to sing이 아니라 sing으로 된다.

2. crusade : crusade는 '(옳다고 믿는 것을 이루기 위한 장기적이고 단호한) 운동, 십자군 전쟁, 성전(聖戰)'라는 뜻이다. 이 노래에서는 '성스러운 전쟁'인 '성전'을 의미한다.

3. be strong and stand with me : be strong에서 be는 '…이다, 있다, 존재하다'를 포함한 자주 쓰이는 의미가 아닌 '…이 되다, …하게 되다'(=become)라는 뜻으로 된다. 그러니까 be strong은 '강해져서' 또는 '강인해져서'로 이해하면 될 것이다.

4. long to : 여기서 long은 '몹시 바라다, 욕구하다; 원하다, 희망하다'라는 뜻이다. 그러니까 long to~는 '~하기를 몹시 바라다, 욕구하다; 원하다, 희망하다'라는 뜻으로 이해하면 될 것이다. 예문들은 다음과 같다.

   I long to see her again.

   (나는 그 여자를 다시 보고 싶다.)

   I long to have him come.

   (나는 그가 와주기를 고대한다.)

   I long to hear your news.

   (나는 당신의 소식을 몹시 듣고 싶어요.)

5. our banner : banner는 '플래카드, 현수막, 배너, 기치, 기, 깃발'이란 뜻이다. 이 노래에서는 성전을 하면서 나설 때의 '깃발'을 의미한다. 그러니까 깃발이 나아간다는 것은 전진을 한다는 뜻이다.

6. stand up and take your chance : stand up은 1) '(특히 연인 사이에서) ~를[을] 바람 맞히다', 2) '서 있다, 선채로 있다, …을[를] 세우다'와 3) '(~에도 여전히) 효력[유효성]이 유지되다, 여전히 유효하다'라는 뜻이다 이 노래에서는 2)의 뜻으로 쓰이고 있으면서 비유적인 표현을 하고 있다.

1)의 예문들은 다음과 같다.

I've been stood up!

(난 바람 맞았어!)

She'll think I stood her up.

(그녀는 내가 그녀를 바람 맞혔다고 생각할 것이다.)

She cried when Anthony stood her up on their first date.

(그녀는 앤서니가 첫 데이트에서 바람을 맞히자 울어버렸어요.)

2)의 예문들은 다음과 같다.

Could you help me stand up, please?

(저 좀 일으켜 세워 주세요.)

You'll look taller if you stand up straight.

(너가 몸을 똑바로 하고 서 있으면 키가 더 커 보일 것이다.)

There were no seats left so I had to stand up.

(남은 의자가 없어서 나는 서 있어야 했다.)

3)의 예문들은 다음과 같다.

It does not really **stand up**.

(그것은 실제로 유효성이 있지 않다.)

Did this machine stand up to the test?

(이 기계는 검사에 합격했습니까?)

His argument simply doesn't stand up to close scrutiny.

(그의 주장은 그저 면밀히 살펴보면 유효성이 유지가 안 된다[허점이 드러난다].)

take your chance에서 **take one's[the, a] chance**는 '운에 맡기고 해보다, (~을[를])운에 맡기다, 기회를 잡다, 기회를 포착하다, (…의) 기회를 이용하다, 한 번 해보다, 모험을 하다, 모험적으로 해보다'라는 뜻으로 쓰인다.

They will **take the chance** of supplying drugs.

(그들은 마약을 공급하는 모험을 할 것이다.)

I will take my chance of finding him at home.

(그가 집에 있을지 어떨지 일단 내가 한 번 가볼 거다.)

Those who want to take a chance are free to do so.

(기회를 잡고 싶은 사람들은 행동하는 것이 자유롭다.)

기억할 만한 영어 문장

❶ Do you hear the people sing?
(당신들은 민중이 노래하는 소리를 듣는가?)

❷ Will you give all you can give?
(당신들이 줄 수 있는 모든 것을 주겠는가?)

❸ It is the music of a people who will not be slaves again.
(그건 또 다시 노예가 되지 않겠다는 사람들의 노래라네.)

뮤지컬과 노래를 생각하며

『레미제라블』(*Les Misérables*)은 『장발장』을 토대로 하여 프랑스의 혁명 등의 다양한 내용들이 이 작품에 들어 있다. 이것은 프랑스어로 된 작품 이름이지만 『불행한 사람들』과는 뉘앙스가 다르다는 것을 알 수 있다. 그것은 어감이 갖고 있는 일차적인 느낌 때문일 것이다. 진정한 베품은 무엇일까? 법의 집행의 한계는 무엇일까? 밀리에르 신부를 통해 인식하게 된 아낌없이 주는 사랑, 장발장이 과거의 자신과 같이 가난한 사람들을 도와주면서 새로운 삶을 산다고 하는 인간 드라마와 같은 이야기와 더불어 자베르처럼 법의 심판을 옹호하면서 동시에 자신의 임무에 충실한 사람을 누구라도 나무랄 사람은 없을 것이다. 그렇지만 어떻게 사는 것이 보다 더 나은 삶이고 보람된 삶이고 진정한 의미에서 사랑인지는 관객이면 누구나 알 수 있을 것이다. 천구백구십오 년 영국 런던의 팔레스 극장(Palace Theatre)에서 본 뮤지컬의 울림은 파리 혁명의 물결과 민중의 함성과 함께 여전히 지금도 내 마음에 남아 있다. 진정 프랑스의 주인은 누구이며, 대한민국의 주인은 누구인가를 다시 한 번 생각하게 되면서, 많은 경우 권력을 쥔 자들이나 권력을 잡으려고 하는 자들 모두 말로만 국민을 위한다고 말할 것이 아니라 진정 국민을 위해 그들이 존재하는지에 대한 질문을 스스로 진지하게 던져볼 수 있기를 기대해 본다. 모든 국민이 신분, 성별, 직업과 학별 등과 관계가 없이 일상생활에서 나름대로 정치적인 행위를 하고 있고 정치적인 사람들이라는 점을 기억하면서....

"On My Own"의 노래는 모든 걸 짝사랑하기도 하고 자신을 희생하는 에포닌의 애절함과 가슴 아픔 그리고 안타까움을 노래로 표현하고 있는 것이다. 뮤지컬은 중요한 장면에서 노래로서 표현되는 특성 때문에 노래로 불리어지는 그녀의 마음을 충분히 헤아려 볼 수 있다. 마리우스를 짝사랑하면서 코제트와 마리우스를 연결시켜주고 싸움하는 가운데 마리우스를 위해 목숨마저 바치는 그녀의 글자 그대로의 희생정신은 어떤 보상도 받으려하지 않고, 오로지 그녀는 마음속으로만 그를 그리워하고 함께 있다는 생각을 하면서....

"Do You Hear The People Sing?"의 노래에는 혁명의 날에 목숨을 걸고 성전에 참가하고 있는 민중들의 함성을 듣고 있는 듯하다. 민중들이 원하는 꿈은 자유와 평등을 원하는 것이지 그 외의 어떤 욕망이나 욕심도 갖고 있지 않다. 권력을 가진 자들은 자신의 권력욕을 위해 대부분의 경우 수단과 방법을 가리지 않으면서 착취하고 억압하고 기만하면서 많은 사람들을 마치 자신의 노예처럼 생각하는 것은 아닌지? 참된 권력은 국민인 민중으로부터 나온다는 사실. 권력을 가진 자들은 국민을 위한 봉사자에 불과하다는 사실. 참된 봉사자는 한없이 몸을 낮추어야 한다는 점 등은 잠자고 있는 책 속에만 있는 것이 아니라 우리의 일상생활 현장에 그대로 녹아 있어야 한다.

2 『캣츠』 *Cats*

1) "Memory"

Memory
Turn your face to the moonlight
Let your memory lead you
Open up, enter in
If you find there the meaning of happiness is
Then a new life will begin

Memory
All alone in the moonlight
I can smile at the old days
I was beautiful then
I remember the time I knew what happiness was
Let the memory live again

Burnt out ends of smoky days
The stale cold smell of morning
The street lamp dies
Another night is over
Another day is dawning

Daylight
I must wait for the sunrise
I must think of a new life
And I musn't give in

When the dawn comes,
Tonight will be a memory too
And a new day will begin

Sunlight through the trees in the summer
Endless masquerading
Like a flower as the dawn is breaking
The memory is fading

Touch me
It's so easy to leave me
All alone with the memory of my days in the sun
If you touch me
You'll understand what happiness is
Look, a new day has begun

추억

추억
고개를 돌려 달빛을 바라봐요
당신의 추억들이 당신을 이끌어주도록 해요
문을 열고 들어가요
만약 그 곳에서 행복의 의미를 당신이 찾을 수 있다면
그러면 새로운 인생이 시작될 거예요

추억
달빛 속애 오직 혼자 남아
지난날들을 돌아보며 난 미소를 지을 수 있어요
그땐 지금보다 더 아름다웠죠
나는 행복이 무엇이었는지 내가 알았던 때를 기억하고 있어요
추억을 다시 되새겨 보도록 해요

자욱했던 날들은 불타 없어져 버리고
남은 건 차갑고 불쾌한 아침의 냄새
가로등이 꺼지고
또 다른 밤이 끝나죠
또 다른 날이 밝아오죠

햇빛
나는 일출을 기다려야만 해요
나는 새로운 인생들을 생각해야만 해요
그리고 나는 절대 주저앉아서는 안돼요
다시 새벽이 올 때면
오늘 밤도 하나의 추억이 되겠죠
그리고 새로운 날이 시작될 거예요

여름에 나무 틈새로 비치는 햇살
끝나지 않은 가장 무도회
동이 틀 때의 꽃처럼
추억은 희미해지고 있어요

날 가볍게 만져줘요
날 떠나는 것은 너무 쉽겠지요
햇빛이 찬란하던 날들의 추억만을 남겨둔 채
만약 당신이 날 가볍게 만지면
당신은 행복이 무엇인지 이해하게 될 거예요
보세요, 새로운 날이 시작되고 있어요

영어 발음 제대로 듣거나 소리내기

1 이어지는 소리(연음)의 경우

1 약모음 이동

Then a, All alone, ends of, smell of, think of a, Like a

Then a에서 a는 약모음 [ə]가 되어 앞 낱말 끝부분에 가서 붙어 '데너'에 가깝게 발음된다. All alone에서 alone의 a는 약모음 [ə]가 되어 앞 낱말 끝부분에 가서 붙어 '오러론'에 가깝게 발음된다. ends of에서 of는 기능낱말이기 때문에 [əv]나 [ə]로 발음되고, of의 o는 약모음 [ə]가 되어 앞 낱말 끝부분에 가서 붙어 '엔저버'에 가깝게 발음된다. smell of도 마찬가지 경우이다. think of a에서 of의 o는 약모음 [ə]가 되어 앞낱말 끝부분에 가서 붙고, of의 뒤에 있는 a는 약모음 [ə]가 되어 앞낱말 끝부분에 가서 붙어 '싱커브'에 가깝게 발음된다. Like a에서 Like의 e는 낱말 끝에 있는 모음이어서 약화되고 뒤에 있는 a는 약모음 [ə]가 되어 앞 낱말 끝부분에 가서 붙어 '라이커'로 발음된다.

2 자음 이동

Open up, burnt out, night is, give in, days in

Open up에서 Open의 자음 n이 뒤에 있는 낱말 앞부분에 가서 붙어 '오퍼넙'으로 발음된다. burnt out에서 burnt의 자음 t가 뒤에 있는 낱말 앞부분에 가서 붙어 '번타웃'으로 발음된다. night is에서 night의 자음 t가 뒤에 있는 낱말 앞부분에 가서 붙어

'나이티즈'로 발음된다. give in에서 give의 끝에 있는 e는 약화되고 그 앞에 있는 v는 뒤에 있는 낱말 앞부분에 가서 붙어 '기빈'으로 발음된다. days in에서 days의 자음 s가 뒤에 있는 낱말 앞부분에 가서 붙어 '데이진'으로 발음된다.

2 없어지는 소리(탈락)의 경우

⊙ 없어지는 소리 현상에서 같은 철자가 겹칠 때, 철자 한 개는 탈락되고 한 개의 철자 로만 소리가 나는 경우는 생략한다.

find there, old days, cold smell, must wait, must think, mustn't give, Endltess, It's so

find there에서 find의 d가 there의 th[ð]와 비슷한 발음이기 때문에 앞에 있는 d가 탈락되어 '화인 데어'에 가깝게 발음된다.

old days에서 old의 d와 days의 d는 같은 철자이기 때문에 앞의 d가 탈락되어 '오울 데이즈'로 발음된다. It's so('이 소우')도 마찬가지 경우이다.

cold smell에서 cold의 d는 자음 l과 자음 s 사이에 놓이기 때문에 탈락되어 '코울 스멜'로 발음된다. 이와 같이 자음과 자음 사이에 놓이는 여섯 개의 파열음인 철자— k/g, p/b, t/d—가 탈락되는 예로 must wait('머스 웨이트'), must think('머스 싱크'에 가깝게), mustn't give('머슨 기브')와 Endless('엔리스')가 해당된다.

3 닮는 소리(동화)의 경우

(1) 단타음화

beautiful, fading, beating, water

beautiful에서 t가 강모음과 약모음 사이에 놓이면 단타음(單打音)으로 되어 t도, d도, r도 아닌 발음이 된다. beautiful은 '비유리훨'에 가깝게 발음된다. fading에서 d가 강모음과 약모음 사이에 놓이면 단타음(單打音)으로 되어 d도, t도, r도 아닌 발음이 된다. fading은 '훼이링'에 가깝게 발음된다. beating에서 t가 강모음과 약모음 사이에 놓이면 단타음(單打音)으로 되어 t도, d도, r도 아닌 발음이 된다. beating은 '비링'에 가깝게 발음된다. water에서 t가 강모음과 약모음 사이에 놓이면 단타음(單打音)으로 되어 t도, d도, r도 아닌 발음이 된다. water는 '워러'에 가깝게 발음된다. 이 소리는 한글로 표기할 수 없으며 오직 소리로만 익힐 수밖에 없다. 특히 미국영어(American English)에서 두드러진 현상이다.

4 줄어진 소리(축약)의 경우

mustn't, You'll

부정형인 mustn't, 도우미동사(조동사)인 You'll의 경우이다. 이 가운데 You'll에서 'll이 한국인이 발음하기에 가장 힘든 예이다. 그 이유는 'll은 will의 줄인 형태인데 'll'이 한국어에 없는 발음으로, 'l'은 혀를 입천장에 붙여서 소리를 내야 하는데, 한국어에는 이렇게 소리를 내는 것이 없기 때문이다.

5 주의해야 할 발음

can, what, again, street, When, trees

can과 can't는 도우미동사로 기능낱말이기 때문에 약하게 발음한다. 그런데 can't 다음에 자음이 나오기 때문에 탈락되는 경우가 대부분이어서 can은 [kən]으로 can't는 [kæn]으로 발음하기로 약속이 되어 있다. 그런데 can이 문장 가운데 들어가는 경우가 [kən]으로 주로 발음되고 문장의 끝에 들어가는 경우에는 [kæn]으로 발음되는 경우가 대부분이다. can't는 기본적으로 [kæn]으로 발음되면서 can 보다 약간 길게 발음되는 경향이 있다.

what에서 wh~로 시작되는 낱말은 'w' 뒤에 있는 'h'의 소리가 보통 들리지 않는다. 그러니까 what은 '홧'이라기 보다 '왓'에 가깝게 발음된다. When도 '휀'이라기 보다 '웬'에 가깝게 발음된다. 그러나 사람과 관련된 who, whose와 whom은 예외로 'h' 소리가 그대로 난다.

again의 발음은 미국영어와 영국영어에서 다르게 발음된다. again의 미국영어 발음은 어겐[əgen]이고, 영국영어 발음은 어게인[əgein]이다.

street에서 s+k/p/t가 되면 된소리에 가깝게 소리가 난다. 대부분 k/p/t가 들어간 낱말은 h가 들어가는 소리를 내게 되는데, s+k/p/t의 경우는 h 소리가 나지 않고 된소리에 가깝게 발음된다. 그러니까 street은 '스트릿'라기 보다 '스뜨릿'에 가깝게 발음되거나 들린다.

trees에서 'tr~'의 발음은 '츠_'와 '추'의 중간쯤 되는 소리로 '츄'에 가깝게 발음된다. 따라서 '트리즈'라기 보다 '츄리즈'에 가깝게 발음되거나 들린다.

노래에 들어 있는 쓸모 있는 영어 표현들

1. Let your memory lead you : Let your memory lead에서 let 다음에 목적어(your memory)가 나오고 그 뒤에 to 부정사가 나와야 되는데 let가 허용이나 허락을 하는 경우 알몸동사(원형동사; bare infinitive)가 쓰여 to lead가 아니라 lead로 된다. 몇 줄 밑에 나오는 가사 Let the memory live again에서 Let ~ live도 마찬가지 경우이다.

2. Open up : open up은 1) '마음을 터놓다', 2) '발사[발포]되다', 3) '(문・뚜껑 등을) 열다'와 4) '~을[이] 가능하게 하다[가능해지다]; ~을[이] 이용할[~에 가 닿을] 수 있게 하다[되다]'라는 뜻이다. 이 노래에서는 1)의 뜻으로 쓰이고 있다.

   1)의 예문들은 다음과 같다.

   The woman will not open up to her.

   (그 여자는 그녀와 친해지지 않을 것이다.)

   Lorna found that people were willing to open up to her.

   (로나는 사람들이 자신에게는 기꺼이 마음을 연다는 것을 깨달았다.)

   It helps to discuss your problems but I find it hard to open up.

   (자신의 문제를 의논하는 것이 도움이 되는데, 나는 마음을 터놓는 것이 힘들다.)

   2)의 예문들은 다음과 같다.

   Anti-aircraft guns opened up.

   (고사포가 발포되었다.)

   Ships would open up their bellies.

   (함선의 선체들에서 발포를 하곤 했다.)

The assault element, led by Captain Ramirez, opened up from their right flank.

(라미레즈 장군이 이끄는 돌격 부대가 대형 우측 측면에서 총격을 개시했다.)

3)의 예문들은 다음과 같다.

Open up!

(문 열어요!)

She laid the book flat and opened it up.

(그녀가 책을 바로 놓고 펼쳤다.)

I open up the store for the day at around 8.30.

(나는 여덟 시 삽십 분경에 당일 영업을 위해 가게 문을 연다.)

4)의 예문들은 다음과 같다.

Would you like to open up a basic account?

(보통 예금 계좌를 여시겠습니까?)

I can't wait until they open up the other lines.

(나는 빨리 다른 노선들이 개통됐으면 좋겠어요.)

The railway opened up the east of the country.

(철도 덕분에 이 나라의 동부 지역으로 가는 길이 열렸다.)

3. smile at : smile at는 '…을[를] 보고 미소짓다, …을[를] 일소에 부치다, …을[를] 꾹 참다'라는 뜻이 있지만, 대부분 '…을[를] 보고 미소짓다'라는 뜻으로 쓰인다. 예문들은 다음과 같다.

I had to smile at his optimism.

(나는 그의 낙천주의에 웃을 수밖에 없었다.)

Imagine how your parents will smile at you!

(부모님이 여러분을 향해 웃는 모습을 상상해 보세요!)

He would lie in the puddle and smile at Claire.

(그는 웅덩이 안에 누워서는 크레어에게 미소를 지어주곤 했다.)

4. **Burnt out ends of smoky days : burnt out**는 형용사로 1) '다 타 버린'과 2) '극도로 피로한'이란 뜻이고, 동사로 1) '에너지를 소진하다[소진하게 만들다]', 2) '(가열되어) 고장이 나다[나게 하다]와 3) '다 타다[(다 타고) 꺼지다]'란 뜻이다. 이 노래에서는 형용사로서 1)의 뜻으로 쓰이는데 비유적인 표현을 쓰고 있다.

형용사로서 burnt out

1)의 예문들은 다음과 같다.

Here is a burnt-out wreck of a car.

(전소되고 차체만 남을 어떤 자동차가 있다.)

His body was found in a burnt out car.

(그의 시체는 다 타 버린 자동차 안에서 발견되었다.)

I watched the smoking remains of burnt-out cars

(나는 연기를 내뿜고 있는 타버린 자동차들 잔해를 보았다.)

2)의 예문들은 다음과 같다.

I get burnt out easily.

(나는 쉽게 피곤해지는군요.)

He ran till he felt burnt out.

(그는 입에서 단내가 나도록 뛰었다.)

A good night sleep can easily fix the state of being burnt out.

(밤에 잘 자면 피곤한 것을 쉽게 풀 수 있다.)

동사로서 burnt out

1)의 예문들은 다음과 같다.

However, most people are burnt out by February.

(하지만, 대부분의 사람들은 이월이 되면 지칩니다.)

If he doesn't stop working so hard, he'll burn himself out.

(그가 그렇게 열심히 일하는 걸 그만두지 않으면 에너지가 소진되고 말 것이다.)

If we are too active, we will burn out before we reach our destination.

(우리가 너무 적극적이면 우리의 목표에 다다르기도 전에 기운이 소진돼 쓰러질 것이다.)

2)의 예문들은 다음과 같다.

The fuse is burnt out.

(그 퓨즈가 끊어졌다.)

The clutch has burnt out.

(그 클러치가 타 버렸다.)

The light bulb has burnt out in the bathroom.

(화장실에 있는 전구가 나갔어요.)

3)의 예문들은 다음과 같다.

The fire had burnt itself out.

(그 난로불이 다 타 버린 뒤 꺼져 있었다.)

The wires had short-circuited and burnt out.

(그 전선들에 합선이 일어나서 타 버린 것이었다.)

The fire had burnt (itself) out before the fire engines arrived.

(불은 소방차가 오기 전에 다 탄 상태였다.)

smoky days : smoky는 '연기[매연]가 자욱한, 연기가 많이 나는, 연기 냄새가 나는, 훈제한 맛이 나는'이란 뜻이다. smoky days는 글자 그대로 '연기가 자욱한 날들'이지만, 연기가 자욱한 날들이란 힘들고 고통스러운 날들이란 비유적인 표현일 것이다.

5. wait for the sunrise : wait for는 '…를[을] 기다리다'라는 뜻이다. 예문들은 다음과 같다.

The children can't wait for Christmas to come.

(아이들은 어서 크리스마스가 되기를 바라고 있다.)

I walk to a street corner and wait for the school bus.

(나는 거리 모퉁이로 걸어가서 학교 버스를 기다린다.)

The manager will be free soon—you can wait for her here.

(매니저님이 곧 시간이 날 겁니다. 여기서 (그 분을) 기다리세요.)

6. think of a new life : think of는 '~을[를] 생각하다[머리에 떠올리다], ~을[를] 고려하다'라는 뜻이다. 예문들은 다음과 같다.

Can you think of a rhyme for 'beauty'?

(beauty에 어울리는 운을 생각해 낼 수 있겠니?)

He doesn't care what people think of him.

(그는 사람들이 자기를 어떻게 생각하든 신경 쓰지 않는다.)

Honestly! Whatever will they think of next?

(정말! 도대체 그들이 다음엔 무슨 짓을 꾸밀 거래?)

7. mustn't give in : give in은 1) '(~에게) 항복하다, 굴복하다, 참다, 복종하다', 2) '(마지못해) 동의하다'와 3) '제출하다, 건네주다, 배부하다'라는 뜻으로 쓰인다. 이 노래에서는 1)의 뜻으로 쓰이고 있다.

1)의 예문들은 다음과 같다.

The rebels were forced to **give in**.

(반군들은 할 수 없이 항복해야 했다.)

I think we should just give in gracefully.

(나는 우리가 그냥 품위 있게 굴복해야 한다고 생각한다.)

He refused to give in to bullying and threats.

(그는 협박과 괴롭힘에 굴복하지 않았다.)

2)의 예문들은 다음과 같다.

Each should **give in** a little.

(각자 서로 조금씩 양보하세요.)

We'll give in to your wishes.

(우리는 당신네가 원하는 대로 해드리겠소.)

He refused to give in to her pleadings.

(그는 그녀의 애원을 들어주려 하지 않았다.)

3)의 예문들은 다음과 같다.

Please give your work in before Monday.

(작품을 월요일 전에 제출해 주세요.)

Please give in your examination papers now.

(지금 시험지를 제출하세요.)

8. Endless masquerading : masquerading에서 **masquerade**는 명사로 1) (진실・진심을 숨기는) 가장'과 2) '가장 무도회'라는 뜻이고, 동사로 '가장하다'라는 뜻이다.

기억할 만한 영어 문장

❶ Let the memory live again.
(추억을 다시 되새겨 보도록 해요.)

❷ I can smile at the old days.
(지난날들을 돌아보며 난 미소를 지을 수 있어요.)

❸ If you touch me you'll understand what happiness is.
(만약 당신이 날 가볍게 만지면 당신은 행복이 무엇인지 이해하게 될 거예요.)

2 『캣츠』 *Cats*

2) "The Moments Of Happiness"

The moments of happiness
We had the experience but missed the meaning
And approach to the meaning restores the experience
In a different form beyond any meaning
We can assign to happiness
The past experience revived in the meaning
Is not the experience of one life only
But of many generations
Not forgetting something that is probably quite ineffable

[JEMIMA]
Moonlight
Turn your face to the moonlight
Let your memory lead you
Open up, enter in
If you find there
The meaning of what happiness is
Then a new life will begin

[COMPANY]
Moonlight
Turn your face to the moonlight
Let your memory lead you
Open up, enter in

If you find there
The meaning of what happiness is
Then a new life will begin

행복한 순간들

행복한 순간들
우리는 경험했지만 의미를 잊어 버렸어요
그리고 그 의미에 다가가게 되면 그 경험을 되찾아요
어떤 의미 너머에 있는 또 다른 형태로
우리는 행복에 의미를 부여할 수 있어요
지난날의 경험이 그 의미 안에서 다시 되살아나지요
오직 한 생애에서만의 경험이 아닌
여러 세대에 걸친 경험이지만
아마도 말로 표현할 수 없는 그 어떤 것을 잊지 않는 것

달빛
고개를 들어 달빛을 바라봐요
당신의 추억은 당신을 이끌어 주도록 해요
문을 열고 들어가요
그곳에서 행복의 의미를 당신이 찾을 수 있다면
그러면 새로운 인생이 시작될 거예요

달빛
고개를 들어 달빛을 바라봐요
당신의 추억은 당신을 이끌어 주도록 해요
문을 열고 들어가요
그곳에서 행복의 의미를 당신이 찾을 수 있다면
그러면 새로운 인생이 시작될 거예요

영어 발음 제대로 듣거나 소리내기

1 이어지는 소리(연음)의 경우

1 약모음 이동

in a, experience of, Then a

in a에서 a는 약모음 [ə]가 되어 앞 낱말 끝부분에 가서 붙어 '이너'로 발음된다. Then a도 마찬가지 경우이다. experience of에서 experience의 끝모음 e는 약화되고, of의 o는 약모음 [ə]가 되어 앞 낱말 끝부분에 가서 붙어 '익스피어런스버'로 발음된다.

2 자음 이동

beyond any, revived in, that is, Open up, enter in

beyond any에서 beyond의 자음 d가 뒤에 있는 낱말 앞부분에 가서 붙어 '비얀대니'로 발음된다. revived in에서 revived in의 revived의 ed 발음 [d]의 자음 d가 뒤에 있는 낱말 앞부분에 가서 붙어 '리바이브딘'으로 발음된다. that is에서 that의 자음 t가 뒤에 있는 낱말 앞부분에 가서 붙어 '대리즈'에 가깝게 발음된다. Open up에서 Open의 자음 n이 뒤에 있는 낱말 앞부분에 가서 붙어 '오퍼넙'으로 발음된다. enter in에서 enter의 자음 r이 뒤에 있는 낱말 앞부분에 가서 붙어 '엔터린'으로 발음된다.

2 없어지는 소리(탈락)의 경우

⊙ 없어지는 소리 현상에서 같은 철자가 겹칠 때, 철자 한 개는 탈락되고 한 개의 철자로만 소리가 나는 경우는 생략한다.

moments, had the, missed the, different from, find there,

moments에서 t는 자음 n과 자음 s 사이에 놓이기 때문에 탈락되어 '모우먼스'로 발음된다. 이와 같이 자음과 자음 사이에 놓이는 여섯 개의 파열음인 철자—k/g, p/b, t/d—가 탈락되는 예로 different from('디퍼런 훠럼'에 가깝게)이 해당된다.

had the에서 had의 d가 the의 th[ð]와 비슷한 발음이기 때문에 앞에 있는 d가 탈락되어 '해더'에 가깝게 발음된다. find there('화인 데어'에 가깝게)도 마찬가지 경우이다.

missed the에서 missed의 ed 발음 [t]는 the의 th[ð]와 비슷한 발음이기 때문에 앞에 있는 t가 탈락되어 '미스더'에 가깝게 발음된다.

3 닮는 소리(동화)의 경우

(1) 단타음화

But of, forgetting, that is, beating, water

But of에서 t가 강모음과 약모음 사이에 놓이면 단타음(單打音)으로 되어 t도, d도, r도 아닌 발음이 된다. But of는 '버러버'에 가깝게 발음된다. forgetting에서 tt가 강모음과 약모음 사이에 놓이면 단타음(單打音)으로 되어 t도, d도, r도 아닌 발음이 된다. forgetting은 '호게링'에 가깝게 발음된다. that is에서 t가 강모음과 약모음 사이에 놓이면 단타음(單打音)으로 되어 t도, d도, r도 아닌 발음이 된다. that is는 '대리즈'에 가깝게 발음된다. beating에서 t가 강모음과 약모음 사이에 놓이면 단타 음(單打音)으로 되어 t도, d도, r도 아닌 발음이 된다. beating은 '비링'에 가깝게 발음된다. water에서 t가 강모음과 약모음 사이에 놓이면 단타음(單打音)으로 되어 t도, d도, r도 아닌 발음이 된다. water는 '워러'에 가깝게 발음된다. 이 소리는 한글로 표기할 수 없으며 오직 소리로만 익힐 수밖에 없다. 특히 미국영어(American English)에서 두드러진 현상이다.

(2) 구개음화

Let your, lead your

Let your에서 Let의 t[t]와 your의 y[j]가 합쳐지면 서로 닮아서 [ʧ]로 바뀌어 '레츄어'에 가깝게 발음된다. 따라서 이런 현상은 영국영어(British English) 보다 미국 영어(American English)에서 자주 나타나는 현상이다.

lead your에서 lead의 d[d]와 your의 y[j]가 합쳐지면 서로 닮아서 [ʤ]로 바뀌어 '리쥬어'에 가깝게 발음된다. 발음된다. 이런 현상은 영국영어(British English) 보다 미국 영어(American English)에서 자주 나타나는 현상이다.

4 주의해야 할 발음

can, what

can과 can't는 도우미동사로 기능낱말이기 때문에 약하게 발음한다. 그런데 can't 다음에 자음이 나오기 때문에 탈락되는 경우가 대부분이어서 can은 [kən]으로 can't는 [kæn]으로 발음하기로 약속이 되어 있다. 그런데 can이 문장 가운데 들어가는 경우가 [kən]으로 주로 발음되고 문장의 끝에 들어가는 경우에는 [kæn]으로 발음되는 경우가 대부분이다. can't는 기본적으로 [kæn]으로 발음되면서 can 보다 약간 길게 발음되는 경향이 있다.

what에서 wh~로 시작되는 낱말은 'w' 뒤에 있는 'h'의 소리가 보통 들리지 않는다. 그러니까 what은 '홧'이라기 보다 '왓'에 가깝게 발음된다. 그러나 사람과 관련된 who, whose와 whom은 예외로 'h' 소리가 그대로 난다.

노래에 들어 있는 쓸모 있는 영어 표현들

1. We can assign to happiness : assign은 1. '(일 · 물건 · 책임 등을) 맡기다, 할당하다, 배정하다, 부여하다', 2. '(임무 · 부서 · 지위 등)에 선임[선정]하다, 파견하다, 배치하다'와 3. (때 · 장소 등을) […에 관해] 정하다, (제한 등을) (…에) 두다'라는 뜻이다. 이 노래에서는 1)의 뜻으로 쓰이고 있다.

1)의 예문들은 다음과 같다.

Did you assign the work already?

(그 일을 이미 배정해 줬나요?)

Please assign a different feature to each button.

(단추마다 다른 기능을 할당하십시오.)

Would you like me to assign you to another project?

(다른 프로젝트를 맡고 싶으세요?)

2)의 예문들은 다음과 같다.

He is assigned to a new task.

(그에게 새로운 임무가 부과되었다.)

I thought I was gonna be assigned to a desk.

(전 사무직에 배정될 걸로 알고 있었어요.)

I was assigned to work in the London branch office.

(나는 런던 지점 근무를 명받았다.)

3)의 예문들은 다음과 같다.

The room was assigned to the girls.

(그 방은 여자애들에게 배정되었다.)

Which room should I assign for the guys?

(어떤 방을 그 남자들에게 주어야 할까요?)

Select whether the issue has a due date and, if so, assign a date and time that the issue is due.

(이슈에 만료일이 있는지 여부를 선택하고, 있는 경우 해당 이슈의 만료 날짜와 시간을 지정합니다.)

2. revived in : revive는 1) '활기를 되찾다, 회복하다'와 2) '(다시 사용되거나 행해지도록) 부활시키다, 되살아나다, 되살아나게 하다'라는 뜻이다. 이 노래에서는 2)의 뜻으로 쓰이고 있다.

1)의 예문들은 다음과 같다.

The economy is beginning to revive.

(경제가 회복되기 시작하고 있다.)

Let's hope the world economy will revive soon!

(세계 경제가 곧 다시 살아나기를 희망합시다.)

Some say that cable cars will revive regional economies.

(어떤 사람들은 케이블카가 지역 경제를 부흥시킬 것이라고 말한다.)

2)의 예문들은 다음과 같다.

That novel revived my interest in books.

(그 소설은 책에 대한 나의 관심을 자극했다.)

It will help to revive the meaning of the words.

(그것은 말의 의미를 되새기는 데 도움이 될 것이다.)

She has been trying to revive the debate over equal pay.

(그녀는 균등한 임금에 대한 논의를 부활시키기 위해 애를 써 왔다.)

3. ineffable : ineffable은 '말로 표현할 수 없는, 형언할 수 없는, 이루 말할 수 없는' 이란 뜻이다. 예문들은 다음과 같다.

You show ineffable excellence in all things.

(당신은 모든 면에서 형언할 수 없는 훌륭함을 보여줍니다.)

It's the same with them, just as ineffable, unknowable.

(그것은 그들에게도 마찬가지로 형언할 수 없고, 이해할 수 없는 것이다.)

They almost created an atmosphere of ineffable violence.

(그들은 거의 말로 표현할 수 없을 정도로 험악한 폭력적 분위기를 만들었다.)

4. Let your memory lead you : Let your memory lead에서 let 다음에 목적어(your memory)가 나오고 그 뒤에 to 부정사가 나와야 되는데 let가 허용이나 허락을 하는 경우 알몸동사(원형동사; bare infinitive)가 쓰여 to lead가 아니라 lead로 된다.

5. Open up : open up은 1) '마음을 터놓다', 2) '발사[발포]되다', 3) '(문・뚜껑 등을) 열다'와 4) '~을[이] 가능하게 하다[가능해지다]; ~을[이] 이용할[~에 가 닿을] 수 있게 하다[되다]'라는 뜻이다. 이 노래에서는 1)의 뜻으로 쓰이고 있다.

1)의 예문들은 다음과 같다.

The woman will not open up to her.

(그 여자는 그녀와 친해지지 않을 것이다.)

Lorna found that people were willing to open up to her.

(로나는 사람들이 자신에게는 기꺼이 마음을 연다는 것을 깨달았다.)

It helps to discuss your problems but I find it hard to open up.

(자신의 문제를 의논하는 것이 도움이 되는데, 나는 마음을 터놓는 것이 힘들다.)

2)의 예문들은 다음과 같다.

Anti-aircraft guns **opened up**.

(고사포가 발포되었다.)

The assault element, led by Captain Ramirez, opened up from their right flank.

(라미레즈 장군이 이끄는 돌격 부대가 대형 우측 측면에서 총격을 개시했다.)

3)의 예문들은 다음과 같다.

Open up!

(문 열어요!)

She laid the book flat and opened it up.

(그녀가 책을 바로 놓고 펼쳤다.)

I open up the store for the day at around 8.30.

(나는 여덟 시 삽십 분경에 당일 영업을 위해 가게 문을 연다.)

4)의 예문들은 다음과 같다.

Would you like to **open up** a basic account?

(보통 예금 계좌를 여시겠습니까?)

I can't wait until they open up the other lines.

(나는 빨리 다른 노선들이 개통됐으면 좋겠어요.)

The railway opened up the east of the country.

(철도 덕분에 이 나라의 동부 지역으로 가는 길이 열렸다.)

기억할 만한 영어 문장

❶ Let your memory lead you.
(당신의 추억은 당신을 이끌어 주도록 해요.)

❷ Turn your face to the moonlight.
(고개를 들어 달빛을 바라봐요.)

❸ The past experience revived in the meaning.
(지난날의 경험이 그 의미 안에서 다시 되살아나지요.)

뮤지컬과 노래를 생각하며

『캣츠』(*Cats*)는 '지혜로운 고양이가 되기 위한 지침서'라는 수식어가 붙긴 하지만 부자 고양이, 도둑 고양이, 악당 고양이, 늙은 광대 고양이, 창녀 고양이와 선지자 고양이 등과 같은 다양한 고양이들이 등장한다. 그래서 제목이 '고양이들'인데 '캣츠'만큼 뉘앙스가 살아나지 않는가? 편견인가 선입관인가? 어찌 보면 이 작품은 고양이들의 이야기를 하려는 것이 아니라 고양이들을 통해 사람들의 이야기를 하기 위해 동물을 의인화한 작품이다. 결국 고양이들을 통해 인간의 삶의 모습을 이야기하기 위한 것이 이 작품의 목적인 것이다. 그렇지만 이 작품은 앙상블을 이루면서 고양이들이 부르는 노래, 현란한 춤, 그리고 고양이들의 동작을 멋지게 표현하고 있는 점에서 뮤지컬의 묘미를 잘 살리고 있다. 이천삼 년 영국 만체스터의 팔레스 극장(Palace Theatre)의 이층에서 본 이 뮤지컬의 빠른 전개, 배우들의 훌륭한 연기와 다양한 노래 실력과 고양이들의 한껏 뽐내는 배우들의 춤 솜씨는 지금도 내가 그 뮤지컬을 보고 있는 듯하고, 유튜브를 통해 다양한 이 작품의 공연을 볼 때 연상하면서 감동할 수 있어서 여전히 볼거리를 더욱 더 풍성하게 하는 효과를 가져 온다.

"Memory"의 노래는 늙고 지친 창녀 고양이인 그리저벨러가 비참한 현실 속에서 추억을 떠올리면서 행복했던 시절에 대한 기억을 되살리며 나름대로 내일에 대한 희망을 표현한 것이다. 누구에게나 현재 모습에 대한 다른 사람들의 평가가 있게 마련이다. 특히 주변의 싸늘한 시선은 그 시선을 받는 대상에게는 견디기 힘든 고통으로 작용한다. 그리저벨러의 경우도 마찬가지인 것이다. 그렇지만 미소를 지으며 과거의 추억을 떠올리며 현재를 견디고 미래에 대한 희망을 노래한다는 점에서 긍정적인 희망의 메시지를 갖고 있는 점이 특이하다. 『캣츠』가 공연되는 동안 배우가 혼자서 부르는 경우가 쉽지 않은데, 이 노래는 혼자서 부르는 부분이다. 그녀가 선지자 고양이 듀터로너미로부터 천상의 세계로 올라감으로써 그녀가 행복의 의미를 찾아서 새로운 삶의 시작을 알린다고 볼 수 있다. 천대를 받더라도 과거의 경험이나 삶의 모습에 대한 긍정적인 의미가 부여할 수 있는 자신과 남에 대한 배려가 필요하지 않을까 생각해 본다.

"The Moments Of Happiness"의 노래 역시 "Memory"의 전체 메시지와 크게 다르지 않다고 볼 수 있다. 이 노래에서도 추억 속에 들어 있는 삶의 의미를 되새기면서 차분하게 그리고 천천히 행복했던 순간들을 떠올리는 듯한 배우들의 연기를 통해 그들의 행복했던 순간을 되새기고 있는 듯한 장면을 보게 된다. 누구이든 시간의 흐름을 붙들 수는 없을 것이다. 우리는 시행착오를 겪으며 살아 온 지나간 시간에 대한 후회와 반성 등의 다양한 감회가 있을 수 있겠지만, 자신이 살아 온 삶의 궤적에 대해 최대한 긍정적인 의미를 부여하기 위한 노력은 필요할 것이다. 시간을 되돌릴 수는 없는 일이고, 그렇다고 과거만큼 활기차게 모험을 하면서 살 수도 없는 시간들이 언제나 우리들 앞에 놓여 있기 때문이다. 누가 다른 사람들의 삶의 궤적에 대해 쉽게 평가를 할 수 있겠는가? 그러나 자신의 삶의 궤적에 관해서는 가능하면 긍정적인 의미 부여하면서 행복했던 순간들을 기억하면 좋지 않을까? 그런데 그 느끼는 시간이 '순간'인 점은 늘 아쉬움으로 남을 것이다.

3 『에비타』 *Evita*

1) "You Must Love Me"

Where do we go from here?
This isn't where we intended to be
We had it all, you believed in me
I believed in you

Certainties disappear
What do we do for our dream to survive?
How do we keep all our passions alive,
As we used to do?

Deep in my heart I'm concealing
Things that I'm longing to say
Scared to confess what I'm feeling
Frightened you'll slip away

You must love me
You must love me

Why are you at my side?
How can I be any use to you now?
Give me a chance and I'll let you see how
Nothing has changed

Deep in my heart I'm concealing
Things that I'm longing to say
Scared to confess what I'm feeling
Frightened you'll slip away

You must love me
You must love me

당신이 날 사랑해줘요

여기서 우리는 어디로 가죠?
여긴 우리가 의도했던 곳이 아닌데
우린 할 만큼 했고 당신은 날 믿었죠
난 당신을 믿었어요

확신은 사라졌는데
우리의 꿈이 살아남기 위해 우린 무얼 해야 하나요?
어떻게 우리의 모든 열정이 살아 있을 수 있도록 하나요
우리가 과거에 가졌던 그 정열들처럼요

내 마음속 깊이 감춰두고 있는
내가 정말 말하고 싶었던 것들
내가 느끼고 있는 것을 고백하는 것이 두렵고
당신이 가버릴까 봐 두려워요

당신이 날 사랑해줘요
당신이 날 사랑해줘요

당신은 왜 내 옆에 있죠
지금 내가 당신에게 어떻게 조금이라도 도움이 될 수 있나요?
기회를 줘야 내가 당신에게 방법을 줄 수 있죠
변한 건 아무것도 없는데

내 마음속 깊이 감춰두고 있는
내가 정말 말하고 싶었던 것들
내가 느끼고 있는 것을 고백하는 것이 두렵고
당신이 가버릴까 봐 두려워요

당신이 날 사랑해줘요
당신이 날 사랑해줘요

영어 발음 제대로 듣거나 소리내기

1 이어지는 소리(연음)의 경우

1 약모음 이동

passions alive, slip away, me a,

passions alive에서 alive의 a는 약모음 [ə]가 되어 앞 낱말 끝부분에 가서 붙어 '패션저 라이브'로 발음된다. slip away에서 away의 a는 약모음 [ə]가 되어 앞 낱말 끝부분에 가서 붙어 '스리퍼 웨이'로 발음된다. me a에서 a는 약모음 [ə]가 되어 앞 낱말 끝부분에 가서 붙어 '미어'로 발음된다.

2 자음 이동

believed in, Deep in

believed in에서 believed의 ed의 발음이 [d]가 되어 뒤에 있는 낱말 앞부분에 가서 붙어 '빌리브딘'으로 발음된다. Deep in서 Deep의 자음 p가 뒤에 있는 낱말 앞부분에 가서 붙어 '디핀'으로 발음된다.

2 없어지는 소리(탈락)의 경우

⊙ 없어지는 소리 현상에서 같은 철자가 겹칠 때, 철자 한 개는 탈락되고 한 개의 철자로만 소리가 나는 경우는 생략한다.

intended to, What do, Scared to

isn't where에서 isn't의 t는 자음 n과 where의 자음 w 사이에 놓이기 때문에 탈락되어 '이즌 웨어'로 발음된다. 이와 같이 자음과 자음 사이에 놓이는 여섯 개의 파열음인 철자—k/g, p/b, t/d—가 탈락된다.

intended to에서 intended의 ed 발음 [id]에서 [i]는 약화되어 남은 d는 to에 있는 t와 비슷한 발음이기 때문에 앞에 있는 d가 탈락되어 '인텐드 터'로 발음된다. Scared to ('스케어 터')도 마찬가지 경우이다.

What do에서 What의 t가 do의 d와 비슷한 발음이기 때문에 앞에 있는 t가 탈락되어 '와 두'로 가깝게 발음된다.

3 닮는 소리(동화)의 경우

(1) 단타음화

had it, beating, water

had it에서 had의 t가 강모음과 약모음 사이에 놓이면 단타음(單打音)으로 되어 t도, d도, r도 아닌 발음이 된다. had it은 '해릿'에 가깝게 발음된다. beating에서 t가 강모음과 약모음 사이에 놓이면 단타음(單打音)으로 되어 t도, d도, r도 아닌 발음이 된다. beating은 '비링'에 가깝게 발음된다. water에서 t가 강모음과 약모음 사이에 놓이면 단타음(單打音)으로 되어 t도, d도, r도 아닌 발음이 된다. water는 '워러'에 가깝게 발음된다. 이 소리는 한글로 표기할 수 없으며 오직 소리로만 익힐 수밖에 없다. 특히 미국영어(American English)에서 두드러진 현상이다.

(2) 구개음화

Frightened you'll, let you

Frightened you'll에서 Frightened의 ed의 발음 [d]와 you'll에 있는 you의 y[j]가합쳐지면 서로 닮아서 [ʤ]로 바뀌어 '휘라이튼쥬일'에 가깝게 발음된다. 발음된다. 이런 현상은 영국영어(British English) 보다 미국영어(American English)에서 자주 나타나는 현상이다.

let you에서 let의 t[t]와 you의 y[j]가 합쳐지면 서로 닮아서 [ʧ]로 바뀌어 '레츄'에 가깝게 발음된다. 따라서 이런 현상은 영국영어(British English) 보다 미국영어(American English)에서 자주 나타나는 현상이다.

(3) 역행동화

give me

give me에서 give의 끝에 있는 e는 약화되어 그 앞에 있는 v가 me의 m을 닮아서 m으로 바뀌어 '기브 미'가 아닌 '기미'로 된다. 그러니까 v가 뒤에 있는 음인 m의 영향을 받아 거꾸로 바뀌게 되는 현상이다. 가끔 gimme로 표기되기도 한다.

4 줄어진 소리(축약)의 경우

I'm, you'll, I'll

be 동사의 경우인 I'm, 도우미동사(조동사)의 경우인 you'll과 I'll이 있다. 이 가운데 you'll과 I'll에서 'll이 한국인이 발음하기에 가장 힘든 예이다. 그 이유는 'll은 will의 줄인 형태인데 'll'이 한국어에 없는 발음으로, 'l'은 혀를 입천장에 붙여서 소리를 내야 하는데, 한국어에는 이렇게 소리를 내는 것이 없기 때문이다.

5 주의해야 할 발음

Where, What, used to, Why, dream, can

Where에서 wh~로 시작되는 낱말은 'w' 뒤에 있는 'h'의 소리가 보통 들리지 않는다. 그러니까 where는 '훼어'라기 보다 '웨어'에 가깝게 발음되거나 들린다. 마찬가지로 What은 '홧'이라기 보다 '왓'으로, Why는 '화이'라기 보다 '와이'에 가깝게 발음되거나 들린다. 그러나 사람과 관련된 who, whose와 whom은 예외로 'h' 소리가 그대로 난다.

used to는 '~하곤 했다'라는 뜻으로 과거에 규칙적으로 이루어진 행위를 나타낼 때 쓰인다. 그런데 이것의 발음은 '유스터 투'가 아니라 [justə]인 '여스터'에 가깝게 들린다.

dream에서 'dr~'의 발음은 '드_'와 '주'의 중간쯤 되는 소리로 '쥬'에 가깝게 발음되거나 들린다. 따라서 dream은 '드림'이라기 보다 '쥬림'에 가깝게 발음되거나 들린다.

can과 can't는 도우미동사로 기능낱말이기 때문에 약하게 발음한다. 그런데 can't 다음에 자음이 나오기 때문에 탈락되는 경우가 대부분이어서 can은 [kən]으로 can't는 [kæn]으로 발음하기로 약속이 되어 있다. 그런데 can이 문장 가운데 들어가는 경우가 [kən]으로 주로 발음되고 문장의 끝에 들어가는 경우에는 [kæn]으로 발음되는 경우가 대부분이다. can't는 기본적으로 [kæn]으로 발음되면서 can 보다 약간 길게 발음되는 경향이 있다.

노래에 들어 있는 쓸모 있는 영어 표현들

1. intended to be : intend to는 '~할 작정이다, ~하려고 생각하다'라는 뜻이다. 예문들은 다음과 같다.

I did not intend to insult you at all.

(나는 당신을 모욕할 생각은 추호도 없었다.)

The matter cannot rest there—I intend to sue.

(그 문제를 그냥 둘 수 없다. 난 고소를 할 작정이다.)

They intend to close the school at the earliest opportunity.

(그들은 가능한 한 빨리 그 학교를 폐교하려고 한다.)

2. had it all : have it all은 1) '모든 것을 한꺼번에 갖다'와 2) '갖가지 일을 겪다'라는 뜻이다. 이 노래에서는 2)의 뜻으로 쓰이고 있다.

1)의 예문들은 다음과 같다.

I thought I had it all figured out

(나는 모든 걸 다 알아냈다고 생각했어.)

I'm sorry, I just don't have it all figured out yet.

(미안해요. 아직은 모든 걸 알아내지 못했어요.)

I appreciate the offer, but I have it all under control.

(제안은 감사합니다만 도든 건 제가 알아서 합니다.)

2)의 예문들은 다음과 같다.

If he had it all, he wouldn't have left.

(만약 그가 모든 것을 갖고 있다면 그는 떠나지 않을 것이다.)

It is not possible to do it all, or to have it all.

(모든 일을 처리하거나 모든 것을 갖는다는 것은 불가능하다.)

I had more money than I could spend. I had it all.)

(나는 내가 쓸 수 있는 것보다 더 많은 돈을 가지고 있었다. 나는 다 가지고 있었다.)

3. believed in : believe in은 1) '~이 존재함을 믿다', 2) '지지하다, …을[를](…의 능력을) 믿다, 신뢰하다'와 3) '생각하다, …을[를] 좋다고[옳다고] 생각하다'라는 뜻이다. 이 노래에서는 1)의 뜻으로 쓰이고 있다.

1)의 예문들은 다음과 같다.

Do you believe in God?

(하느님의 존재를 믿으세요?)

Do you believe in the presence of spirits?

(유령의 존재를 믿나요?)

Do you believe in unidentified flying objects?

(당신은 미확인 비행 물체의 존재를 믿습니까?)

2)의 예문들은 다음과 같다.

I believe in the institution of marriage.

(나는 결혼 제도를 믿는다.)

They need a leader they can believe in.

(그들은 믿을 수 있는 지도자가 필요하다.)

We believe in the philosophy entirely in Utah.

(우리 유타 주는 그 기본 철학에 전적으로 동의합니다.)

3)의 예문들은 다음과 같다.

But I don't believe in perfection.

(하지만 난 완벽함이란 없다고 생각해.)

And I don't believe in prohibiting behavior.

(그리고 저는 사람의 행동을 금지시키는 것이 바람직하다고 보지 않습니다.)

I don't believe in giving parole to murderers.

(나는 살인범들에게 가석방을 허락하는 건 옳지 않다고 생각해요.)

그리고 believe의 명사형인 belief가 '~에 대한 신념, 믿음, 확신'의 의미로 쓰일 경우에도 belief in과 같이 belief 다음에 전치사 in이 뒤따라온다. 예문들은 다음과 같다.

I admire his passionate belief in what he is doing.

(자기가 하는 일에 대한 그의 열정적인 신념이 나는 존경스럽다.)

The Greeks accepted belief in the immortality of the soul.

(그리스인들은 영혼 불멸의 믿음을 받아들였다.)

I have a strong belief in the corner of my heart that I can make it.

(나의 마음 한구석에는 성공할 것이라는 강한 확신이 있다.)

belief in과 마찬가지로 '믿음, 신념, 신임, 신뢰, 신앙(심)'의 뜻을 가진 faith도 faith in으로 쓴다. 예문들은 다음과 같다.

People have lost faith in the government.

(국민들은 정부를 더 이상 믿지 않게 되었다.)

He had implicit faith in their noble intentions.

(그는 그들의 숭고한 의도에 대해 암묵적인 신뢰를 품고 있었다.)

The public never had faith in his ability to handle the job.

(대중은 그가 그 일을 할 수 있다고 신뢰했던 적이 없었다.)

4. used to do : used to는 '…하곤 했다; 과거 한때는 …이었다'라는 뜻이다. 예문들은 다음과 같다.

I read much less now than I used to.

(나는 예전보다 독서를 훨씬 더 적게[덜] 한다.)

She used to edit a women's magazine.

(그녀는 과거 한때 여성 잡지의 편집장이었다.)

Steel used to be important in South Wales.

(예전에는 남웨일스에서 철강업이 중요했다.)

5. longing to : 여기서 long은 '몹시 바라다, 욕구하다; 원하다, 희망하다'라는 뜻이다. 그러니까 long to~는 '~하기를 몹시 바라다, 욕구하다; 원하다, 희망하다'라는 뜻으로 이해하면 될 것이다. 예문들은 다음과 같다.

I long to see her again.

(나는 그 여자를 다시 보고 싶다.)

I long to have him come.

(나는 그가 와주기를 고대한다.)

I long to hear your news.

(나는 당신의 소식을 몹시 듣고 싶어요.)

6. slip away : slip away는 '작별의 인사도 없이 떠나다, 슬그머니 떠나다, 사라지다, 살짝 가버리다'라는 뜻이다. 예문들은 다음과 같다.

She slipped away home.

(그녀는 살짝 집에 가버렸다.)

She knew that time was slipping away.

(그녀는 시간이 후딱 지나가 버린다는 것을 알고 있었다.)

She slipped away without him being aware of it.

(그녀는 그가 눈치 채지 못하게 빠져나갔다.)

7. let you see : let you see에서 let 다음에 목적어(you)가 나오고 그 뒤에 to 부정사가 나와야 되는데 let가 허용이나 허락을 하는 경우 알몸동사(원형동사; bare infinitive)가 쓰여 to see가 아니라 see로 된다.

기억할 만한 영어 문장

❶ Deep in my heart I'm concealing.
(내 마음속 깊이 감춰두고 있어요.)

❷ How can I be any use to you now?
(지금 내가 당신에게 어떻게 조금이라도 도움이 될 수 있나요?)

❸ What do we do for our dream to survive?
(우리의 꿈이 살아남기 위해 우린 무얼 해야 하나요?)

3 『에비타』 *Evita*

2) "Don't Cry For Me Argentina"

It won't be easy you'll think it strange
When I try to explain how I feel
That I still need your love
After all that I've done
You won't believe me
All you will see is a girl
You once knew
Although she's dressed up to the nines
At sixes and sevens with you

I had to let it happen
I had to change
Couldn't stay all my life down at heel
Looking out of the window
Staying out of the sun
So I chose freedom
Running around trying everything new
But nothing impressed me at all
I never expected it to
Don't cry for me Argentina
The truth is I never left you
All through my wild days
My mad existence
I kept my promise
Don't keep your distance

And as for fortune
And as for fame
I never invited them in
Though it seemed to the world they were all I desired
They are illusions
They are not the solutions they promised to be
The answer was here all the time
I love you and hope you love me

Don't cry for me Argentina

Don't cry for me Argentina
The truth is I never left you
All through my wild days
My mad existence
I kept my promise
Don't keep your distance
Have I said too much
there's nothing more
I can think of to say to you
But all you have to do is look at me to know
That every word is true

아르헨티나여, 나를 위해 울지 말아요

쉽지 않을 거예요 여러분들이 이상하게 생각할 거예요
내가 어떻게 느끼고 있는지 설명하려고 할 때
아직도 난 당신들의 사랑이 필요해요
내가 한 짓들을 본 후에
당신들은 날 믿지 못할 거예요
당신들이 보려는 모든 것은 어떤 여자이에요
당신들이 한 때 알았던
비록 그녀가 구 점까지는 옷을 갖춰 입긴 했지만
당신들에게는 육 점과 칠 점일 거예요

난 그걸 그냥 내버려둬야 했어요
난 변했어야만 했어요
내 평생을 초라한 채 머무를 수 없었어요
창밖을 내다보면서
햇빛을 피하면서
그래서 난 자유를 선택했지
새로운 걸 시도하면서 뛰어다니며
하지만 어떤 것도 나에게 감명을 주지 못했어요
난 결코 그것이 감명을 주기를 기대하지 않았어요
아르헨티나여, 나를 위해 울지 말아요
사실 난 당신들을 떠나지 않았어요
내가 심하게 힘든 나날들 내내
나의 미칠 것 같은 존재임에도
난 약속을 지켰어요
당신들은 거리를 두지 마세요

그리고 행운에 대해서도

그리고 명성에 대해서도
난 그것들을 기꺼이 끌어들인 적이 없어요
세상 사람들에게
그것들은 내가 원하는 모든 것처럼 보였지만
그것들은 환상이에요
그런다고 해도 그것들은 해결책들이 된다고 약속했던 건 아니예요
답은 항상 여기 있었어요
난 당신들을 사랑하고 있고 그리고 당신들은 날 사랑하길 바래요

아르헨티나여, 나를 위해 울지 말아요

아르헨티나여, 나를 위해 울지 말아요
사실 난 당신들을 떠나지 않았어요
내가 심하게 힘든 나날들 내내
나의 미칠 것 같은 존재임에도
난 약속을 지켰어요
당신들은 거리를 두지 말아요
내가 너무 말을 많이 해왔나요
내가 당신들에게 말하기 위해 생각할 수 있는 게 더 이상 없어요
하지만 당신들이 해야 할 모든 것은
모든 말들이 진실이라는 걸 알기 위해 날 생각하는 거예요

영어 발음 제대로 듣거나 소리내기

1 이어지는 소리(연음)의 경우

1 약모음 이동

is a, Running around

is a에서 a는 약모음 [ə]가 되어 앞 낱말 끝부분에 가서 붙어 '이저'로 발음된다. Running around에서 around의 a는 약모음 [ə]가 되어 앞 낱말 끝부분에 가서 붙어 '러니어 라운드'로 발음된다.

2 자음 이동

think it, dressed up, expected it, all I, love you, look at, word is

think it에서 think의 자음 k가 뒤에 있는 낱말 앞부분에 가서 붙어 '싱킷'에 가깝게 발음된다. dressed up에서 dressed의 ed 발음 [d]의 자음 d가 뒤에 있는 낱말 앞부분에 가서 붙어 '드레스덥'에 가깝게 발음된다. expected it도 마찬가지 경우이다. all I에서 all의 자음 ll이 뒤에 있는 낱말 앞부분에 가서 붙어 '오라이'로 발음된다. love you에서 love의 끝에 있는 e는 약화되고 그 앞에 있는 v는 뒤에 있는 낱말 앞부분에 가서 붙어 '러뷰'로 발음된다. look at에서 look의 끝에 있는 k는 뒤에 있는 낱말 앞부분에 가서 붙어 '루캣'으로 발음된다. word is에서 word의 d는 뒤에 있는 낱말 앞부분에 가서 붙어 '워디즈'로 발음된다.

2 없어지는 소리(탈락)의 경우

⊙ 없어지는 소리 현상에서 같은 철자가 겹칠 때, 철자 한 개는 탈락되고 한 개의 철자로만 소리가 나는 경우는 생략한다.

won't be, had to, won't believe, Couldn't stay, impressed me, it to, Don't cry, wild days, kept my, Don't keep, invited them, not the, promised to, and hope, said too

won't be에서 won't의 t는 자음 n과 be의 자음 b 사이에 놓이기 때문에 탈락되어 '오운 비'로 발음된다. 이와 같이 자음과 자음 사이에 놓이는 여섯 개의 파열음인 철자—k/g, p/b, t/d—가 탈락되는 예로 won't believe('오운 빌리브' 또는 '오운 벌리브'), Couldn't stay('쿠든 스떼이'에 가깝게), Don't cry('도운 크라이'), kept my('켑 마이'), Don't keep('도운 킵')와 and hope('앤 호우프')가 해당된다.

had to에서 had의 d가 to의 t와 비슷한 발음이기 때문에 앞에 있는 d가 탈락되어 '해터'로 발음된다. said too('세 투')도 마찬가지 경우이다.

impressed me에서 impressed의 ed 발음 [t]는 자음 ss와 me의 자음 m 사이에 놓이기 때문에 탈락되어 '임프레스 미'로 발음된다. promised to('프라미스 터')도 마찬가지 경우이다.

it to에서 it의 t와 to의 t는 같은 철자이기 때문에 앞의 t가 탈락되어 '이터'로 발음된다. wild days('와일 데이즈')도 마찬가지 경우이다.

invited them에서 invited의 ed 발음 [id]에서 [i]는 약화되어 여기에 있는 d가 them의 th[ð]와 비슷한 발음이기 때문에 앞에 있는 d가 탈락되어 '인바이트 뎀'에 가깝게 발음된다.

not the에서 not의 t는 the의 th[ð]와 비슷한 발음이기 때문에 앞에 있는 t가 탈락되어 '나 더'에 가깝게 발음된다.

and then에서 and의 d가 then의 th[ð]와 비슷한 발음이기 때문에 앞에 있는 d가 탈락되어 '앤덴'에 가깝게 발음된다. that the와 but then도 마찬가지 경우이다.

3 닮는 소리(동화)의 경우

(1) 단타음화

That I, let it, out of, But all,

That I에서 t가 강모음과 약모음 사이에 놓이면 단타음(單打音)으로 되어 t도, d도, r도 아닌 발음이 된다. That I는 '데라이'에 가깝게 발음된다. let it에서 t가 강모음 과 약모음 사이에 놓이면 단타음(單打音)으로 되어 t도, d도, r도 아닌 발음이 된다. let it은 '레릿'에 가깝게 발음된다. out of에서 t가 강모음과 약모음 사이에 놓이면 단타음(單打音)으로 되어 t도, d도, r도 아닌 발음이 된다. out of는 '아우러 버'에 가깝게 발음된다. But all에서 t가 강모음과 약모음 사이에 놓이면 단타음(單打音)으로 되어 t도, d도, r도 아닌 발음이 된다. But all은 '버롤'에 가깝게 발음된다. 이 네 가지 경우의 소리는 한글로 표기할 수 없으며 오직 소리로만 익힐 수밖에 없다. 특히 미국영어(American English)에서 두드러진 현상이다. What I도 마찬가 지 경우이다.

(2) 구개음화

need your, left you

need your에서 need의 d[d]와 your의 y[j]가 합쳐지면 서로 닮아서 [ʤ]로 바뀌어 '니쥬어'에 가깝게 발음된다. 발음된다. 이런 현상은 영국영어(British English) 보다 미국영어(American English)에서 자주 나타나는 현상이다.

left you에서 left의 t[t]와 you의 y[j]가 합쳐지면 서로 닮아서 [ʧ]로 바뀌어 '레후츄'에 가깝게 발음된다. 따라서 이런 현상은 영국영어(British English) 보다 미국 영어(American English)에서 자주 나타나는 현상이다.

(3) 역행동화

give me

give me에서 give의 끝에 있는 e는 약화되어 그 앞에 있는 v가 me의 m을 닮아서 m으로 바뀌어 '기브 미'가 아닌 '기미'로 된다. 그러니까 v가 뒤에 있는 음인 m의 영향을 받아 거꾸로 바뀌게 되는 현상이다. 가끔 gimme로 표기되기도 한다.

4 줄어진 소리(축약)의 경우

won't, you'll, I've, she's, Couldn't, Don't, There's

부정형의 경우인 won't, Couldn't와 Don't, 도우미동사(조동사)의 경우인 you'll과 I've가 있다. 이 가운데 you'll에서 'll이 한국인이 발음하기에 가장 힘든 예이다. 그 이유는 'll은 will의 줄인 형태인데 'll'이 한국어에 없는 발음으로, 'l'은 혀를 입천장에 붙여서 소리를 내야 하는데, 한국어에는 이렇게 소리를 내는 것이 없기 때문이다. be 동사의 경우인 she's와 There's가 있다.

5 주의해야 할 발음

try, stay, trying, truth, can, have to, true

try에서 'tr~'의 발음은 '츠_'와 '추'의 중간쯤 되는 소리로 '츄'에 가깝게 발음된다. 따라서 '트라이'라기 보다 '츄라이'에 가깝게 발음되거나 들린다. 마찬가지로 trying은 '트라잉'이라기 보다 '츄라잉'에, truth는 '트루스'라기 보다 '츄루스'에, true는 '트루'라기 보다 '츄루'에 가깝게 발음되거나 들린다.

stay에서 s+k/p/t가 되면 된소리에 가깝게 소리가 난다. 대부분 k/p/t가 들어간 낱말은 h가 들어가는 소리를 내게 되는데, s+k/p/t의 경우는 h 소리가 들어가지 않고 된소리에 가깝게 발음된다. 그러니까 stay는 '스테이'라기 보다 '스떼이'에 가깝게 발음되거나 들린다.

can과 can't는 도우미동사로 기능낱말이기 때문에 약하게 발음한다. 그런데 can't 다음에 자음이 나오기 때문에 탈락되는 경우가 대부분이어서 can은 [kən]으로 can't는 [kæn]으로 발음하기로 약속이 되어 있다. 그런데 can이 문장 가운데 들어가는 경우가 [kən]으로 주로 발음되고 문장의 끝에 들어가는 경우에는 [kæn]으로 발음되는 경우가 대부분이다. can't는 기본적으로 [kæn]으로 발음되면서 can 보다 약간 길게 발음되는 경향이 있다.

have to는 '~해야 한다'라는 뜻으로 [hæftə]로 발음한다. 우리가 보통 발음하는 '해브투'가 아닌 '해후터'에 가깝게 발음된다.

노래에 들어 있는 쓸모 있는 영어 표현들

1. dressed up to the nines : dress up은 1) '변장[가장]을 하다[시키다]', 2) '(보통 때보다 더) 옷을 갖춰[격식을 차려] 입다, 잘 차려 입다'와 3) '(보기 좋게 또는 달라 보이게) ~을[를] 꾸미다'라는 뜻이다. 이 노래에서는 2)의 뜻으로 쓰이고 있다. dressed up to the nines는 '멋지게 차려 입다'라는 뜻으로 이해하면 될 것이다. 어떤 수준을 일에서 구까지 단계로 본다면 구 정도까지 차려 입는다는 것은 멋지게 차려 입는다고 볼 수 있을 것이다. 그 다음 가사에서는 그렇게 멋지게 차려 입어도 구 정도에 미치지 못하고 육이나 칠정도 수준으로 보인다고 볼 수 있다.

1)의 예문들은 다음과 같다.

Kids love dressing up.

(아이들은 변장을 하기를 아주 좋아한다.)

The prisoners escaped by dressing up as guards.

(죄수들은 경비원으로 가장하고 탈옥했다.)

People dress up as ghosts or monsters and have parties.

(사람들은 유령이나 괴물로 변장하고 파티를 열어요.)

2)의 예문들은 다음과 같다.

Do I need to dress up?

(저가 정장을 해야 합니까?)

She's all dressed up and nowhere to go.

(그녀는 한껏 차려 입기는 했는데 딱히 갈 데가 없었다.)

Some older people dress up and have parties.

(일부 나이가 좀 더 있는 사람들은 옷을 차려 입고 파티를 해.)

3)의 예문들은 다음과 같다.

It's fun···people like to dress up.

(재미있어. 사람들은 꾸미는 것을 좋아해.)

Do you like to dress the dog up?

(당신은 그 개를 꾸미는 것을 좋아하나요?)

However much you try to dress it up, office work is not glamorous.

(사무직은 아무리 좋게 꾸며 말을 해 봐도 아주 매력적인 일은 아니다.)

2. let it happen : let it happen에서 let 다음에 목적어(it)가 나오고 그 뒤에 to 부정사가 나와야 되는데 let가 허용이나 허락을 하는 경우 알몸동사(원형동사; bare infinitive)가 쓰여 to happen이 아니라 happen으로 된다.

3. all my life : all my life는 글자 그대로 '내 전 삶'이란 뜻이지만 일반적으로 '내 평생' 또는 '내 일생'이라고 옮겨도 될 것이다. all my life는 앞에 for를 붙여 for all of my life로 주로 쓰이는데, 이 뜻은 '내 평생 동안' 또는 '내 일생 동안'이란 뜻으로 쓰인다. 이 노래에서도 for가 없지만 for가 생략된 것으로 보면 될 것이다. all one's life 또는 all of one's life의 예문들은 다음과 같다.

He has been in and out of jail all his life.

(그는 평생 감옥을 들락거렸다.)

That man has been in farming all of his life.

(그 남자는 평생 농사를 지었다.)

He had a goal to work in the Army for all of his life.

(그는 군인을 평생 직업으로 삼을 계획이었다.)

4. down at heel : down at heel은 '초라해진, 궁색해진'이란 뜻이다.

예문들은 다음과 같다.

The town has become very down at heel.

(그 소도시는 아주 초라해졌다.)

Since he lost his job, he has begun to look rather down at heel.

(그가 실직한 이후로 그는 형색이 약간 누추하게 보이기 시작했다.)

He used to dress quite smartly, but he looks very down at the heel nowadays.

(그는 전에는 꽤 멋있게 옷을 차려입었지만, 요즘은 퍽 초라해 보인다.)

5. Looking out of : look out of는 '내다보다'라는 뜻이다.

6. Running around : run around는 1) '어울리다, 교제하다[with] ', 2) '~와 어울리다 [많은 시간을 함께 보내다]'와 3) '뛰어 다니다'라는 뜻이다. 이 노래에서는 3)의 뜻으로 쓰이고 있다.

1)의 예문들은 다음과 같다.

I want to run around with you.

(나 너와 사귀고 싶어.)

She's always running around with older men.

(그녀는 항상 나이든 남자들과 교제하고 있다.)

He has been running around with a bad crowd.

(그는 전부터 나쁜 무리들과 사귀어 오고 있다.)

2)의 예문들은 다음과 같다.

He is kind of hard to run around with.

(그는 같이 어울리기에 좀 어려운 사람이다.)

She's always running around with older men.

(그녀는 항상 나이 많은 남자들과 어울려 다닌다.)

I used to run around with Stella.

(난 한때 스텔라와 꼭 붙어 다니던 사이였어.)

3)의 예문들은 다음과 같다.

Never run around on the streets.

(절대 거리에서 뛰어 다니지 마세요.)

I've spent the whole day running around after the kids.

(나는 아이들 뒤를 뛰어 다니며 하루를 다 보냈다.)

We were all running around trying to get ready in time.

(우리는 시간 맞춰 준비를 하느라 온통 이리저리 뛰어 다니던 중이었다.)

7. everything new : 일반적으로 형용사는 명사, 대명사나 부사의 앞에서 꾸며주는 것이 일반적이다. 그렇지만 -thing, -body, -one으로 '끝나는 복합대명사를 꾸며주는 경우나 any~, some~이나 no~와 같은 경우 이것들의 뒤에 놓여 이것들을 꾸며준다. 여기에 해당되는 복합대명사로는 anything, everything, nothing, something/anybody, everybody(every body), nobody, somebody/anyone, every one, no one과 somewhere이 있다. 예문들은 다음과 같다.

Does anyone else want to come?

(누구 다른 사람도 오고 싶은 사람 있어?)

There's something strange about her.

(그녀는 좀 이상한 데가 있다.)

Nothing else matters to him apart from his job.

(그에게는 직장[일] 외에 다른 것은 아무것도 중요하지 않다.)

9. All through my wild days : all through는 '…동안 줄곧, 내내'란 뜻이다. 예문들은 다음과 같다.

He had straight A's all through high school.

(그는 고등학교 내내 전 과목에서 에이를 받았다.)

They worked on the building all through the winter.

(그들은 겨울 내내 그 건물 공사를 했다.)

That night, I studied really hard all through the night.

(그날 밤, 저는 밤새도록 아주 열심히 공부했습니다.)

my wild days는 글자 그대로 '나의 거친 나날들'이라는 것은 '심하게 힘든 나날들'이라고 이해하면 될 것이다.

10. kept my promise : keep one's promise는 '약속을 지키다'라는 뜻이다. 예문들은 다음 과 같다.

He always keeps his promise.

(그는 항상 약속을 잘 지킨다.)

It would have been dishonourable of her not to keep her promise.

(그녀가 약속을 지키지 않았으면 수치스러웠을 것이다.)

He never keeps his promises, saying he is too busy or he is not well or something.

(그는 바쁘다는 둥 아프다는 둥 핑계를 대며 약속을 통 지키지 않는다.)

11. Don't keep your distance : keep one's distance는 1) '일정한 거리를 두다[유지하다], 떨어져 있다'와 2) '거리를 두다[유지하다], 가까이하지 않다'라는 뜻이다. 이 노래에서는 2)의 뜻으로 쓰이고 있다.

1)의 예문들은 다음과 같다.

Keep your distance at all times.

(항상 거리를 유지해라.)

Keep your distance from mafias.

(마피아와 거리를 두어라.)

You'd better keep your distance from the car ahead.

(앞 차와의 간격을 유지하세요.)

2)의 예문들은 다음과 같다.

Keep your distance from Jaehi for a little bit.

(잠시 재희랑 거리를 둬.)

And yet sometimes it is best to keep one's distance.

(그러나 때에 따라서는 거리를 두는 게 최선입니다.)

She was warned to keep her distance from Charles if she didn't want to get hurt.

(그녀는 상처를 받고 싶지 않으면 찰스를 너무 가까이 하지 말라는 경고를 들었다.)

12. As for : as for는 '~에 대해서 말하자면, ~에 관해 말하면'이란 뜻이다. 예문들은 다음과 같다.

As for Jane, she's doing fine.

(제인에 대해서 말씀드리자면, 잘 하고 있어요.)

As for me I wouldn't do that work.

(나라면 그 일을 하지 않겠다.)

As for food for the party, that's all being taken care of.

(파티의 음식에 관해서라면, 지금 온통 신경을 쓰고 있는 것이 그 일입니다.)

13. think of : think of는 '~을[를] 생각하다[머리에 떠올리다], ~을[를] 고려하다'라는 뜻이다. 예문들은 다음과 같다.

Can you think of a rhyme for 'beauty'?

(beauty에 어울리는 운을 생각해 낼 수 있겠니?)

He doesn't care what people think of him.

(그는 사람들이 자기를 어떻게 생각하든 신경 쓰지 않는다.)

Honestly! Whatever will they think of next?

(정말! 도대체 그들이 다음엔 무슨 짓을 꾸밀 거래?)

14. all you have to do is look at : all로 시작되는 글에서 to 부정사가 보어로 쓰이는 경우에는 알몸동사를 쓴다. 여기서 all의 뜻은 '(~한) 오직 한 가지[전부]'라는 이다. 여기서 all은 '어떤 것이 중요한 오직 한 가지'라는 것을 강조할 때 절 앞에서 쓰인다. 예문들은 다음과 같다.

All you need to do is complete this form.

(당신이 해야 할 것이라곤 이 양식을 작성하는 것뿐이다.)

All you have to do is learn how to take care of your skin.

(네가 해야 할 오직 한 가지는 피부를 관리하는 법을 배우는 것이야.)

All you need to do is upload the files on to your web space.

(당신의 웹 공간에 파일들을 올려놓기만 하면 됩니다.)

look at은 1) '~을[를] (자세히) 살피다[검토하다, 진찰하다]', 2) '~에 대해 생각하다'와 3) '(특정한 방식으로) ~을[를] 보다, 쳐다보다'라는 뜻이다. 이 노래에서는 2)의 뜻으로 쓰이고 있다.

1)의 예문들은 다음과 같다.

Let's look at it again, shall we?

(우리 그것을 다시 한 번 볼까요?)

Did the doctor look at his throat?

(그 의사가 그의 목을 진찰했어?)

Let's look at the question of security.

(보안 문제를 살펴보기로 하죠.)

2)의 예문들은 다음과 같다.

Always look at the glass half full.

(컵에 물이 반이나 차 있다고 항상 생각하세요.)

Try looking at things from a different viewpoint.

(사태를 다른 관점에서 바라보도록 해라.)

It drives me crazy to see them look at you that way!

(그들이 널 그런 식으로 보는 것을 보게 되어서 날 미치게 만들어!)

3)의 예문들은 다음과 같다.

He looked at me queerly.

(그가 나를 괴상하게 바라보았다.)

Don't look at me like that.

(날 그렇게 보지 마.)

Look at that man over there.

(저기 있는 저 남자 한번 봐.)

기억할 만한 영어 문장

❶ The truth is I never left you.
(사실 난 당신들을 떠나지 않았어요.)

❷ I love you and hope you love me.
(난 당신들을 사랑하고 있고 그리고 당신들은 날 사랑하길 바래요.)

❸ When I try to explain how I feel that I still need your love.
(내가 어떻게 느끼고 있는지 설명하려고 할 때 아직도 난 당신들의 사랑이 필요해요.)

뮤지컬과 노래를 생각하며

『에비타』(*Evita*)는 에바 페론의 일대기를 그려놓으면서 동시에 그녀가 스물여섯 살에 아르헨티나의 영부인이 되기까지의 과정과 그 이후의 그녀의 삶을 그려놓은 작품이다. 이 과정에 성공의 꿈(success dream)을 이루기까지의 과거 그녀가 신분이 낮은 데서 모델, 배우와 성우의 과정을 거쳐 영부인이 된 점에서 많은 사람들의 추앙을 받은 점이 높이 살만한 그녀의 인생이라고 할 수 있다. 그녀는 있는 자들에게서 모은 돈을 없는 자들을 위해 쓴다는 등의 행적에서 국민들로부터 성녀 에비타라는 호칭까지 받게 되는 것이다. 이 작품이 에바 페론의 죽음에서부터 시작되는 플래시백(flashback) 수법이 돋보인다.

"You Must Love Me"의 노래는 『에비타』의 사운드츄랙에서 열일곱 번째 곡이다. 에바 페론이 건강이 악화되어 병원에 입원하는 과정이 실루엣처럼 그려지고 있는 것을 보면서, 동시에 시작부분에 약간은 힘이 없어보이는 듯한 그녀의 목소리로 시작되는 점 등을 통해 자신이 믿어 왔고 그 믿음에 대해 확신을 갖고 있지만 정말 마음에 간직하고 있던 것들, 말하고 싶었던 것들과 느끼고 있는 것들을 그녀가 고백하게 되면 그 모든 것이 후안 페론이 가버릴까 봐 두려웠다는 사실로 그녀의 성공 이면에 감추어진 외로움이 마음 저 깊은 곳에 깔려 있었다는 것을 이야기하는 듯하다. 그런 모든 것은 해결할 수 있는 방법은 사랑을 통해, 사랑을 받는 것을 통해 해소될 것으로 보여지는 노래다.

"Don't Cry For Me Argentina"의 노래는 『에비타』의 사운드츄랙에서 열한 번째 곡이다. 에바 페론이 마지막으로 국민들 앞에 서서 이제 영원히 작별을 고하면서 이 노래를 부르는 것이다. 그녀의 지나간 삶에 대해 '새로운 걸 시도하면서 뛰어다녔다'는 사실을 인정하면서 행운이나 명성이나 하는 그런 것들이 한갓 환상에 불과하다고 노래한다. 그렇지만 그 보다 더 중요한 것은 국민들이 그녀를 사랑하고, 그녀 또한 국민들을 사랑하기 때문에 '아르헨티나여, 나를 위해 울지 말아요'라며 작별을 알리면서 서로의 가슴 속에 영원히 남을 것이라고....

4 『미스 사이공』 *Miss Saigon*

1) "Sun and Moon"

[KIM]
You are sunlight and I moon
Joined by the gods of fortune
Midnight and high noon
Sharing the sky
We have been blessed, you and I

[CHRIS]
You are here like a mystery
I'm from a world that's so different
From all that you are
How in the light of one night
Did we come so far?

[KIM]
Outside day starts to dawn

[CHRIS]
Your moon still floats on high

[KIM]
The birds awake

[CHRIS]
The stars shine too

[KIM]
My hands still shake

[CHRIS]
I reach for you

[BOTH]
And we meet in the sky!

[KIM]
You are sunlight and I moon
Joined here
Bright'ning the sky
With the flame
Of love

[BOTH]
Made of
Sunlight
Moonlight

[KIM]
Tomorrow will be the full moon
I can bring friends to bless our room
With paper unicorns and perfume
If you want me to

[CHRIS]
Unicorns? sure

태양과 달

당신은 햇살이고 나는 달이에요
운명의 신들에 의해 만나
한밤중에서 그리고 한낮에도
하늘과 함께 하며
당신과 나, 우리는 신의 축복을 받아왔어요

당신은 신비로움 그 자체로 이곳에 있어요
저는 아주 다른 어떤 세계로부터 왔어요
당신이 전부인 그곳으로부터 왔어요
한 밤의 불빛이 어찌 이리 밝은가요
우리가 너무 멀리 왔었나요?

밖에는 날이 새기 시작하네요

당신의 달은 아직도 하늘 높이 걸려 있네요

새들이 깨어나고 있어요

별들 또한 반짝이네요

내 손이 여전히 떨고 있네요

제가 당신을 잡아 드려요

그리고 우리는 천상에서 만나요

당신은 햇살이고 나는 달이에요

이곳에서 만나
하늘을 환하게 비추어요
사랑의 불꽃으로

햇살과 달빛으로 만들어진

내일은 보름달이 될 거예요
내가 우리의 방을 축복해 줄 친구들을 데려올 수 있어요
종이 일각수와 향수를 갖고
당신이 데려오길 원한다면

일각수라니요? 좋아요

영어 발음 제대로 듣거나 소리내기

1 이어지는 소리(연음)의 경우

1 약모음 이동

gods of, light of, birds awake, flame of, Made of

gods of에서 of는 기능낱말이기 때문에 [əv]나 [ə]로 발음되고, of의 o는 약모음 [ə]가 되어 앞 낱말 끝부분에 가서 붙어 '가저브'로 발음된다. light of, flame of와 Made of도 마찬가지 경우이다. birds awake에서 awake의 a는 약모음 [ə]가 되어 앞 낱말 끝부분에 가서 붙어 '버저 웨이크'로 발음된다.

2 자음 이동

sunlight and, Midnight and, and I, like a, from a, floats on, meet in, unicorns and

light of sunlight and에서 sunlight의 t는 뒤에 있는 낱말 앞부분에 가서 붙어 '선라이탠'으로 발음된다. Midnight and에서 Midnight의 t는 뒤에 있는 낱말 앞부분에 가서 붙어 '미드나이탠'으로 발음된다.

and I에서 and의 d는 앞의 콧소리 n을 닮아서 n으로 되었다가 n이 겹쳐서 나오기 때문에 앞의 n이 탈락된다. 따라서 남은 자음 n이 뒤에 있는 낱말 앞부분에 가서 붙어 '애나이'로 발음된다. like a에서 like의 끝에 있는 e는 약화되고 그 앞에 있는 k는 뒤에 있는 낱말 앞부분에 가서 붙어 '라이커'로 발음된다. from a에서 from의 자음 m이 뒤에 있는 낱말 앞부분에 가서 붙어 '휘라머'에 가깝게 발음된다. floats on에서 floats

의 자음 s가 뒤에 있는 낱말 앞부분에 가서 붙어 '훠로쳔'에 가깝게 발음된다. meet in에서 meet의 자음 t가 뒤에 있는 낱말 앞부분에 가서 붙어 '미틴'으로 발음된다. 가끔 미국영어에서 meet의 t가 강모음과 약모음 사이에 놓이게 되어 단타음화(單打音化) 되어 t도, d도, r도 아닌 발음이 되어 '미린'에 가깝게 발음되기도 한다. 이 소리는 한국어로 표기할 수 없는 발음이다. unicorns and에서 자음 s가 뒤에 있는 낱말 앞부분에 가서 붙어 '유니콘잰'으로 발음된다.

light of에서 light의 t는 뒤에 있는 낱말 앞부분에 가서 붙어 '라이터브'로 발음된다. of는 기능낱말이기 때문에 [əv]나 [ə]로 발음된다.

2 없어지는 소리(탈락)의 경우

⊙ 없어지는 소리 현상에서 같은 철자가 겹칠 때, 철자 한 개는 탈락되고 한 개의 철자로만 소리가 나는 경우는 생략한다.

Joined by, that's so, Outside day, birds, starts shine, hands, With the, friends, want me

Joined by에서 Joined의 ed 발음 [d]는 자음 n과 by의 자음 b 사이에 놓이기 때문에 탈락되어 '조인 바이'로 발음된다. 자음과 자음 사이에 놓이는 여섯 개의 파열음인 철자—k/g, p/b, t/d—가 탈락되는 예로 birds('버즈'), hands('핸즈'), friends('훼렌즈'에 가깝게)와 want me('완 미')가 해당된다.

that's so에서 that's의 s와 so의 s는 같은 철자이기 때문에 앞의 t가 탈락되어 '댓 소우'로 발음된다. With the('위 더'에 가깝게)도 마찬가지 경우이다.

Outside day에서 Outside의 끝부분에 있는 e는 약화되고, 그 앞의 d는 day의 d와 같은 철자이기 때문에 앞의 d가 탈락되어 '아웃사이 데이'로 발음된다.

starts shine에서 starts의 s는 shine의 sh 발음 [ʃ]와 비슷한 발음이기 때문에 앞에 있는 s가 탈락되어 '스따 샤인'에 가깝게 발음된다.

3 닮는 소리(동화)의 경우

(1) 단타음화

meet in, made of, light of

meet in에서 t가 강모음과 약모음 사이에 놓이면 단타음(單打音)으로 되어 t도, d도, r도 아닌 발음이 된다. meet in은 '미린'에 가깝게 발음된다. made of에서 made의 끝에 있는 e는 약화되고 그 앞에 있는 d는 강모음과 약모음 사이에 놓이면 단타음(單打音)으로 되어 d도, t도, r도 아닌 발음이 된다. made of는 '메이러버'에 가깝게 발음된다. light of에서 t가 강모음과 약모음 사이에 놓이면 단타음(單打音)으로 되어 t도, d도, r도 아닌 발음이 된다. light of는 '라이러버'에 가깝게 발음된다. 이 두 가지 소리는 한글로 표기할 수 없으며 오직 소리로만 익힐 수밖에 없다. 특히 미국영어(American English)에서 두드러진 현상이다.

(2) 구개음화

that you

that you에서 that의 t[t]와 you의 y[j]가 합쳐지면 서로 닮아서 [tʃ]로 바뀌어 '대츄'에 가깝게 발음된다. 따라서 이런 현상은 영국영어(British English) 보다 미국영어(American English)에서 자주 나타나는 현상이다.

4 줄어진 소리(축약)의 경우

I'm, that's, Bright'ning

be 동사의 경우인 I'm과 that's가 있다.

Bright'ning은 Brightening인데 t 다음에 있는 e를 생략하고 줄인 형태로 표기하였다.

5 주의해야 할 발음

sky, have been blessed, can

sky에서 s+k/p/t가 되면 된소리에 가깝게 소리가 난다. 대부분 k/p/t가 들어간 낱말은 h가 들어가는 소리를 내게 되는데, s+k/p/t의 경우는 h 소리가 들어가지 않고 된소리에 가깝게 발음되거나 들린다. 그러니까 sky는 '스카이'라기 보다 '스까이'에 가깝게 발음되거나 들린다.

have been blessed는 도우미동사 현재+been+과거분사의 형태이다. 이런 형태로 되어 있는 경우에는 세 개의 낱말이 한 박자를 받아야 하기 때문에 주어진 시간 안에 발음하려면 일부를 줄이거나 또는 약하게 발음할 수밖에 없다. 이 세 개의 낱말 가운데 have가 've로 하거나 have로 되어 있다 할지라도 발음을 약하게 해야 된다. have been blessed는 '해브 빈 비레스트'가 아니라 '허브빈브레스트' 또는 '브빈브레스트'에 가깝게 발음하거나 들어야 한다.

can과 can't는 도우미동사로 기능낱말이기 때문에 약하게 발음한다. 그런데 can't 다음에 자음이 나오기 때문에 탈락되는 경우가 대부분이어서 can은 [kən]으로 can't는 [kæn]으로 발음하기로 약속이 되어 있다. 그런데 can이 문장 가운데 들어가는 경우가 [kən]으로 주로 발음되고 문장의 끝에 들어가는 경우에는 [kæn]으로 발음되는 경우가 대부분이다. can't는 기본적으로 [kæn]으로 발음되면서 can 보다 약간 길게 발음되는 경향이 있다.

노래에 들어 있는 쓸모 있는 영어 표현들

1. **the gods of fortune : gods**라고 할 때 '신'은 유일신 즉, 창조주인 '하나님'(God)를 일컫는 것이 아니라, 여러 종교나 인간 각자가 믿거나 숭배하고 있는 신 또는 신과 같은 존재라고 할 수 있다. 따라서 여기서는 소문자 g로 된 복수 형태를 띄고 있는 것이다.

2. **high noon : high**는 '(사물의 바닥에서 꼭대기까지가) 높은, 높이가 …인'으로 주로 쓰인다, 그런데 이 노래에서는 high가 '때가 한창'(=(of time) fully reached)이란 뜻으로 쓰이고 있다. high summer는 '한여름'(=in the middle of summer)이란 뜻이다. 여기에 쓰인 high noon은 '정오'라는 뜻인데, 정해진 시간이 아니기 때문에 '한낮' 정도로 이해하면 될 것이다. 그 외에 high의 예로, high living은 '사치스러운 생활', have a high time은 '유쾌한 시간을 보내다'라는 것들이 있다.

3. **I'm from a world : be from**은 come from과 같은 뜻으로 '…에서 오다; …출신이다, …에서 생겨나다'라는 뜻이다. a world의 a는 '어떤'이란 뜻으로 볼 수 있기 때문에 I'm from a world은 '나는 어떤 (다른) 세계에서 왔다' 또는 '나는 어떤 (다른) 세계 출신이다'는 의미를 갖고 있다. be[come] from의 예문들은 다음과 같다.

They **come from** totally different cultures.
(그들은 완전히 다른 문화 출신이다.)

The first president of the bank will **be from** India.
(초대 은행장은 인도 출신이 될 것이다.)

Judging by his accent, he must be from the South.
(그 사람 억양을 들어 보니 남부 지방 출신인 것 같다.)

That could be from the car.

(그건 아마도 그 차에서 나온 것일 거야.)

Many of the best ideas come from doctors at the coalface.

(가장 좋은 생각들 중 많은 것들이 현장의 의사들에게서 나온다.)

What good will come from the revival of the death penalty?

(사형의 부활에서 어떠한 좋은 점이 나올 수 있을까요?)

4. Did we come so far? : come so far에서 far는 '멀리'라는 뜻이다. come so far는 '아주 멀리 오다'라는 뜻이다. 주로 거리상으로 '아주 멀리 오다'라는 뜻으로 많이 쓰이지만, 비유적으로 정도가 지나치다는 경우에도 쓸 수 있다. 예문들은 다음과 같다.

Have you come far?

(먼 길을 왔니?)

Having come this far, we might as well continue.

(여기까지 왔으니 계속하는 것이 좋을 것이다.)

It is very kind of you to come so far out of your way.

(당신이 일부러 멀리 찾아와 주셔서 정말 감사합니다.)

5. Made of : made of는 '…로 만든'이란 뜻인데, 일반적으로 be made of로 대부분 쓰인다. 그리고 '…로 만든'이란 같은 뜻을 갖고 있고 비슷하게 생긴 made from 또는 be made from과는 구별해서 이해할 필요가 있다. 우리는 흔히 물리적 변화는 made of로, 화학적 변화는 made from을 설명하고 이해하고 있는데, 제품의 원료를 제품에서 확인할 수 있으면 made of로, 확인할 수 없으면 made from을 일반적으로 쓴다고 보면 조금 더 이해하기 쉽다. 예문들은 다음과 같다.

The gates were made of wrought iron.

(대문[출입문]들은 연철로 만들어져 있었다.)

The model of the building was made of card.

(그 건물의 모형은 카드지로 만들어져 있었다.)

The towers are made of steel cased in granite.

(그 탑들은 화강암으로 완전히 둘러싸인 강철로 되어 있다.)

Yogurt is made from active cultures.

(요구르트는 능동 배양균을 통해 만들어진다.)

Cake is made from flour, milk and eggs.

(케이크는 밀가루, 우유, 달걀로 만들어진다.)

The surfaces are made from a material that doesn't mark.

(그 표면은 자국이 잘 나지 않는 제재로 만들어져 있다.)

6. With paper unicorns and perfume : unicorn은 뿔이 하나 달린 전설상의 동물인 '일각수'를 일컫는다. perfume은 '향수, 향기, 향내'라는 뜻이다.

기억할 만한 영어 문장

❶ Outside day starts to dawn.
(밖에는 날이 새기 시작하네요.)

❷ You are sunlight and I moon.
(당신은 햇살이고 나는 달이에요.)

❸ I can bring friends to bless our room.
(내가 우리의 방을 축복해 줄 친구들을 데려올 수 있어요.)

4 『미스 사이공』 *Miss Saigon*

2) "The Last Night Of The World"

[CHRIS]
In a place that won't let us feel
In a life where nothing seems real
I have found you
I have found you

[KIM]
In a world that's moving too fast
In a world where nothing can last
I will hold you
I will hold you

[CHRIS]
Our lives will change when tomorrow comes

[KIM]
Tonight our hearts drown the distant drums

[CHRIS]
And we have music all right tearing the night

[BOTH]
A song played on a solo saxophone
A crazy sound, a lonely sound

A cry that tells us love goes on and on played on a solo saxophone
It's telling me to hold you tight and dance like It's the last night of the world

[CHRIS]
On the other side of the earth
there's a place where life still has worth
I will take you

[KIM]
I'll go with you

[CHRIS]
You won't believe all the things you'll see
I know 'cause you'll see them all with me

[BOTH]
If we're together that's when we'll hear it again
A song played on a solo saxophone
A crazy sound, a lonely sound
A cry that tells us love goes on and on played on a solo saxophone
It's telling me to hold you tight and dance like It's the last night of the world

[KIM]
Dreams they were all I ever knew

[CHRIS]
Dreams you won't need when I'm through

[BOTH]
Anywhere we may be
I will sing with you a song

[BOTH]
A song played on a solo saxophone
So stay with me and hold me tight and dance like It's the last night of the world

세상의 마지막 밤

우리가 아무것도 느낄 수 없도록 하는 곳에서
그 어떤 것도 사실이 아닌 것처럼 보이는 삶 속에서
난 당신을 만났어요
난 당신을 만났어요

너무도 빨리 움직이는 세상에서
그 어떤 것도 지속될 수 없는 세상에서
난 당신을 껴안을 거예요
난 당신을 껴안을 거예요

내일이 오면 우리의 삶도 변할 거예요

오늘밤 우리의 마음 멀리서 들려오는 드럼소리에 젖어들어요

자, 우리 밤을 지새며 음악을 들어요

솔로 색소폰으로 연주된 노래
격정적인 음악, 외로운 음악
우리에게 사랑은 계속된다고 말해주는 음악이 솔로 색소폰에 연주돼요
또 내게 당신을 꼭 껴안고
오늘 이 세상의 마지막 밤인 듯 춤추라고 말해주고 있어요

세상 저편에서
삶이 여전히 가치 있는 어떤 곳이 있어요
난 당신을 데려갈 거예요

난 당신과 함께 할 거예요

당신은 당신이 보게 될 모든 것들을 믿지 않을 거예요
당신은 그 모든 것은 나와 함께 볼 것이기 때문에 난 알아요

우리가 함께 있게 되면 그건 우리가 그것을 다시 듣게 될 때에요
솔로 색소폰으로 연주된 노래
격정적인 음악, 외로운 음악
우리에게 사랑은 계속된다고 말해주는 음악이 솔로 색소폰에 연주돼요
또 내게 당신을 꼭 껴안고
오늘 이 세상의 마지막 밤인 듯 춤추라고 말해주고 있어요

내가 알았던 모든 것들이 꿈이었어요

내가 당신과 끝나게 되면 당신은 꿈이 필요치 않을 거예요

우리가 어디에 있건
난 당신과 함께 노래할 거예요

솔로 색소폰으로 연주된 노래
그래서 나와 함께 머물러요
그리고 나를 꼭 껴안고 이 세상의 마지막 밤인듯 춤을 추어요

영어 발음 제대로 듣거나 소리내기

1 이어지는 소리(연음)의 경우

1 약모음 이동

In a, on a, sound a, night of

In a에서 a는 약모음 [ə]가 되어 앞 낱말 끝부분에 가서 붙어 '이너'로 발음된다. on a와 sound a도 마찬가지 경우이다. night of에서 of는 기능낱말이기 때문에 [əv]나 [ə]로 발음되고, of의 o는 약모음 [ə]가 되어 앞 낱말 끝부분에 가서 붙어 '나이터버'로 발음된다.

2 자음 이동

played on, goes on, on and, and on, like it's, side of, There's a, take you, them all, hear it, all I

played on에서 played의 ed 발음 [d]의 d가 뒤에 있는 낱말 앞부분에 가서 붙어 '플레이던'으로 발음된다. goes on에서 goes의 자음 s가 뒤에 있는 낱말 앞부분에 가서 붙어 '고우전'으로 발음된다. on and에서 on의 자음 n이 뒤에 있는 낱말 앞부분에 가서 붙어 '어낸'으로 발음된다. and on에서 and의 d는 앞의 콧소리 n을 닮아서 n으로 되었다가 n이 겹쳐서 나오기 때문에 앞의 n이 탈락된다. 따라서 남은 자음 n이 뒤에 있는 낱말 앞부분에 가서 붙어 '애넌'으로 발음된다. like it's에서 like의 끝에 있는 e는 약화되고, 자음 k가 뒤에 있는 낱말 앞부분에 가서 붙어 '라이킷'으로 발음된다. take you도 마찬가지 경우이다. side of에서 side의 끝에 있는 e는 약화되고 그 앞에 있는

d는 뒤에 있는 낱말 앞부분에 가서 붙어 '러뷰'로 발음 된다. of는 기능낱말이기 때문에 [əv]나 [ə]로 발음된다. There's a에서 There's의 자음 s가 뒤에 있는 낱말 앞부분에 가서 붙어 '데어저'에 가깝게 발음된다. them all에서 them의 자음 m이 뒤에 있는 낱말 앞부분에 가서 붙어 '데몰'에 가깝게 발음된다. hear it에서 hear의 자음 r이 뒤에 있는 낱말 앞부분에 가서 붙어 '히어릿'으로 발음된다. all I에서 all의 자음 ll이 뒤에 있는 낱말 앞부분에 가서 붙어 '오라이'로 발음된다.

2 없어지는 소리(탈락)의 경우

⊙ 없어지는 소리 현상에서 같은 철자가 겹칠 때, 철자 한 개는 탈락되고 한 개의 철자로만 소리가 나는 경우는 생략한다.

won't let, distant drums, night tearing, and dance, last night, won't believe, won't need

won't let에서 won't의 t는 자음 n과 let의 자음 l 사이에 놓이기 때문에 탈락되어 '오운 렛'으로 발음된다. 이와 같이 자음과 자음 사이에 놓이는 여섯 개의 파열음인 철자—k/g, p/b, t/d—가 탈락되는 예로 distant drums('디스턴 쥬럼즈'에 가깝게), last night('래스 나잇'), won't believe('오운 빌리브' 또는 '오운 버리브')와 won't need ('오운 니드')가 해당된다.

night tearing에서 night의 t와 tearing의 t는 같은 철자이기 때문에 앞의 t가 탈락되어 '나이 테어링'으로 발음된다. and dance('앤 댄스'도 마찬가지 경우이다.)

3 닮는 소리(동화)의 경우

(1) 단타음화

night of, side of

night of에서 t가 강모음과 약모음 사이에 놓이면 단타음(單打音)으로 되어 t도, d도, r도 아닌 발음이 된다. night of는 '나이러버'에 가깝게 발음된다. 가끔 night of는 of의 o가 약모음이기 때문에 약모음이동이 되어 '나이터브'로 발음되기도 한다. side of에서 side의 뒤에 있는 e는 약화되고 of의 o가 발음이 [ə]가 되어 앞 낱말 끝부분에 가서 붙어 d가 강모음과 약모음 사이에 놓이면 단타음(單打音)으로 되어 d도, t도, r도 아닌 발음이 된다. 따라서 side of는 '사이러버'에 가깝게 발음된다. 이 두 가지 소리는 한글로 표기할 수 없으며 오직 소리로만 익힐 수밖에 없다. 특히 미국영어(American English)에서 두드러진 현상이다. What I도 마찬가지 경우이다.

(2) 구개음화

found you, hold you

found you에서 found의 d[d]와 you의 y[j]가 합쳐지면 서로 닮아서 [ʤ]로 바뀌어 '화운쥬'에 가깝게 발음된다. 발음된다. 이런 현상은 영국영어(British English) 보다 미국영어(American English)에서 자주 나타나는 현상이다. hold you('호울쥬')도 마찬가지 경우이다.

4 줄어진 소리(축약)의 경우

won't, that's, It's, There's, you'll, 'cause, we're, we'll

부정형의 경우인 won't, be 동사의 경우인 that's, It's, There's와 we're가 있다. 도우미동사(조동사)의 경우인 you'll과 we'll이 있다. 이 가운데 you'll에서 'll이 한국인이 발음하기에 가장 힘든 예이다. 그 이유는 'll은 will의 줄인 형태인데 'll'이 한국어에 없는 발음으로, 'l'은 혀를 입천장에 붙여서 소리를 내야 하는데, 한국어에는 이렇게 소리를 내는 것이 없기 때문이다.

5 주의해야 할 발음

where, can, drums, when, again, Dreams, stay

where에서 wh~로 시작되는 낱말은 'w' 뒤에 있는 'h'의 소리가 보통 들리지 않는다. 그러니까 where는 '훼어'라기 보다 '웨어'에 가깝게 발음되거나 들린다. 마찬가지로 when은 '휀'이라기 보다 '웬'에 가깝게 발음되거나 들린다. 그러나 사람과 관련된 who, whose와 whom은 예외로 'h' 소리가 그대로 난다.

can과 can't는 도우미동사로 기능낱말이기 때문에 약하게 발음한다. 그런데 can't 다음에 자음이 나오기 때문에 탈락되는 경우가 대부분이어서 can은 [kən]으로 can't는 [kæn]으로 발음하기로 약속이 되어 있다. 그런데 can이 문장 가운데 들어가는 경우가 [kən]으로 주로 발음되고 문장의 끝에 들어가는 경우에는 [kæn]으로 발음되는 경우가 대부분이다. can't는 기본적으로 [kæn]으로 발음되면서 can 보다 약간 길게 발음되는 경향이 있다.

drums에서 'dr~'의 발음은 '드__'와 '주'의 중간쯤 되는 소리로 '쥬'에 가깝게 발음되거나 들린다. 따라서 drums는 '드럼즈'라기 보다 '쥬럼즈'에 가깝게 발음되거나 들린다. 마찬가지로 dreams는 '드림즈'라기 보다 '쥬림즈'에 가깝게 발음되거나 들린다.

again의 발음은 미국영어와 영국영어에서 다르게 발음된다. again의 미국영어 발음은 어겐[əgen]이고, 영국영어 발음은 어게인[əgein]이다.

stay에서 s+k/p/t가 되면 된소리에 가깝게 소리가 난다. 대부분 k/p/t가 들어간 낱말은 h가 들어가는 소리를 내게 되는데, s+k/p/t의 경우는 h 소리가 들어가지 않고 된소리에 가깝게 발음되거나 들린다. 그러니까 stay는 '스테이'라기 보다 '스떼이'에 가깝게 발음되거나 들린다.

노래에 들어 있는 쓸모 있는 영어 표현들

1. let us feel : let us feel에서 let 다음에 목적어(us)가 나오고 그 뒤에 to 부정사가 나와야 되는데 let가 허용이나 허락을 하는 경우 알몸동사(원형동사; bare infinitive)가 쓰여 to feel이 아니라 feel로 된다.

2. all right tearing the night : all right는 1) '괜찮은, 받아들일 만한', 2) '무사한, (몸과 마음이) 괜찮은'과 3) '자, 알겠니, 됐니(동의하거나 이해했는지를 물을 때)'라는 뜻이다. 1)과 2)는 형용사나 부사로 쓰일 경우이고, 3)은 감탄사로 쓰일 경우이다. 이 노래에서는 3)의 뜻으로 쓰이고 있다.

1)의 예문들은 다음과 같다.

Don't worry about me. I'll be all right.
(난 걱정하지 마. 괜찮을 거야.)
Never fear, everything will be all right.
(걱정하지 마. 모든 게 괜찮아질 거야.)
Are you sure it's all right for me to leave early?
(정말 제가 일찍 가도 돼요?)

2)의 예문들은 다음과 같다.

I hope the children are all right.
(아이들이 모두 무사하면 좋겠어요.)
Don't fuss, Mum, everything is all right.
(안달하지 마세요 엄마. 다 괜찮아요.)

Are you getting along all right in your new job?

(넌 새 직장에서는 잘 되어 가니?)

3)의 예문들은 다음과 같다.

All right class, turn to page 20.

(자, 여러분, 이십 쪽으로 넘어가요.)

We've got to get up early, all right?

(우리가 일찍 일어나야 해, 알겠니?)

A : Can you do it?

B : Oh, all right.

(A : 너 할 수 있겠니?

B : 그럼, 좋아.)

tearing the night에서 **tear**는 [tɪr]로 발음되는 명사로 '눈물, 울음'이라는 뜻이고, [teə(r)]로 발음되는 동사로 '찢다, 뜯다, 찢어지다, 화급히 움직이다, 구멍을 뚫다, (거칠게 잡아 당겨) 찢어 내어 버리다'라는 뜻이다. 동사로 쓰이는 예문들은 다음과 같다. 그리고 tearing the night는 글자 그대로 '밤을 찢으며'인데, 이것은 비유적으로 '밤을 지새며' 또는 '밤새도록' 정도로 이해하면 될 것이다.

I **tore** my jeans on the fence.

(내가 울타리에 걸려 청바지가 찢어졌다.)

Tear the sheet of stamps along the perforations.

(한 장에 여러 개 모여 있는 우표는 구멍을 따라 찢어라.)

She was unable to tear her eyes away from him.

(그녀는 그에게서 눈을 뗄 수가 없었다.)

3. played on a solo saxophone : play on은 1) '(경기를) 계속하다[속개하다], 2) '(남의 감정 · 약점 · 공포심 등을) 이용하다, 자극하다, 신경질 나게 하다'와 3) (악기 등을) 연주하다, 불다'라는 뜻으로 쓰인다. 이 노래에서는 3)의 뜻으로 쓰이고 있다.

1)의 예문은 다음과 같다.

The home team claimed a penalty but the referee told them to play on.

(홈팀이 페널티 킥을 주장했지만 심판이 경기를 계속 진행하라고 했다.)

2)의 예문들은 다음과 같다.

It's useless to play on my sympathy.

(동정을 끌려 해도 소용없다.)

That's an unfair trick to play on them.

(그것은 그들을 이용한 부정한 수법(手法)이다.)

Advertisements often play on people's fears.

(광고는 사람들의 공포심을 흔히 이용한다.)

3)의 예문들은 다음과 같다.

Play on that harmonica I loaned you!

(내가 빌려준 그 하모니카 좀 불어 봐!)

He was quietly playing on his flute amidst the confused noises.

(그는 소란 속에서도 유연히 피리를 불고 있었다.)

4. goes on and on : go on은 1) '(공연을) 시작하다; (무대에) 나오다', 2) '들어가다', 3) '(불 · 전기 등이) 들어오다', 4) '(부정문 · 의문문에 쓰여) ~을[를](판단 · 의견의) 근거로 삼다', 5) '(~에 대해) 말[불평]을 늘어놓다', 6) '가다, 먼저[앞서] 가다', 7) '이어지다, 지속되다, 계속되다', 8) '(시간이) 흐르다', 9) '일어나다[벌어

지다]와 10) '(~을[를]) 계속하다, 끊임없이 계속해서 나아가다'라는 뜻으로 쓰인다. 이 노래에서는 7)의 뜻이 약간 비유적으로 쓰이고 있다.

1)의 예문들은 다음과 같다.

She doesn't go on until Act 2.

(그녀는 이 막이 되어야 나온다.)

The new models will go on sale next week.

(신 모델들은 다음 주부터 판매에 들어갈 것이다.)

She stood in the wings and waited for her cue to go on.

(그녀는 무대 옆 부분에 서서 들어가라는 신호가 떨어지기를 기다렸다.)

2)의 예문들은 다음과 같다.

I go on watch in an hour.

(난 한 시간 있다가 불침번을 서러 간다.)

Cole went on in place of Beckham just before half-time.

(전반전 종료 직전에 콜이 베컴 대신에 들어갔다.)

She stood in the wings and waited for her cue to go on.

(그녀는 무대 옆 부분에 서서 들어가라는 신호가 떨어지기를 기다렸다.)

3)의 예문들은 다음과 같다.

Suddenly all the lights went on.

(갑자기 모든 전등에 불이 들어왔다.)

The lights went on as darkness gathered.

(어두워지면서 불이 켜졌다.)

As the actors exited the stage the lights went on.

(배우들이 무대에서 퇴장하자 불이 켜졌다.)

4)의 예문들은 다음과 같다.

We didn't have much to go on.

(우리는 근거로 삼을 만한 것이 별로 없었다.)

We really didn't have much to go on.

(우리는 정말로 근거로 삼을 만한 것이 별로 없었다.)

The police don't have much to go on.

(경찰에서 근거로 삼을 만한 것이 별로 없다.)

5)의 예문들은 다음과 같다.

All right, don't go on about it.

(알겠어, 그것에 관해 불평을 늘어놓지 마라.)

Please, don't go on about her again tonight.

(제발, 오늘 저녁 그녀에 대해 또 다시 불평을 늘어놓지 말아라.)

He went on and on about how poor he was.

(그는 자기가 얼마나 가난한지에 대해 끝도 없이 불평을 늘어놓았다.)

6)의 예문들은 다음과 같다.

He's far too young to go on his own.

(그는 혼자 가기엔 너무 어리다.)

I'd love to go on a round-the-world cruise.

(난 세계 일주 유람선 여행을 가고 싶다.)

You go on ahead—I'll catch you up in a few minutes.

(너 먼저 가. 내가 곧 따라갈게.)

7)의 예문들은 다음과 같다.

Let's go on to the next item on the agenda.

(다음 안건으로 넘어가기로 하죠.)

This situation can't go on. We need to talk.

(이런 상황이 계속될 수는 없어요. 우린 대화가 필요해요.)

How much longer will this hot weather go on for?

(이렇게 더운 날씨가 얼마나 더 오래 계속될까?)

8)의 예문들은 다음과 같다.

As time goes on, his passion foamed off.

(시간이 흐름에 따라, 그의 열정이 헛되이 사라져버렸다.)

She became more and more talkative as the evening went on.

(저녁 시간이 흘러갈수록 그녀는 점점 더 말이 많아졌다.)

The group were getting louder and louder and laughing more and more as the afternoon went on.

(오후 시간이 흘러갈수록 그 무리는 점점 더 소리가 커지고 점점 더 많이 웃고 있었다.)

9)의 예문들은 다음과 같다.

What's going on here?

(여기는 무슨 일이 벌어지고 있는 거지?)

Hello, hello, what's going on here?

(이런, 이런, 여기 무슨 일이 벌어지고 있는 거야?)

We're trying to fathom out what's going on.

(우리는 무슨 일이 일어나고 있는지 가늠하려고 노력하는 중이다.)

10)의 예문들은 다음과 같다.

She hesitated for a moment and then went on.

(그녀가 잠깐 망설이더니 말을 계속했다.)

"Well, go on," said Camilla, her voice fairly steady.

("그래, 계속해."라고 카밀러는 꽤 침착한 목소리로 말했다.)

"We do tune our guitars before we go on," he insisted.

("우리는 계속하기 전에 반드시 기타를 조율한다."라고 그가 고집했다.)

go on and on은 '계속해서 진행된다'라는 뜻이다. 예문들은 다음과 같다.

I could honestly go on and on.

(솔직히 나는 계속 갈 수 있었다.)

The family troubles go on and on.

(가정풍파가 끊이지 않는다.)

Why do you go on and on like this?

(너 웬 말이 이렇게 많아?)

5. If we're together : be together는 '함께 있다'는 뜻이다. 예문들은 다음과 같다.

Don't worry, we'll soon be together.

(걱정 말아요, 우린 곧 함께 하게 될 거예요.)

You and I will be together for ever and a day.

(당신과 나는 영원할 것이다.)

We snatched at every moment we could be together.

(우리는 함께 있을 수 있는 순간순간을 놓치지 않았다.)

6. I'm through : be through는 '경험하다, 겪어왔거나 경험해오다, 어떤 일을 사용하거나 하는 것을 끝내다, 누구와의 관계를 끊다, 전화상으로 누군가와 통화하다'라는 뜻으로 주로 쓰인다. 이 노래에서는 '누구와의 관계를 끊다'라는 뜻으로 쓰이고 있다. 예문들은 다음과 같다.

I'll **be through** with him in a while.

(나는 한동안 그와의 관계를 끊을 것이다.)

Are you through with that newspaper?

(당신은 그 신문을 다 보셨나요?)

I'm not through just yet. I should be finished in an hour.

(저는 아직 끝나지 않았습니다. 저가 한 시간 내에 끝내야 해요.)

기억할 만한 영어 문장

❶ There's a place where life still has worth.

(삶이 여전히 가치 있는 어떤 곳이 있어요.)

❷ You won't believe all the things you'll see.

(당신은 당신이 보게 될 모든 것들을 믿지 않을 거예요.)

❸ Our lives will change when tomorrow comes.

(내일이 오면 우리의 삶도 변할 거예요.)

뮤지컬과 노래를 생각하며

『미스 사이공』(*Miss Saigon*)은 월남전을 배경으로 베트남에 있는 창녀촌에 몸담고 있는 킴(Kim)과 월남전에 참가한 미군 병사 크리스(Chris)가 주 플롯을 이룬다. 이 뮤지컬에서도 두 남녀의 사랑과 이별 그리고 한 사람의 죽음이라는 인간의 보편적이면서 최고의 가치인 사랑, 그 가운데에서도 이루어질 수 없는 사랑을 노래하고 있다. 그 두 사람의 사랑도 전쟁이라는 극한 상황에서 신분과 국가를 초월한 만남과 이별을 노래하고 있다. 그리고 전쟁에서 벗어나 일상으로 돌아왔을 때 그들에게 닥쳐온 상황 변화, 더 나아가 상대방에게 이미 사랑하는 사람이 따로 있는 경우에는 더 이상 두 사람의 사랑은 제대로 결실을 맺을 수 없는 것이다. 누구에게도 어떤 비난과 책망을 할 수 없는 극한적인 상황에서 일어난 사랑, 킴의 약혼자 투이가 있음에도 그녀가 또 다른 열렬한 사랑의 힘에 이끌려 갈 수밖에 없는 처지, 킴의 아들 탐에 대한 그녀의 모성애, 크리스의 친구인 존을 통해 크리스가 아내와 함께 킴을 찾아나서는 이야기는 뮤지컬의 밑바탕에 휴머니즘의 온기를 느낄 수 있는 아련한 그 무엇이 있다.

"Sun And Moon"의 노래는 킴과 크리스가 사랑 만들기를 해 나가는 과정에서 서로에 대한 사랑을 확인할 때 불리어지는 노래라고 할 수 있다. 킴은 창녀라는 또는 여자라는 점에서 달로 비유되고 크리스는 군인이면서 미국인 또는 남자라는 점에서 태양으로 비유되어 불리어지는 이 노래는 사랑이 무르익을 때 두 사람은 신의 축복을 받고 있다는 느낌마저 갖고 있다. 낮과 밤의 대조적이면서 서로 보완하게 되어 완벽한 짝을 이루게 되는 상황이 사랑의 온전한 모습이라고 생각할 수 있다. 그런데 '우리 천상에서 만나요'라는 가사가 이 세상에서 둘은 만날 수 없는 사랑을 예견하고 있는 것인가?

"The Last Night Of The World"의 노래는 킴과 크리스가 이별을 예견하지만 헤어짐을 인정하기에는 사랑이 너무 깊었음을 서로 확인하고 있는 것이다. 그래서 '당신을 꼭 껴안고 / 오늘 이 세상의 마지막 밤인 듯 춤추라고 말해주고 있어요'라는 부분은 가장 가슴 아픈 시간에 격정적이면서 외로운 음악 소리가 색소폰에 연주되는 가운데 춤을 추라는 듯한 느낌을 이야기하고 있다. 시간의 흐름을 느끼고 그 어떤 것도 지속될 수 없다는 상황을 알면서 그래도 서로 놓아줄 수밖에 없는 안타까운 심정에서 사랑하는 사람을 꼭 껴안을 거라는 심정을 헤아려 보면서 뮤지컬의 장면을 실루엣으로 삼아 이 노래를 들어본다.

5 『오페라의 유령』*The Phantom of Opera*

1) "Think Of Me"

[Christine]
Think of me, think of me fondly
When we've said goodbye
Remember me
Once in a while please
Promise me you'll try
When you find that once again you long
To take your heart back and be free
If you ever find a moment
Spare a thought for me

We never said our love was evergreen
Or as unchanging as the sea
But if you can still remember
Stop and think of me
Think of all the things we've shared and seen
Don't think about the way things which might have been
Think of me, think of me waking, silent and resigned
Imagine me trying too hard to put you from my mind
Recall those days, look back on all those times
Think of the things we'll never do
There will never be a day, when I won't think of you

[RAOUL]
Can it be, Can it be Christine?
Bravo!
Long ago, it seems so long ago
How young and innocent we were!
She may not remember me
But I remember her

[CHRISTINE]
Flowers fade, the fruits of summer fade
They have their season so do we
But please promise me
That sometimes you will think of me

날 생각해줘요

날 생각해줘요, 날 다정하게 생각해줘요
우리가 헤어질 때
이따금 제발 날 기억해요
당신이 그러겠다고 나에게 약속해줘요
언젠가 당신이 다시 한 번 당신이 간절히 마음을 돌려
자유로워지고 싶을 때
만약 당신에게 그런 순간이 오게 된다면
내 생각을 해줘요

우리는 우리 사랑이 늘 푸르거나,
바다처럼 변하지 않을 거라 말하지 않았어요
하지만 아직도 날 기억할 수 있다면
멈춰서 날 생각해 줘요
우리가 함께 나누고 보았던 모든 것을 생각해봐요
그랬으면 했던 지난 일들에 관해서는 생각하지 말아요
날 생각해봐요, 조용히 그리고 체념한 채로 깨어있던 나를 생각해봐요
그리고 내 마음에서 당신을 지우기엔 너무 힘들어하는 나를 떠올려봐요
지난날을 기억하고, 지난 모든 시간들을 되돌아봐요
우리가 결코 하지 않을 일들을 생각해봐요
내가 당신을 생각하지 않으려는 날은 결코 오지 않을 거예요

이럴 수가, 이럴 수가, 크리스틴?
브라보!
오래 전, 너무 아주 오래 전인 것 같은데
우리는 얼마나 어리고 순수했던가!
그녀는 나를 기억하지 못할지 모르지만
하지만 나는 그녀를 기억해요

꽃들은 지고, 여름날의 과일들도 시들죠
그들에게 계절이 있듯이 우리도 그래요
하지만 제발 나에게 약속해 줘요
가끔 당신이 날 생각하겠다고

영어 발음 제대로 듣거나 소리내기

1 이어지는 소리(연음)의 경우

1 약모음 이동

in a, once again, find a, think about, be a, long ago

in a에서 a는 약모음 [ə]가 되어 앞 낱말 끝부분에 가서 붙어 '이너'로 발음된다. find a와 be a도 마찬가지 경우이다. once again에서 again의 a는 약모음 [ə]가 되어 앞 낱말 끝부분에 가서 붙어 '원서겐' 또는 '원서게인'으로 발음된다. again의 발음은 미국영어와 영국영어에서 다르게 발음된다. again의 미국영어 발음은 어겐[əgen]이고, 영국영어 발음은 어게인[əgein]이다. think about에서 about의 a는 약모음 [ə]가 되어 앞 낱말 끝부분에 가서 붙어 '싱커바웃'에 가깝게 발음된다. long ago에서 ago의 a는 약모음 [ə]가 되어 앞 낱말 끝부분에 가서 붙어 '롱어고우'로 발음된다.

2 자음 이동

Think of, Once in, back and, said our, stop and, shared and, back on, on all, Can it, fruits of

Think of에서 think의 k는 뒤에 있는 낱말 앞부분에 가서 붙어 '싱커브'로 발음된다. of는 기능낱말이기 때문에 [əv]나 [ə]로 발음된다. fruits of도 마찬가지 경우이다. Once in에서 Once의 끝에 있는 e는 약화되고 그 앞에 있는 c는 뒤에 있는 낱말 앞부분에 가서 붙어 '원신'으로 발음된다. back and에서 back의 자음 k가 뒤에 있는 낱말 앞부분에 가서 붙어 '배캔'으로 발음된다. stop and와 shared and도 마찬가지 경우이다. said our에서 said의 자음 d가 뒤에 있는 낱말 앞부분에 가서 붙어 '세다우어'로 발음된다. back on에서 back의 자음 k가 뒤에 있는 낱말 앞부분에 가서 붙어 '배컨'으로 발음된다. on all에서 on의 자음 n이 뒤에 있는 낱말 앞부분에 가서 붙어 '어놀'로 발음된다. Can it에서 Can의 자음 n이 뒤에 있는 낱말 앞부분에 가서 붙어 '커닛'으로 발음된다.

2 없어지는 소리(탈락)의 경우

⦿ 없어지는 소리 현상에서 같은 철자가 겹칠 때, 철자 한 개는 탈락되고 한 개의 철자로만 소리가 나는 경우는 생략한다.

found that, and be, thought for, and seen, Don't think, won't think, innocent we

found that에서 found의 d는 that의 th[ð]와 비슷한 발음이기 때문에 앞에 있는 d가 탈락되어 '화운 댓'에 가깝게 발음된다. 달리 생각하면 found의 d는 자음 n과 that의 자음 t 사이에 놓이기 때문에 탈락된다고 볼 수 있다.

and be에서 and d의 d는 자음 n과 자음 b 사이에 놓이기 때문에 탈락되어 '앤 비'로 발음된다. 이와 같이 자음과 자음 사이에 놓이는 여섯 개의 파열음인 철자—k/g, p/b, t/d—가 탈락되는 예로 thought for('소 퍼'에 가깝게), and seen('앤 신'), Don't think('도운 싱크'에 가깝게), won't think('오운 싱크'에 가깝게)와 innocent we('이너선 위')가 해당된다.

3 닮는 소리(동화)의 경우

(1) 단타음화

But if, But I

But if에서 t가 강모음과 약모음 사이에 놓이면 단타음(單打音)으로 되어 t도, d도, r도 아닌 발음이 된다. But if는 '버립'에 가깝게 발음된다. 마찬가지로 But I는 '버라이'에 가깝게 발음된다. 이 두 소리는 한글로 표기할 수 없으며 오직 소리로만 익힐 수밖에 없다. 특히 미국영어(American English)에서 두드러진 현상이다.

(2) 구개음화

put you

put you에서 put의 t[t]와 you의 y[j]가 합쳐지면 서로 닮아서 [ʧ]로 바뀌어 '푸츄'에 가깝게 발음된다. 따라서 이런 현상은 영국영어(British English) 보다 미국영어(American English)에서 자주 나타나는 현상이다.

4 줄어진 소리(축약)의 경우

we've, Don't, we'll, won't,

도우미동사(조동사)의 경우인 we've와 we'll가 있다. 이 가운데 we'll에서 'll이 한국인 이 발음하기에 가장 힘든 예이다. 그 이유는 'll은 will의 줄인 형태인데 'll'이 한국어에 없는 발음으로, 'l'은 혀를 입천장에 붙여서 소리를 내야 하는데, 한국어에는 이렇게 소리를 내는 것이 없기 때문이다. 부정형의 경우인 Don't와 won't가 있다.

4 주의해야 할 발음

When, while, try, again, as~ as..., can, might have been, trying,

When에서 wh~로 시작되는 낱말은 'w' 뒤에 있는 'h'의 소리가 보통 들리지 않는다. 그러니까 when은 '휀'이라기 보다 '웬'에 가깝게 발음되거나 들린다. while은 '화일'이라기 보다 '와일'에 가깝게 발음되거나 들린다. 그러나 사람과 관련된 who, whose와 whom은 예외로 'h' 소리가 그대로 난다.

try에서 'tr~'의 발음은 '츠_'와 '추'의 중간쯤 되는 소리로 '츄'에 가깝게 발음된 다. 따라서 '트라이'라기 보다 '츄라이'에 가깝게 발음되거나 들린다. 마찬가지로 trying 은 '트라잉'이라기 보다 '츄라잉'에 가깝게 발음되거나 들린다.

again의 발음은 미국영어와 영국영어에서 다르게 발음된다. again의 미국영어 발음은 어겐[əgen]이고, 영국영어 발음은 어게인[əgein]이다.

as~ as...는 기본적으로 앞의 as는 '어즈'[əz]로 a를 약모음으로 발음되고, 뒤의 as는 '애즈'[æz]로 a를 강모음으로 발음된다. 아마도 뒤의 as가 강하게 발음하는 것은 비교 대상이 뒤의 as 다음에 나오기 때문일 것이라고 여겨진다.

can과 can't는 도우미동사로 기능낱말이기 때문에 약하게 발음한다. 그런데 can't 다음에 자음이 나오기 때문에 탈락되는 경우가 대부분이어서 can은 [kən]으로 can't는 [kæn]으로 발음하기로 약속이 되어 있다. 그런데 can이 문장 가운데 들어가는 경우가 [kən]으로 주로 발음되고 문장의 끝에 들어가는 경우에는 [kæn]으로 발음되는 경우가 대부분이다. can't는 기본적으로 [kæn]으로 발음되면서 can 보다 약간 길게 발음되는 경향이 있다.

might have been은 도우미동사 과거+have+과거분사의 형태이다. 이런 형태로 되어 있는 경우에는 세 개의 낱말이 한 박자를 받아야 하기 때문에 주어진 시간 안에 발음하려면 일부를 줄이거나 또는 약하게 발음할 수밖에 없다. 이 세 개의 낱말 가운데

have가 'Ve로 하거나 have로 되어 있다 할지라도 발음을 약하게 해야 된다. might have known은 '마이트 해브 노운'이 아니라 '마이터브 노운' 또는 '마이르브 노운'에 가깝게 발음하거나 들어야 한다.

노래에 들어 있는 쓸모 있는 영어 표현들

1. Think of : think of는 '~을[를] 생각하다[머리에 떠올리다], ~을[를] 고려하다'라는 뜻이다. 예문들은 다음과 같다.

And again, we must think of the cost.

(그리고 또, 우리는 비용도 생각해야 한다.)

Think of a number and multiply it by two.

(숫자를 하나 생각하고 그것에 이를 곱하라.)

What did you think of the movie? I didn't rate it myself.

(당신은 그 영화가 어땠나요? 제 자신은 별로 좋게 보지 않았어요.)

2. Once in a while : once in a while은 '가끔, 이따금, 때로는[때때로]'이란 뜻이다. 예문들은 다음과 같다.

My father and I go fishing once in a while.

(나의 아버지와 나는 가끔씩 낚시하러 간다.)

Our family go out for dinner once in a while.

(우리 가족은 가끔 외식해요.)

I hardly ever watch television, but I watch a good movie on television once in a while.

(나는 거의 텔레비전을 안보지만 가끔 좋은 영화를 하면 봐요.)

3. Spare a thought for me : spare는 '(돈·시간·노력 등을) 할애(割愛)하다(내주다)'라는 뜻이다. spare a thought for는 '~를[을] 위해 생각을 할애하다'이니까

'생각해보다'라는 뜻으로 이해하면 될 것이다. 이것은 어려운 상황에 놓여 있는 사람들에 대한 일종의 배려 행위로서 생각해보는 것이라고 보면 된다. 예문들은 다음과 같다.

Please, spare a thought for other guests.

(제발 다른 손님들도 생각해 주세요.)

Spare a thought for those without enough to eat this winter.

(올 겨울에 충분한 식량이 없는 사람들에 대해서도 좀 생각해 주시기 바랍니다.)

You should spare a thought for the person who cleans up after you.

(당신은 당신 뒤치다꺼리하는 사람도 좀 생각해 보아야 해요.)

4. as unchanging as the sea : as ~ as …는 '…만큼 ~한'이란 뜻으로 주로 쓰인다. 이것은 기본 비교(동등 비교)에 해당되는데, 비교 대상을 같은 수준에 놓고 비교한다고 볼 수 있다. 노래에서는 주로 비유법으로 쓰이고 있다. 예문들은 다음과 같다.

You're as tall as your father.

(네 키가 아버지만큼 크구나.)

He was as white as a sheet.

(그는 (얼굴이) 백지장처럼 새하얗다.)

The water is as clear as crystal.

(그 물은 수정처럼 맑다.)

5. think about : think about는 1) '(어떤 일을 하거나 계획할 때) ~에 대해[관해] 생각[고려]하다'와 2) '~할 것을 생각[고려]하다'라는 뜻이다. 이 노래에서는 1)의 뜻으로 쓰이고 있다.

1)의 예문들은 다음과 같다.

Don't you ever think about other people?

(넌 다른 사람들은 전혀 생각 안 하니?)

Try to think about him a little more charitably.

(그에 대해 좀 더 너그럽게 생각하도록 해 봐.)

Think about it very carefully before you decide.

(결정하기 전에 신중하게 생각해 봐라.)

2)의 예문들은 다음과 같다.

Your pet will think about its needs too.

(당신의 반려동물 또한 자신이 필요한 것이 뭔지를 생각할 것이다.)

I'll think about it and let you know tomorrow.

(내가 그것을 생각해보고 나서 내일 너에게 알려줄 게.)

People just don't stop to think about the consequences.

(사람들이 그저 잠시 (행동을) 멈추고 결과에 대해 생각해 보는 것을 하지 않는다.)

6. might have been : might have been은 '그렇게 되었을지도 모를 일, 더 훌륭(유명)해졌을지도 모를 사람'을 나타낼 때 '~되었을지도, ~해졌는지도 모르는, ~이었을지도 모르는'이란 뜻으로 주로 과거 사실에 대한 추측을 하는 경우에 쓰인다. 예문들은 다음과 같다.

I heard what might have been an explosion.

(나는 무언가 폭발하는 듯한 소리를 들었다.)

There might have been an infringement of the rules.

(규칙 위반이 있었을 수도 있다.)

Things might have been different if I'd talked a bit more.

(내가 조금 더 오래 이야기했더라면 상황이 달라졌을지도 모른다.)

7. trying too hard to put you from my mind : too~ to…는 우리나라에서 널리 알져져 있는 '너무 ~해서 …할 수 없다'라고 옮기는 것은 한계가 있다. 그렇지만 이것을 '…하기에는 너무 ~한'이라고 옮기는 것이 훨씬 더 타당하다. 예문들은 다음과 같다.

The children are too young to sit through a concert.

(그 아이들은 콘서트 내내 앉아 있기에는 너무 어리다.).

The text wraps around if it is too long to fit the screen.

(텍스트가 화면에 들어가기에 너무 길면 자동으로 행갈이가 된다.)

She was too drunk to remember anything about the party.

(그녀는 너무 술이 취해 그 파티에 대해 아무것도 기억하지 못했다.)

8. look back on : look back on은 '…을[를] 뒤돌아보다'라는 뜻이다. 예문들은 다음과 같다.

Looking back on it I do not regret it.

(그것을 회상하면서 나는 그것을 후회하지 않는다.)

She looked back on the past without regret.

(그녀는 후회 없이 지난날을 돌아보았다.)

I pray before going to bed and look back on my day.

(나는 잠자리에 들기 전에는 기도를 드리고 하루를 되돌아본다.)

9. Bravo! : bravo는 감탄사로서 '브라보'라며 보통 공연 등의 끝 부분에서 찬사를 나타내는 표현이다.

기억할 만한 영어 문장

❶ Think of the things we'll never do.
(우리가 결코 하지 않을 일들을 생각해봐요.)

❷ We never said our love was evergreen.
(우리는 우리 사랑이 늘 푸르다고 결코 말하지 않았죠.)

❸ Think of all the things we've shared and seen.
(우리가 함께 나누고 보았던 모든 것을 생각해봐요.)

5 『오페라의 유령』*The Phantom of Opera*

2) "The Music Of The Night"

Night-time sharpens, heightens each sensation
Darkness stirs and wakes imagination
Silently the senses abandon their defences

Slowly, gently night unfurls its splendour
Grasp it, sense it tremulous and tender
Turn your face away from the garish light of day
Turn your thoughts away from cold, unfeeling light
And listen to the music of the night

Close your eyes and surrender to your darkest dreams!
Purge your thoughts of the life you knew before!
Close your eyes, let your spirit start to soar!

Softly, deftly, music shall surround you
Feel it, hear it, closing in around you
Open up your mind,
Let your fantasies unwind, in this darkness
Which you know you cannot fight the darkness of the music of the night

Let your mind start a journey through a strange new world!
Leave all thoughts of the world you knew before!
Let your soul take you where you long to be!
Only then can you belong to me

Floating, falling, sweet intoxication!
Touch me, trust me, savour each sensation!
Let the dream begin,
Let your darker side give in to the power of
The music that I write the power of the music of the night

You alone can make my song take flight
Help me make the music of the night

그날 밤의 음악

밤은 모든 감각들을 예민하게 하고 곤두세워요
어두움은 우리의 상상력을 자극하고 일깨워요
조용히, 우리의 감각들은 경계를 누그러뜨려요

천천히, 부드럽게 밤의 장관이 펼쳐지네요
그걸 붙잡아 봐요, 전율을 느끼며 그리고 부드럽게 그걸 느껴봐요
번쩍이기만 하는 태양 빛에서 당신의 얼굴을 돌려요
그 냉정하고 무감각한 빛에서 생각을 하지 말아요
그리고 그날 밤의 음악을 들어봐요

눈을 감아요 그리고 당신의 가장 어두운 꿈들을 버려요
당신이 이전에 알았던 삶에 대한 당신의 생각을 깨끗이 지워버려요!
눈을 감아요, 당신의 영혼이 날아오르도록 해 봐요

부드럽게, 교묘하게 음악은 당신을 감싸 안을 거예요
당신 주위에 다가오고 있는 그걸 느껴봐요, 그걸 들어봐요
당신의 마음을 열어봐요
당신의 환상들을 이 어두움 속에 풀어 놓아요
당신이 그날 밤의 음악의 암흑과 싸울 수 없다는 것을 당신은 알잖아요

당신의 마음이 이 낯설고 새로운 세계로 여행을 떠나도록 해봐요
이전에 알았던 세상에 대한 생각을 잊어버려요
당신의 영혼이 당신이 간절히 있고 싶은 곳으로 당신을 데려가도록 해요
오직 그 때만이 당신이 나의 세계에 속할 수 있어요

붕뜨는 느낌, 떨어지는 느낌, 달콤하게 중독되는 것 같은 느낌
나를 가볍게 만져요, 나를 믿어요, 모든 감각을 일으켜 세우세요
꿈이 시작되게 해요
당신의 어두운 면이 내가 쓰는 그날 밤의 음악의 마력에 빠져 들도록 해요

당신만이 내 노래를 날아가게 할 수 있어요
내가 그날 밤의 음악을 만들게 도와줘요

영어 발음 제대로 듣거나 소리내기

1 이어지는 소리(연음)의 경우

1 약모음 이동

senses abandon, face away, light of, thoughts away, music of, thoughts of, power of

senses abandon에서 abandon의 a는 약모음 [ə]가 되어 앞 낱말 끝부분에 가서 붙어 '센서밴던'으 발음된다. face away에서 away의 a가 약모음 [ə]가 되어 앞 낱말 끝부분에 가서 붙어 '훼이서웨이'에 가깝게 발음된다. thoughts away도 마찬가지 경우이다. light of에서 of는 기능낱말이기 때문에 [əv]나 [ə]로 발음되고, of의 o는 약모음 [ə]가 되어 앞 낱말 끝부분에 가서 붙어 '라이터브'로 발음된다. music of, thoughts of와 power of도 마찬가지 경우이다.

2 자음 이동

stirs and, unfurls its, Grasp it, sense it, Feel it, hear it, closing in, Open up, darkness of, music of, Leave all, take you, give in

stirs and에서 stirs의 자음 s가 뒤에 있는 낱말 앞부분에 가서 붙어 '스터잰'으로 발음된다. unfurls its에서 unfirls의 자음 s가 뒤에 있는 낱말 앞부분에 가서 붙어 '언훨지스'에 깝게 발음된다. Grasp it에서 Grasp의 자음 p가 뒤에 있는 낱말 앞부분에 가서 붙어 '그래스핏'으로 발음된다. Feel it도 마찬가지 경우이다. sense it에서 sense의 끝에 있는 e는 약화되고 그 앞에 있는 s는 뒤에 있는 낱말 앞부분에 가서 붙어 '센싯'으로 발음된다. Leave all, take you와 give in도 마찬가지 경우이다. closing in에서

closing의 ing의 발음 [ŋ] 이 뒤에 있는 낱말 앞부분에 가서 붙어 '클로징인'으로 발음된다. Open up에서 Open의 자음 n이 뒤에 있는 낱말 앞부분에 가서 붙어 '오퍼넙'으로 발음된다. darkness of에서 darkness의 ss는 뒤에 있는 낱말 앞부분에 가서 붙어 '다크니서브'로 발음된다. of는 기능낱말이기 때문에 [əv]나 [ə]로 발음된다. music of도 마찬가지 경우이다.

2 없어지는 소리(탈락)의 경우

⊙ 없어지는 소리 현상에서 같은 철자가 겹칠 때, 철자 한 개는 탈락되고 한 개의 철자로만 소리가 나는 경우는 생략한다.

Night-time, Darkness stirs, silently, gently, and tender, And listen, and surrender, darkest dreams, start to, Softly, deftly, trust me, Let the, write the, Help me
Night-time에서 Darkness stirs, start to,

silently에서 t는 자음 n과 자음 l 사이에 놓이기 때문에 탈락되어 '사이런리'로 발음된 다. 이와 같이 자음과 자음 사이에 놓이는 여섯 개의 파열음인 철자—k/g, p/b, t/d—가 탈락되는 예로 gently('젠리'), and tender('앤 텐더'), And listen('앤 리슨'), and surrender('앤 서렌더'), darkest dreams('다커스 쥬림즈'에 가깝게), Softly('소훠리'에 가깝게), deftly('데훠리'에 가깝게), trust me('츄러 미'에 가깝게)와 Help me('헬 미'가 해당된다.

Let the에서 Let의 t가 the의 th[ð]와 비슷한 발음이기 때문에 앞에 있는 t가 탈락되어 '레 더'에 가깝게 빌음된다.,

write the에서 write의 끝에 있는 e는 약화되어 그 앞에 있는 t가 the의 th[ð]와 비슷한 발음이기 때문에 앞에 있는 t가 탈락되어 '라이 더'에 가깝게 발음된다.

3 닮는 소리(동화)의 경우

(1) 단타음화

start a, that I

start a에서 t가 강모음과 약모음 사이에 놓이면 단타음(單打音)으로 되어 t도, d도, r도 아닌 발음이 된다. start a는 '스타러'에 가깝게 발음된다. that I에서 t가 강모음과 약모음 사이에 놓이면 단타음(單打音)으로 되어 t도, d도, r도 아닌 발음이 된다. that I는 '대라이'에 가깝게 발음된다. 이 소리는 한글로 표기할 수 없으며 오직 소리로만 익힐 수밖에 없다. 특히 미국영어(American English)에서 두드러진 현상이다.

(2) 구개음화

let your, surround you, around you

let your에서 let의 t[t]와 your의 y[j]가 합쳐지면 서로 닮아서 [ʧ]로 바뀌어 '레츄어'에 가깝게 발음된다. 따라서 이런 현상은 영국영어(British English) 보다 미국영어(American English)에서 자주 나타나는 현상이다.

made you에서 made의 d[d]와 y[j]가 합쳐지면 서로 닮아서 [ʤ]로 바뀌어 '메이쥬'에 가깝게 발음된다. 발음된다. 이런 현상은 영국영어(British English) 보다 미국영어(American English)에서 자주 나타나는 현상이다. around you('어라운쥬')도 마찬가지 경우이다.

4 주의해야 할 발음

stirs, dreams, before, Which, can, dream

stirs에서 s+k/p/t가 되면 된소리에 가깝게 소리가 난다. 대부분 k/p/t가 들어간 낱말은 h가 들어가는 소리를 내게 되는데, s+k/p/t의 경우는 h 소리가 들어가지 않고 된소리에 가깝게 발음되거나 들린다. 그러니까 stirs는 '스터즈'라기 보다 '스떠즈'에 가깝게 발음되거나 들린다.

dreams에서 'dr~'의 발음은 '드_'와 '주'의 중간쯤 되는 소리로 '쥬'에 가깝게 발음되거나 들린다. 따라서 dream은 '드림즈'라기 보다 '쥬림즈'에 가깝게 발음되거나 들린다. 마찬가지로 dream은 '드림'이라기 보다 '쥬림'에 가깝게 발음되거나 들린다.

before는 우리나라에서는 주로 비포[bifɔ:r]에 가깝게 발음하는 경우가 많은데, before는 미국영어에서는 [bifɔ:r]와 버포[bəfɔ:r]에 가깝게 발음하는 경우가 있기 때문에, 두 가지로 발음된다는 점을 알아두면 before를 듣거나 말을 때 도움이 될 수 있다. 이런 경우에 해당되는 것으로 자주 쓰이는 것은 behind('비하인드' 또는 '버하인드'), below ('비로우' 또는 '버로우')와 beneath('비니스' 또는 '버니스'에 가깝게) 등이 있다.

Which에서 wh~로 시작되는 낱말은 'w' 뒤에 있는 'h'의 소리가 보통 들리지 않는다. 그러니까 which는 '휘치'라기 보다 '위치'에 가깝게 발음된다. 그러나 사람과 관련된 who, whose와 whom은 예외로 'h' 소리가 그대로 난다.

can과 can't는 도우미동사로 기능낱말이기 때문에 약하게 발음한다. 그런데 can't 다음에 자음이 나오기 때문에 탈락되는 경우가 대부분이어서 can은 [kən]으로 can't는 [kæn]으로 발음하기로 약속이 되어 있다. 그런데 can이 문장 가운데 들어가는 경우가 [kən]으로 주로 발음되고 문장의 끝에 들어가는 경우에는 [kæn]으로 발음되는 경우가 대부분이다. can't는 기본적으로 [kæn]으로 발음되면서 can 보다 약간 길게 발음되는 경향이 있다.

노래에 들어 있는 쓸모 있는 영어 표현들

1. the senses abandon their defences : abandon은 1) '(특히 돌볼 책임이 있는 사람을) 버리다[떠나다/유기하다]', 2) '(사람 · 집 · 지위 등을) 버리다, 유기하다', 3) '(계획 · 습관 등을) 그만두다, 단념하다'(=give up)와 4) '포기하다'라는 뜻이다. 이 노래에서는 3)의 뜻으로 쓰이고 있다.

1)의 예문들은 다음과 같다.

How could she abandon her own baby?

(그녀는 어떻게 자기 아이를 버릴 수가 있었을까?)

Don't forget your son, don't abandon us.

(당신의 아들을 잊지 말고, 우리를 버리지 마세요.)

The baby had been abandoned by its mother.

(그 아기는 엄마에게 버림을 받은 것이었다.)

2)의 예문들은 다음과 같다.

I just don't abandon my friends.

(저는 그저 제 친구를 버리지 않을 뿐입니다.)

Snow forced many drivers to abandon their vehicles.

(눈 때문에 많은 운전자들이 차를 버리고 가야 했다.)

I remember one time we had to abandon our car in the snow.

(언젠가 한번은 우리가 눈 속에 차를 버려두고 와야 했던 것을 난 기억한다.)

3)의 예문들은 다음과 같다.

People can abandon their political ideas.

(사람들은 그들의 정치적 생각을 버릴 수 있다.)

He abandoned the idea of entering college.

(그는 대학 진학을 단념했다.)

The plan had to be abandoned on grounds of cost.

(그 계획은 비용 문제로 단념해야 했다.)

4)의 예문들은 다음과 같다.

We did not abandon the law.

(우리는 그 법을 포기하지 않았다.)

We should abandon the whole thing.

(우리는 모든 것을 포기해야 한다.)

That is why we should abandon this system.

(그게 우리가 이 시스템을 포기해야 하는 이유입니다.)

2. night unfurls its splendour : unfurl은 '(동그랗게 말린 것이) 펼쳐지다; 펼치다, 펴다'라는 뜻이고, splendour는 '장관, 장려함, 훌륭함, 장려, 영광, (특히 어떤 장소의) 장관을 이루는 것들'이란 뜻이다. 그러니까 '밤이 장관[화려함]을 펼친다'는 것은 '밤에 장관[화려함]이 펼쳐진다'는 뜻이다.

3. Turn your face away : turn away는 1) '(~에 들어오지 못하게) ~를 돌려보내다[쫓아 보내다]', 2) '물리치다, 외면하다, 돌보지 않다, 거부[거절]하다'와 3) '(고개·몸 등이 다른 방향을 향하도록) 돌리다, 몸을 돌리다, 돌아서다'라는 뜻이다. 이 노래에서는 3)의 뜻으로 쓰이고 있다.

1)의 예문들은 다음과 같다.

Hundreds of people were turned away from the stadium.

(수백 명의 사람들이 경기장에 입장하지 못하고 돌려보내졌다.)

They had nowhere to stay so I couldn't turn them away.

(그들은 머물 곳이 아무데도 없어서 내가 그들을 쫓아 보낼 수가 없었다.)

The stadium was jammed and they had to turn away hundreds of disappointed fans.

(경기장은 사람들로 꽉 찼고, 입장하지 못해 낙담한 수백 명의 팬들은 되돌아가야만 했다.)

2)의 예문들은 다음과 같다.

Virtually the entire world turned away.

(사실상, 전 세계가 외면했다.)

The beggar asked for me money, but I turned away his head.

(거지가 구걸을 했지만, 나는 외면했다.)

Yes, join forces when needed, and turn away when no longer needed.

(맞다, 필요할 때 힘을 합치고, 더 이상 필요 없을 때 외면한다.)

3)의 예문들은 다음과 같다.

She turned her head away.

(그녀가 고개를 돌려버렸다.)

He turned away to hide his blushes.

(그는 얼굴이 빨개지는 것을 감추려고 고개를 돌렸다.)

I turned away and looked out of the window.

(나는 시선[고개]을 돌려 창밖을 내다보았다.)

4. the garish light of day : garish는 '눈부신, 번쩍번쩍 빛나는, 지나치게 화려한, (색깔이) 야한, 밝은 색의 옷을 입은'이란 뜻이다. 빛이나 광선과 관련되는 경우에는 '눈부신, 번쩍번쩍하는'이란 뜻으로 쓰인다.

5. surrender to your darkest dreams! : surrender to는 '(감정 · 습관 등에) 굴복하다, 내주다'라는 뜻이다. 그러니까 '당신의 가장 어두운 꿈들에 굴복하라'는 뜻은 '당신의 가장 어두운 꿈들을 버려요'라고 이해하면 될 것이다. 그 이유는 바로 뒤따라오는 다음 가사와 연결지어 생각해 보면 이해가 될 것이다. 여기서 '당신의 가장 어두운 꿈들(your darkest dreams)'은 비유적으로 좋지 않은 꿈들이라고 할 수 있다.

6. Purge your thoughts of the life : purge는 1) '(조직에서 사람을, 흔히 폭력적인 방법으로) 제거[숙청]하다'와 2) '(나쁜 생각 · 감정을) 몰아내다[없애다]'라는 뜻으로 쓰인다. 이 노래에서는 2)의 뜻으로 쓰이고 있다. 따라서 Purge your thoughts of the life는 '삶[인생]에 대한 당신의 생각을 몰아내요'인데, 달리 표현하면 '삶[인생]에 대한 당신의 생각은 깨끗이 지워버려요'로 이해하면 될 것이다.

1)의 예문들은 다음과 같다.

The party was purged of its corrupt members.

(그 당은 부패 분자를 일소했다.)

Many a prominent man was purged from public office.

(많은 저명한 사람들이 공직에서 추방되었다.)

His first act as leader was to purge the party of extremists.

(당 대표가 된 그가 맨 처음 한 행동이 그 정당에서 과격파들을 제거하는 것이었다.)

2)의 예문들은 다음과 같다.

We need to purge our sport of racism.

(우리는 우리 스포츠에서 인종 차별주의를 몰아내야 한다.)

Nothing could purge the guilt from her mind.

(그 무엇도 그녀의 마음에서 죄책감을 없애 주지 못했다).

He closed his eyes trying to purge his mind of anxiety.

(그는 걱정하는 마음을 씻으려고 눈을 감았다.)

7. let your spirit start to soar : let your spirit start에서 let 다음에 목적어(your spirit)가 나오고 그 뒤에 to 부정사가 나와야 되는데 let가 허용이나 허락을 하는 경우 알몸동사(원형동사; bare infinitive)가 쓰여 to start가 아니라 start로 된다. 뒤에 나오는 가사 let your fantasies unwind에서 let~ unwind, Let your mind start에서 Let~ start, Let your soul take에서 Let~ take, Let the dream begin에서 Let~ begin, Let your darker side give에서 Let~ give의 경우도 마찬가지 경우이다.

8. Open up : open up은 1) '마음을 터놓다', 2) '발사[발포]되다', 3) '(문・뚜껑 등을) 열다' 와 4) '~을[이] 가능하게 하다[가능해지다]; ~을[이] 이용할[~에 가 닿을] 수 있게 하다[되다]'라는 뜻이다. 이 노래에서는 1)의 뜻으로 쓰이고 있다.

1)의 예문들은 다음과 같다.

The woman will not open up to her.

(그 여자는 그녀와 친해지지 않을 것이다.)

Lorna found that people were willing to open up to her.

(로나는 사람들이 자신에게는 기꺼이 마음을 연다는 것을 깨달았다.)

It helps to discuss your problems but I find it hard to open up.

(자신의 문제를 의논하는 것이 도움이 되는데, 나는 마음을 터놓는 것이 힘들다.)

2)의 예문들은 다음과 같다.

Anti-aircraft guns opened up.

(고사포가 발포되었다.)

The assault element, led by Captain Ramirez, opened up from their right flank.

(라미레즈 장군이 이끄는 돌격 부대가 대형 우측 측면에서 총격을 개시했다.)

3)의 예문들은 다음과 같다.

Open up!

(문 열어요!)

She laid the book flat and opened it up.

(그녀가 책을 바로 놓고 펼쳤다.)

I open up the store for the day at around 8.30.

(나는 여덟 시 삼십 분경에 당일 영업을 위해 가게 문을 연다.)

4)의 예문들은 다음과 같다.

Would you like to open up a basic account?

(보통 예금 계좌를 여시겠습니까?)

I can't wait until they open up the other lines.

(나는 빨리 다른 노선들이 개통됐으면 좋겠어요.)

The railway opened up the east of the country.

(철도 덕분에 이 나라의 동부 지역으로 가는 길이 열렸다.)

9. long to be : 여기서 long은 '몹시 바라다, 욕구하다; 원하다, 희망하다'라는 뜻이다. 그러니까 long to~는 '~하기를 몹시 바라다, 욕구하다; 원하다, 희망하다'라는 뜻으로 이해하면 될 것이다. 예문들은 다음과 같다.

I long to see her again.

(나는 그 여자를 다시 보고 싶다.)

I long to have him come.

(나는 그가 와주기를 고대한다.)

I long to hear your news.

(나는 당신의 소식을 몹시 듣고 싶어요.)

10. belong to me : belong to는 '~ 소유[것]이다, ~에 속하다'라는 뜻으로 쓰인다. 예문들은 다음과 같다.

Who does this watch belong to?

(이 시계 누구 거죠?)

I used to belong to a youth club.

(나는 전에 청년 단체에 속해 있었다.)

Have you ever belonged to a political party?

(정당에 소속되어 본 적 있으세요?)

11. give in : give in은 1) '(~에게) 항복하다, 굴복하다', 2) '(마지못해) 동의하다'와 3) '제출하다'라는 뜻으로 쓰인다. 이 노래에서는 2)의 뜻으로 쓰이고 있다.

1)의 예문들은 다음과 같다.

The rebels were forced to give in.

(반군들은 할 수 없이 항복해야 했다.)

I think we should just give in gracefully.

(나는 우리가 그냥 품위 있게 굴복해야 한다고 생각한다.)

He refused to give in to bullying and threats.

(그는 협박과 괴롭힘에 굴복하지 않았다.)

2)의 예문들은 다음과 같다.

Each should give in a little.

(서로 조금씩 양보하세요.)

He refused to give in to her pleadings.

(그는 그녀의 애원을 들어주려 하지 않았다.)

Just pretend to give in, and do what he says.

(그냥 못 이기는 척하고 그의 말을 들으세요.)

3)의 예문들은 다음과 같다.

Please give your work in before Monday.

(작품을 월요일 전에 제출해 주세요.)

He gave in his resignation for the crime.

(그 죄에 대해서 그는 사표를 제출했다.)

Please give in your examination papers now.

(지금 당신의 시험지를 제출하세요.)

12. make my song take flight : make my song take에서 make 다음에 목적어(my song)가 나오고 그 뒤에 to 부정사가 나와야 되는데 make가 강제성을 띄고 있는 경우 알몸동사(원형동사; bare infinitive)가 쓰여 to take가 아니라 take로 된다. take flight는 1) '달아나다, 줄행랑치다'와 2) '날다, 비행하다'이란 뜻이다. 이 노래에서는 2)의 뜻으로 쓰이고 있다.

1)의 예문들은 다음과 같다.

When the alarm sounded, we took flight.

(그 경보기가 울리자 우리는 도망쳤다.)

When he saw me, he got scared and took flight.

(그는 나를 보고 지레 놀라 달아났다.)

The gang took flight when they heard the police car.

(그 패거리는 그들이 경찰차 소리를 듣고 달아났다.)

2)의 예문들은 다음과 같다.

Birds take flight in the morning to look for food.

(새떼들은 아침에 먹이를 찾기 위해 날아간다.)

I must take this flight. can't you arrange a seat for me?

(저는 이 비행기를 꼭 타야 됩니다. 당신이 저에게 자리 하나 해 주실 수 있으세요?)

As the airfield was closed, no more planes took their flights.

(비행장이 폐쇄되었기 때문에 비행기는 더 이상 날지 못하였다.)

13. Help me make : Help me make에서 help 동사 다음에 목적어(me)가 나오고 그 뒤에 to 부정사가 나와야 되는데 help가 '돕다, 거들다, 도와주다'라는 뜻으로 도움을 주는 경우 알몸동사(원형동사; bare infinitive)가 쓰여 to make가 아니라 make로 된다. 영어 표현에서 이런 경우가 대부분이지만, to 부정사로도 쓰이기도 한다.

1) help+목적어+알몸동사의 경우

They help us cross the street safely.

(그들은 우리가 길을 안전하게 건너도록 도와줍니다.)

Will you please help me clear the table?

(내가 식탁 치우는 거 너가 거들어 줄래?)

This latest research will help you stay in shape.

(이 최신 연구 결과는 당신이 건강을 유지하는데 도움이 될 것이다.)

2) help+목적어+to 부정사의 경우

She helped him to choose a better job,

(그녀는 그가 더 나은 직장을 선택하는 것을 도와주었다.)

Police hope the public help them to find the culprits.

(경찰은 대중이 그 용의자를 찾는 것을 도와주기를 희망한다.)

Visual aids can help children to learn new things quickly.

(시청각 자료는 아이들이 새로운 것을 빨리 배우도록 도와준다.)

기억할 만한 영어 문장

❶ Close your eyes, let your spirit start to soar.
(눈을 감아요, 당신의 영혼이 날아오르도록 해 봐요.)

❷ Let your soul take you where you long to be.
(당신의 영혼이 당신이 간절히 있고 싶은 곳으로 당신을 데려가도록 해요.)

❸ Leave all thoughts of the world you knew before.
(이전에 알았던 세상에 대한 생각을 잊어버려요.)

뮤지컬과 노래를 생각하며

『오페라의 유령』(*The Phantom of Opera*)은 뮤지컬의 정수를 보는 듯한 클래식의 선율과 팝을 선율을 포함한 다양한 음악이 선을 보이고 있다. 단지 화려한 무대 장치만큼 춤은 화려하지 않은 점이 약간의 아쉬움으로 남는다. 오페라의 유령인 에릭, 그의 영감을 통해 훌륭한 노래를 부르게 된 크리스틴과 그녀에게 사랑을 고백하는 라울 등의 인물들을 통해 영원한 사랑의 삼각형(eternal triangle)을 보여준다고 볼 수 있다. 그렇지만 현실에서 멀쩡하게 잘 생긴 라울과는 대조적으로 얼굴에 가면을 써야만 하는 에릭, 그렇지만 크리스틴을 사랑할 수밖에 없는 그의 애절한 사랑은 마치 지상과 천상의 오가며 사랑을 엮어가려는 상상을 해볼 수 있다. 지상에서 이루어지긴 하는데 마치 지상과 천상이 연상되는 세계이다. 천상과 같은 곳에서 사랑이 펼쳐져야 하니 그 사랑은 이루어질 수 없는 것으로 될 수밖에....

"Think Of Me"의 노래에는 크리스틴의 마음을 노래하는 소프라노의 음성이 잔잔하면서 영롱하게 들리는 느낌을 갖게 된다. 사랑하고 싶은 대상을 생각할 때 그 대상이 다를지 모르지만 서로를 생각한다는 그런 점에서는 숭고한 순간일 것이다. 크리스틴은 '아직도 날 기억할 수 있다면 / 멈춰서 날 생각해 줘요 / 우리가 함께 나누고 보았던 모든 것을 생각해봐요'라며 그리움을 간절히 노래하고 있다. 그리움은 과거의 아름다운 추억을 서로 갖고 있을 때 가능한 심리 상태일 것이다. 그리운 대상을 마음속으로 떠올려보면서 간절히 보고 싶게 되는 그와 같은 상황에 처한 사람에게는 누구나 공통적인 심정일 것이다.

"The Music Of The Night"의 노래에는 오페라의 유령인 에릭의 마음을 그대로 전달하는 노래이다. 낮이 아닌 밤에 자신을 포함한 인간의 감각을 예민하게 일깨우게 되는 것이다. 이것은 낮은 햇빛이 비치고 모든 대상을 드러내어 서로 뽐내고 싶어 하는 시간이고, 드러내고 싶지 않은 그 무엇 때문에 밤을 끌어들이고 있지만 그래도 밤은 어두움만큼이나 상상력을 일깨울 수 있는 것이다. 밤의 시간대에 활동을 해야 하는 처지에서 낮의 인물을 그리워하고 만나야 하는 처지에 놓인 그런 존재의 안타까우면서 강렬한 마음이 이 노래에 드러난다고 볼 수 있다. 밤의 음악에 취해 과거도 낮의 햇빛도 잊어버리고 마음을 열고 꿈꾸어 왔던 환상들을 풀어놓을 수 있도록 간절히 외치면서 그런 외침이 노래로 표현되는 경우, 그 경이로움은 한층 더 빛날 것이다. 그 경이로움을 느끼려면 세상에 대한 생각을 버리고 상대방의 영혼이 꿈꾸어 왔던 곳으로 왔을 때 비로소 서로가 함께 되는 시간이자 세계인 것이다 그렇게 될 수 있는 음악이 자신의 소원이 이루어지는 '그날 밤의 음악'일 것이다. 그렇지만 그 소원이 이루어지기에는 너무나 큰 시련이 다가오기에 여전히....

6 『위대한 쇼맨』 *The Greatest Showman*

1) "Never Enough"

I'm trying to hold my breath
Let it stay this way
can't let this moment end
You set off a dream with me
Getting Louder now

Can you hear it echoing?
Take my hand
Will you share this with me?
'Cause darling without you

[Chorus : Loren Allred]
All the shine of a thousand spotlights
All the stars we steal from the nightsky
Will never be enough
Never be enough
Towers of gold are still too little
These hands could hold the world but it'll
Never be enough
Never be enough

[Post-Chorus : Loren Allred]
For me
Never, never

Never, never
Never, for me
For me
Never, enough
Never, enough
Never, enough
For me
For me
For me

[Chorus : Loren Allred]
All the shine of a thousand spotlights
All the stars we steal from the nightsky
Will never be enough
Never be enough
Towers of gold are still too little
These hands could hold the world but it'll
Never be enough
Never be enough

[Post-Chorus : Loren Allred]
For me
Never, never
Never, never
Never, for me
For me
Never, enough
Never, never
Never, enough
Never, never

Never, enough
For me
For me
For me
[Outro : Loren Allred]
For me

I'm trying to hold my breath
Let it stay this way
can't let this moment end
You set off a dream with me
Getting Louder now

Can you hear it echoing?
Take my hand
Will you share this with me?
'Cause darling without you

[Chorus : Loren Allred]
All the shine of a thousand spotlights
All the stars we steal from the nightsky
Will never be enough
Never be enough
Towers of gold are still too little
These hands could hold the world but it'll
Never be enough
Never be enough

[Post-Chorus : Loren Allred]
For me

Never, never
Never, never
Never, for me
For me
Never, enough
Never, enough
Never, enough
For me
For me
For me

[Chorus : Loren Allred]
All the shine of a thousand spotlights
All the stars we steal from the nightsky
Will never be enough
Never be enough
Towers of gold are still too little
These hands could hold the world but it'll
Never be enough
Never be enough

[Post-Chorus : Loren Allred]
For me
Never, never
Never, never
Never, for me
For me
Never, enough
Never, never

Never, enough
Never, never
Never, enough
For me
For me
For me

[Outro : Loren Allred]
For me

결코 충분치 않을 거예요

나 지금 숨을 죽이려고 하고 있어요
이대로 그냥 있게 해줘요
이 순간이 끝날 수 없도록 해줘요
당신은 내 마음에 꿈을 심어줬어요
이제 점점 커져가는

당신은 이 울림소리를 들을 수 있나요?
내 손을 잡아요
당신은 이것을 나와 함께 하나요?
사랑하는 이여, 당신이 없기 때문에

무수한 스포트라이트를 받아도
우리가 밤하늘의 모든 별을 다 가져도
결코 충분치 않을 거예요
결코 충분치 않을 거예요
황금의 탑들은 여전히 너무 작아요
이 손들이 세상을 잡을 수 있지만 그건
결코 충분치 않을 거예요
결코 충분치 않을 거예요

나에겐
결코. 결코.
결코. 결코.
나에겐 결코
나에겐
결코, 충분치 않을 거예요
결코, 충분치 않을 거예요

결코, 충분치 않을 거예요
나에겐
나에겐
나에겐

무수한 스포트라이트를 받아도
우리가 밤하늘의 모든 별을 다 가져도
결코 충분치 않을 거예요
결코 충분치 않을 거예요
황금의 탑들은 여전히 너무 작아요
이 손들이 세상을 잡을 수 있지만 그건
결코 충분치 않을 거예요
결코 충분치 않을 거예요

나에겐
결코. 결코.
결코. 결코.
결코, 나에겐
나에겐
결코. 충분치 않을 거예요
결코, 결코
결코, 충분치 않을 거예요
결코, 결코
결코, 충분치 않을 거예요
나에겐
나에겐
나에겐

나에겐

나 지금 숨죽이려고 하고 있어요

이대로 그냥 있게 해줘요
이 순간이 끝날 수 없도록 해줘요
당신은 내 마음에 꿈을 심어줬어요
이제 점점 커져가는

당신은 이 울림소리를 들을 수 있나요?
내 손을 잡아요
당신은 이것을 나와 함께 하나요?
사랑하는 이여, 당신이 없기 때문에

무수한 스포트라이트를 받아도
우리가 밤하늘의 모든 별을 다 가져도
결코 충분치 않을 거예요
결코 충분치 않을 거예요
황금의 탑들은 여전히 너무 작아요
이 손들이 세상을 잡을 수 있지만 그건
결코 충분치 않을 거예요
결코 충분치 않을 거예요

나에겐
결코, 결코,
결코, 결코,
결코, 나에겐
나에겐
결코, 충분치 않을 거예요
결코, 충분치 않을 거예요
결코, 충분치 않을 거예요
나에겐
나에겐
나에겐

무수한 스포트라이트를 받아도
우리가 밤하늘의 모든 별을 다 가져도
결코 충분치 않을 거예요
결코 충분치 않을 거예요
황금의 탑들은 여전히 너무 작아요
이 손들이 세상을 잡을 수 있지만 그건
결코 충분치 않을 거예요
결코 충분치 않을 거예요

나에겐
결코, 결코
결코, 결코
결코, 나에겐
나에겐
결코 충분치 않을 거예요
결코, 결코
결코 충분치 않을 거예요
결코, 결코
결코 충분치 않을 거예요
나에겐
나에겐
나에겐

나에겐

영어 발음 제대로 듣거나 소리내기

1 이어지는 소리(연음)의 경우

1 약모음 이동

off a, shine of, of a, Towers of

off a에서 a는 약모음 [ə]가 되어 앞 낱말 끝부분에 가서 붙어 '어퍼'로 발음된다. of a도 마찬가지 경우이다. shine of에서 of는 기능낱말이기 때문에 [əv]나 [ə]로 발음되고, shine의 끝에 있는 모음 e는 약화되고, of의 o는 약모음 [ə]가 되어 앞낱말 끝부분에 가서 붙어 '샤이너브'로 발음된다. Towers of도 마찬가지 경우이다.

2 자음 이동

set off, hear it, gold are

set off에서 set의 자음 t가 뒤에 있는 낱말 앞부분에 가서 붙어 '세러훠'에 가깝게 발음된다. hear it에서 hear의 자음 r이 뒤에 있는 낱말 앞부분에 가서 붙어 '히어릿'으로 발음된다. gold are에서 gold의 자음 d가 뒤에 있는 낱말 앞부분에 가서 붙어 '골다'로 발음된다.

2 없어지는 소리(탈락)의 경우

⊙ 없어지는 소리 현상에서 같은 철자가 겹칠 때, 철자 한 개는 탈락되고 한 개의 철자로만 소리가 나는 경우는 생략한다.

Can't let, let this, thousand spotlights, nightsky, hands, could hold, hold the, world but

Can't let에서 Can't의 t는 자음 n과 let의 자음 l 사이에 놓이기 때문에 탈락되어 '캔렛'으로 발음된다. 이와 같이 자음과 자음 사이에 놓이는 여섯 개의 파열음인 철자—k/g, p/b, t/d—가 탈락되는 예로 thousand spotlights('사우전 스빳라이츠'에 가깝게), nightsky('나이스까이'에 가깝게), hands('핸즈'), could hold('쿠 홀드')와 world but ('월 벗')이 해당된다.

let this에서 let의 t가 this의 th[ð]와 비슷한 발음이기 때문에 앞에 있는 t가 탈락되어 '레 디스'에 가깝게 발음된다.

hold the에서 hold의 d가 the의 th[ð]와 비슷한 발음이기 때문에 앞에 있는 d가 탈락되어 '호울 더'에 가깝게 발음된다.

3 닮는 소리(동화)의 경우

(1) 단타음화

set off, Getting

set off에서 t가 강모음과 약모음 사이에 놓이면 단타음(單打音)으로 되어 t도, d도, r도 아닌 발음이 된다. set up은 '세트 업'이라기 보다 '세럽' 가깝게 발음되거나 들린다. 이 소리는 한글로 표기할 수 없으며 오직 소리로만 익힐 수밖에 없다. 특히 미국영어(American English)에서 두드러진 현상이다. 마찬가지로 Getting은 '게팅'이라기 보다 '게링'에 가깝게 발음되거나 들린다.

4 줄어진 소리(축약)의 경우

I'm, Can't, 'Cause, it'll

be 동사의 경우인 I'm, 부정형의 경우인 Can't, 도우미동사(조동사)의 경우인 it'll가 있다. 이 가운데 it'll에서 'll이 한국인이 발음하기에 가장 힘든 예이다. 그 이유는 'll은 will의 줄인 형태인데 'll'이 한국어에 없는 발음으로, 'l'은 혀를 입천장에 붙여서 소리를 내야 하는데, 한국어에는 이렇게 소리를 내는 것이 없기 때문이다.

'Cause는 Because('~ 때문에', '왜냐하면')의 줄인 형태이다. 팝송을 포함한 영어 노래 에서는 대부분 because로 하는 경우는 드물다. 그 이유는 아마 노래를 부를 때 뜻을 살리면서 음감을 위해 한 박자로 만들기 위해 관습적으로 이루어진 것이 아닐까 추측해 본다. because의 경우, 노래 가사에서 일부를 줄이는 경우 아포스트로피(')를 넣는 경우('cause)도 있지만, 아포스트로피를 넣지 않은 경우(cause)도 있고, 소리가 나는 것 중심으로 cos 또는 cuz로 표기하는 경우도 있다.

5 주의해야 할 발음

trying, stay, Can't, dream, Can, stars, steal, nightsky,

trying에서 'tr~'의 발음은 '츠_'와 '추'의 중간쯤 되는 소리로 '츄'에 가깝게 발음되거 나 들린다. 따라서 '트라잉'이라기 보다 '츄라잉'에 가깝게 발음되거나 들린다.

stay에서 s+k/p/t가 되면 된소리에 가깝게 소리가 난다. 대부분 k/p/t가 들어간 낱말은 h가 들어가는 소리를 내게 되는데, s+k/p/t의 경우는 h 소리가 들어가지 않고 된소리에 가깝게 발음되거나 들린다. 마찬가지로 stars는 '스타즈'라기 보다 '스따즈'에 가깝게, steal는 '스티일'이라기 보다 '스띠일'에 가깝게, nightsky는 '나잇스카이'라기 보다 '나잇스까이'에 가깝게 발음되거나 들린다.

Can't와 Can은 도우미동사로 기능낱말이기 때문에 약하게 발음한다. 그런데 can't 다음에 자음이 나오기 때문에 탈락되는 경우가 대부분이어서 can은 [kən]으로 can't는 [kæn]으로 발음하기로 약속이 되어 있다. 그런데 can이 문장 가운데 들어가는 경우가 [kən]으로 주로 발음되고 문장의 끝에 들어가는 경우에는 [kæn]으로 발음되는 경우가 대부분이다. can't는 기본적으로 [kæn]으로 발음되면서 can 보다 약간 길게 발음되는 경향이 있다.

dream에서 'dr~'의 발음은 '드_'와 '주'의 중간쯤 되는 소리로 '쥬'에 가깝게 발음되거나 들린다. 따라서 dream은 '드림'이라기 보다 '쥬림'에 가깝게 발음되거나 들린다.

노래에 들어 있는 쓸모 있는 영어 표현들

1. hold my breath : hold one's breath는 '숨을 죽이다, 숨을 멈추다'라는 뜻이다. 예문들은 다음과 같다.

I can hold my breath for 5 minutes.
(나는 오 분 동안 숨을 멈출 수 있다.)
He held his breath as a rat scuttled past.
(그는 쥐 한 마리가 총총 지나가는 것을 보고 숨을 죽였다.)
He held his breath while the results were read out.
(결과가 발표되는 동안 그는 숨을 죽이고 기다렸다.)

2. Let it stay : Let it stay에서 let 다음에 목적어(it)가 나오고 그 뒤에 to 부정사가 나와야 되는데 let가 허용이나 허락을 하는 경우 알몸동사(원형동사; bare infinitive)가 쓰여 to stay가 아니라 stay로 된다.

3. set off a dream : set off는 1) '(폭탄 등을) 터뜨리다', 2) '(경보 장치를) 울리다', 3) '(흥미 · 일련의 사건 · 과정 등을) 유발하다, 터뜨리게 하다, 촉발시키다'와 4) '출발하다'라는 뜻이다. 이 노래에서는 3)의 뜻으로 쓰이고 있다.

1)의 예문들은 다음과 같다.

We were planning to set off firecracker.
(우리는 폭죽을 터트리려고 했었어.)
A gang of boys were setting off fireworks in the street.
(한 패거리의 남자 애들이 길에서 폭죽을 터뜨리고 있었다.)

The most common suggestion is to set off a nuclear bomb.

(가장 보편적인 제안은 핵폭탄을 터뜨리자는 것입니다.)

2)의 예문들은 다음과 같다.

Who set off the fire alarm?

(누가 화재경보기를 울린 거지?)

Opening this door will set off the alarm.

(이 문을 열면 경보기가 울립니다.)

I set off the security system by accident.

(내가 잘못해서 도난 경보기가 작동했다.)

3)의 예문들은 다음과 같다.

The incident set off the civil war.

(그 사건은 내전을 촉발시켰다.)

The incident set off a series of copycat crimes.

(그 사건을 시초로 많은 모방 범죄가 일어났다.)

Panic on the stock market set off a wave of selling.

(주식 시장에서의 공포감이 매도 사태를 유발했다.)

4)의 예문들은 다음과 같다.

He set off jauntily, whistling to himself.

(그는 혼자 휘파람을 불며 의기양양하게 출발했다.)

Top the car up with oil before you set off.

(너가 길을 나서기 전에 차에 기름을 가득 채워라.)

The sooner we set off, the sooner we will arrive.

(우리가 더 빨리 출발할수록 더 빨리 도착할 것이다.)

4. Can you hear it echoing : hear it echoing에서 hear 다음에 목적어(it)가 나오고 그 다음에는 to 부정사가 나와야 되는데, hear와 같은 감각동사(지각동사)인 경우에는 대부분 알몸동사(원형동사; bare infinitive)가 쓰여 to echo가 아니라 echo으로 된다. 그런데 이 경우처럼 현재진행형으로 쓰일 수도 있다. 이때는 어떤 장면이나 상황을 생생하게 묘사하기 위해 표현하는 방식이다. 이런 표현은 감각동사(지각동사) 가운데 '보다'의 동사인 see나 watch 또는 '듣는다'의 동사인 hear가 주로 쓰인다. 따라서 이 노래에서는 echo 보다 echoing을 쓰고 있는 것이다.

기억할 만한 영어 문장

❶ Will you share this with me?
(나와 함께 이것을 함께 하나요?)

❷ I'm trying to hold my breath.
(나 지금 숨죽이려고 하고 있어요.)

❸ Towers of gold are still too little.
(황금의 탑들은 여전히 너무 작아요.)

2) "From Now On"

I saw the sun begin to dim
And felt that winter wind
Blow cold
A man learns who is there for him
When the glitter fades
And the walls won't hold
'Cause from then rubble
What remains
Can only be what's true
If all was lost
Is more I gain
Cause it led me back
To you

From now on
These eyes will not be blinded by the lights
From now on
What's waited till tomorrow starts tonight
Tonight
Let this promise in me start
Like an anthem in my heart
From now on
From now on

I drank champagne with kings and queens
The politicians praised my name
But those are someone else's dreams
The pitfalls of the man I became
For years and years I chased their cheers
The crazy speed of always needing more
But when I stop
And see you here
I remember who all this was for

And from now on
These eyes will not be blinded by the lights
From now on
What's waited till tomorrow starts tonight
It starts tonight
And let this promise in me start
Like an anthem in my heart
From now on
From now on
From now on

And we will come back home
And we will come back home
Home again
And we will come back home
And we will come back home
Home again
And we will come back home
And we will come back home

Home again
From now on
And we will come back home
And we will come back home
Home again
And we will come back home
And we will come back home
Home again
And we will come back home
And we will come back home
Yes
Home again
And we will come back home
And we will come back home
Home again
From now on

These eyes will not be blinded by the lights
From now on
What's waited till tomorrow starts tonight
It starts tonight
Let this promise in me start
Like an anthem in my heart
From now on
From now on
From now on

And we will come back home
And we will come back home

Home again
And we will come back home
And we will come back home
Home again
And we will come back home
And we will come back home
Home again
From now on
From now on
Home again
From now on
From now on
Home again

이제부터는

나는 해가 희미해지기 시작하는 걸 바라보았어요
그리고 겨울바람이 차게 부는 걸 느꼈어요
인간이 그곳에서 그를 위한 사람이 누구인지 알게 되는 건
빛의 순간이 사라지고
그리고 벽이 무너질 때지요
왜냐하면 그 때 남아있는 돌무더기들만이
단지 진실된 것만이 될 수 있지요
모든 걸 잃게 되면
난 더 많은 걸 얻게 되지요
왜냐하면 그것이 날 다시 이끌어주기 때문이지요
당신에게로

이제부터는
이 두 눈은 빛들에 눈멀지 않을 거예요
이제부터는
내일까지 기다렸던 것은 오늘 밤 시작할 거예요
오늘 밤
내 안에 있는 이 약속을 시작할 수 있도록 해요
내 심장 속에 있는 노래처럼요
이제부터는
이제부터는

난 여러 왕과 왕비들과 샴페인을 마셨고
정치가들이 내 이름을 칭송하였지요
하지만 그것들은 다른 누군가의 꿈일 뿐이지요
난 사람들의 함정이 되었어요
여러 해가 지날 동안 나는 그들의 환호를 좇았고
늘 더 많이 요구하면서 계속해서 미치도록 달렸어요

하지만 내가 멈췄을 때
그리고 여기서 당신을 바라보니
이 모든 게 누굴 위한 것이었는지 난 기억나요

그리고 이제부터는
이 두 눈은 빛들에 눈멀지 않을 거예요
이제부터는
내일까지 기다렸던 것은 오늘 밤 시작할 거예요
그게 오늘 밤 시작해요
그리고 내 안에 있는 이 약속을 시작할 수 있도록 해요
내 심장 속에 있는 노래처럼요
이제부터는
이제부터는
이제부터는

그리고 우리는 집으로 돌아갈 거예요
그리고 우리는 집으로 돌아갈 거예요
다시 집으로
그리고 우리는 집으로 돌아갈 거예요
그리고 우리는 집으로 돌아갈 거예요
다시 집으로
그리고 우리는 집으로 돌아갈 거예요
그리고 우리는 집으로 돌아갈 거예요
다시 집으로
이제부터는
그리고 우리는 집으로 돌아갈 거예요
그리고 우리는 집으로 돌아갈 거예요
다시 집으로
그리고 우리는 집으로 돌아갈 거예요
그리고 우리는 집으로 돌아갈 거예요
다시 집으로
그리고 우리는 집으로 돌아갈 거예요

그리고 우리는 집으로 돌아갈 거예요
그래요
다시 집으로
그리고 우리는 집으로 돌아갈 거예요
그리고 우리는 집으로 돌아갈 거예요
다시 집으로
이제부터는

이 두 눈은 빛들에 눈멀지 않을 거예요
이제부터는
내일까지 기다렸던 것은 오늘 밤 시작할 거예요
그게 오늘 밤 시작해요
내 안에 있는 이 약속을 시작할 수 있도록 해요
내 심장 속에 있는 노래처럼요
이제부터는
이제부터는
이제부터는

그리고 우리는 집으로 돌아갈 거예요
그리고 우리는 집으로 돌아갈 거예요
다시 집으로
그리고 우리는 집으로 돌아갈 거예요
그리고 우리는 집으로 돌아갈 거예요
다시 집으로
그리고 우리는 집으로 돌아갈 거예요
그리고 우리는 집으로 돌아갈 거예요
다시 집으로
이제부터는
이제부터는
다시 집으로
이제부터는
이제부터는
다시 집으로

영어 발음 제대로 듣거나 소리내기

1 이어지는 소리(연음)의 경우

1 약모음 이동

Like an, pitfalls of, speed of

Like an에서 Like의 끝에 있는 모음 e는 약화되고, an의 a는 약모음 [ə]가 되어 앞 낱말 끝부분에 가서 붙어 '라이컨'으로 발음된다. pitfalls of에서 of는 기능낱말이기 때문에 [əv]나 [ə]로 발음되고, of의 o는 약모음 [ə]가 되어 앞 낱말 끝부분에 가서 '핏훨저브'에 가깝게 발음된다. speed of도 마찬가지 경우이다.

2 자음 이동

If all, years and, promise in, when I

If all에서 flesh의 자음 sh가 뒤에 있는 낱말 앞부분에 가서 붙어 '훠레샌'에 가깝게 발음된다. years and에서 years의 자음 s가 뒤에 있는 낱말 앞부분에 가서 붙어 '이어잰'으로 발음된다. promise in에서 promise의 끝에 있는 e는 약화되고 그 앞에 있는 s는 뒤에 있는 낱말 앞부분에 가서 붙어 '프라미신'으로 발음된다. when I에서 when의 자음 n이 뒤에 있는 낱말 앞부분에 가서 붙어 '웨나이'로 발음 된다.

2 없어지는 소리(탈락)의 경우

⊙ 없어지는 소리 현상에서 같은 철자가 겹칠 때, 철자 한 개는 탈락되고 한 개의 철자 로만 소리가 나는 경우는 생략한다.

And felt, And the, won't hold, Let this, praised my, But those, chased their, And see, And from, blinded by, And we

And felt에서 And의 d는 자음 n과 자음 f 사이에 놓이기 때문에 탈락되어 '앤 휄트'에 가깝게 발음된다. 이와 같이 자음과 자음 사이에 놓이는 여섯 개의 파열음인 철자—k/g, p/b, t/d—가 탈락되는 예로 won't hold('오운 홀드'), And see('앤 시'), And from('앤 훠람'에 가깝게)과 And we('앤 위')가 해당된다.

And the에서 And의 d가 the의 th[ð]와 비슷한 발음이기 때문에 앞에 있는 d가 탈락되어 '앤더'에 가깝게 발음된다. Let this('레 디스'에 가깝게)와 But those('버 도즈' 에 가깝게)도 마찬가지 경우이다.

praised my에서 praised의 ed[d]가 자음 s와 자음 my의 m 사이에 놓이기 때문에 탈락되어 '프레이즈 마이'로 발음된다.

chased their에서 chased의 ed[d]가 their의 th[ð]와 비슷한 발음이기 때문에 앞에 있는 [d]가 탈락되어 '채이스 데어'에 가깝게 발음된다. blinded by('브라인 바이')도 마찬가지 경우이다.

3 닮는 소리(동화)의 경우

(1) 단타음화

glitter, needing

glitter에서 tt가 강모음과 약모음 사이에 놓이면 단타음(單打音)으로 되어 t도, d도, r도 아닌 발음이 된다. glitter는 '그리터'라기 보다 '그리러'에 가깝게 발음되거나 들린다. 이 소리는 한글로 표기할 수 없으며 오직 소리로만 익힐 수밖에 없다. 특히 미국영어(American English)에서 두드러진 현상이다. 마찬가지로 needing도 '니딩' 이라기 보다 '니링'에 가깝게 발음되거나 들린다.

(2) 비음화

winter

미국영어(American English)의 경우 winter에서 t가 바로 앞에 있는 콧소리[비음]을 닮아서 n으로 되었다가, n이 겹치기 때문에 앞의 n이 탈락되어 '위너'로 발음 된다. 미국영어에서도 '윈터'로 발음하거나 들리는 경우도 있지만, 영국영어(British English)에서는 t를 그대로 발음하는 경우가 대부분이다.

4 줄어진 소리(축약)의 경우

won't, 'Cause, What's, else's

부정형의 경우인 won't, be 동사의 경우인 What's와 else's가 있다.

'Cause는 Because('~ 때문에', '왜냐하면')의 줄인 형태이다. 팝송을 포함한 영어 노래 에서는 대부분 because로 하는 경우는 드물다. 그 이유는 아마 노래를 부를 때 뜻을 살리면서 음감을 위해 한 박자로 만들기 위해 관습적으로 이루어진 것이 아닐까 추측해 본다. because의 경우, 노래 가사에서 일부를 줄이는 경우 아포스트로피(')를 넣는 경우('cause)도 있지만, 아포스트로피를 넣지 않은 경우(cause)도 있고, 소리가 나는 것 중심으로 cos 또는 cuz로 표기하는 경우도 있다.

5 주의해야 할 발음

When, What, Can, true, starts, drank, who, again

When에서 wh~로 시작되는 낱말은 'w' 뒤에 있는 'h'의 소리가 보통 들리지 않는다. 그러니까 when은 '휀'이라기 보다 '웬'에 가깝게 발음되거나 들린다. 마찬가지로 What은 '홧'이라기 보다 '왓'에 가깝게 발음되거나 들린다. 그러나 사람과 관련된 who, whose와 whom은 예외로 'h' 소리가 그대로 난다. 이 노래 가사에 있는 who는 '우'가 아닌 '후'로 발음되거나 들린다.

Can과 can't는 도우미동사로 기능낱말이기 때문에 약하게 발음한다. 그런데 can't 다 음에 자음이 나오기 때문에 탈락되는 경우가 대부분이어서 can은 [kən]으로 can't는 [kæn]으로 발음하기로 약속이 되어 있다. 그런데 can이 문장 가운데 들어가는 경우가 [kən]으로 주로 발음되고 문장의 끝에 들어가는 경우에는 [kæn]으로 발음되는 경우가 대부분이다. can't는 기본적으로 [kæn]으로 발음되면서 can 보다 약간 길게 발음되는 경향이 있다.

true에서 'tr~'의 발음은 '츠_'와 '추'의 중간쯤 되는 소리로 '츄'에 가깝게 발음되거나 들린다. 따라서 true는 '트루'라기 보다 '츄루'에 가깝게 발음되거나 들린다.

starts에서 s+k/p/t가 되면 된소리에 가깝게 소리가 난다. 대부분 k/p/t가 들어간 낱말은 h가 들어가는 소리를 내게 되는데, s+k/p/t의 경우는 h 소리가 들어가지 않고 된소리에 가깝게 발음되거나 들린다. 그러니까 starts는 '스타츠'라기 보다 '스따츠'에 가깝게 발음되거나 들린다.

drank에서 'dr~'의 발음은 '드_'와 '주'의 중간쯤 되는 소리로 '쥬'에 가깝게 발음되거나 들린다. 따라서 drank는 '드랭크'라기 보다 '쥬랭크'에 가깝게 발음되거나 들린다.

again의 발음은 미국영어와 영국영어에서 다르게 발음된다. again의 미국영어 발음은 어겐[əgen]이고, 영국영어 발음은 어게인[əgein]이다.

노래에 들어 있는 쓸모 있는 영어 표현들

1. saw the sun begin : saw the sun begin에서 feel 다음에 목적어(the sun)가 나오고 그 다음에는 to 부정사가 나와야 되는데, saw와 같은 감각동사(지각동사)인 경우에는 알몸동사(원형동사; bare infinitive)가 쓰여 to begin이 아니라 begin으로 된다.

2. If all was lost : be[get] lost는 '길을 잃다. 잃어버리다, 없어지다, 행방불명이 되다'라는 뜻이다. 이 노래에서는 '잃어버리다'라는 뜻으로 쓰이고 있다. 예문들은 다음과 같다.

   I'm afraid I will be lost again.
   (내가 다시 길을 잃을까봐 염려가 돼서요.)
   Files can be lost if the system suddenly crashes.
   (시스템이 갑자기 작동이 안 되면 파일을 잃어버릴 수도 있다.)
   Half of the posts will be lost through natural wastage.
   (그 직책의 절반은 자연 감소를 통해 없어질 것이다.)

3. led me back : lead back은 1) '(길 따위가) 제자리로 돌아오다, ~로 돌아가다'와 2) '(화제 따위를) …로 돌아오게 하다'라는 뜻이다. 이 노래에서는 2)의 뜻으로 쓰이고 있다.

   1)의 예문들은 다음과 같다.

   Then she led him back to her tent.
   (그리고 나서 그녀는 그를 그녀의 텐트로 다시 돌아오게 했다.)

What I'm thinking about won't ever lead back to us.

(내가 생각하고 있는 것은 다시는 우리한테 돌아오지 않을 거야.)

She grabbed Bill's hand and led him back to their classroom

(그녀는 빌의 손을 잡고 그를 그들의 교실로 돌아오게 했다.)

2)의 예문들은 다음과 같다.

Love will lead you back.

(사랑이 당신을 다시 이끌어 줄 거야.)

How can you lead your people back to god?

(어떻게 하면 다시 사람들이 신을 믿게끔 이끌 수 있으신가요?

I tried to lead the discussion back to the main issue.

(나는 토론을 다시 주된 쟁점으로 이끌어 가 보려고 애를 썼다.)

4. From now on : from now on에서 on은 전치사로 여러 가지 의미로 쓰이지만, 여기서는 부사로 '(쉬지 않고) 계속하여, (계속・끊이지 않고) 죽, 다시(계속)'이란 뜻으로 쓰인다. 그리고 from now on은 '이제부터, 향후, 앞으로는 (쭉), 지금부터는'이란 뜻이다. 예문들은 다음과 같다.

Keep straight on for the beach.

(해변에 가시려면 곧장 죽 가세요.)

From then on he never trusted her again.

(그때 이후로 다시는 그가 그녀를 믿지 않았다.)

She stopped for a moment, then walked on.

(그녀는 잠시 멈추었다가 다시 계속 걸어갔다.)

From now on you can work on your own.

(지금부터는 계속 당신 혼자 독자적으로 일해도 된다.)

You should look out for yourself from now on.

(이제부터는 당신 자신만을 생각해야 해요.)

You're going to have to shift for yourself from now on.

(이제부터는 너 혼자 힘으로 해야 한다.)

5. These eyes will not be blinded by the lights : blind는 형용사로 '눈이 먼, …을[를] 못 보는(눈치 채지/깨닫지 못하는), 맹목적인, 걷잡을 수 없는, 앞이 안 보이는'이란 뜻이고, blind 앞에 the가 붙으면 '맹인들'이란 복수 보통명사가 된다. 동사로 1) '눈이 멀게 만들다, 시력을 앗아 가다', 2) '(잠시) 앞이 안 보이게 하다'와 3) '맹목적이 되게 만들다'라는 뜻이다. 이 노래에서는 2)의 뜻으로 쓰이고 있다. 이 노래에서 가사는 수동태이기 때문에 '(잠시) 앞이 안 보이게 되다'라는 뜻이 된다. 동사로 쓰이는 예문들은 다음과 같다.

1)의 예문들은 다음과 같다.

He was blinded in a car accident.

(그는 자동차 사고로 실명했다.)

She was blinded in the explosion.

(그녀는 그 폭발 사고로 시력을 잃었다.)

He was blinded in the army more than 25 years ago

(그는 이십오 년 보다 그 이전에 군대에서 시각을 잃게 되었다.)

2)의 예문들은 다음과 같다.

For a moment she was blinded by tears.

(잠시 동안 그녀는 눈물 때문에 앞이 안 보였다.)

For a moment she was blinded by the sun.

(잠시 동안 그는 햇빛 때문에 앞이 안 보였다.)

When she went outside she was temporarily blinded by the sun.

(그녀는 햇살 때문에 잠시 눈앞이 안 보였다.)

3)의 예문들은 다음과 같다.

His sense of loyalty blinded him to the truth.

(그는 맹목적인 충성심 때문에 진실을 보지 못했다.)

She was blinded by his outstanding appearance.

(그녀는 그의 준수한 외모에 현혹되었다.)

He was blinded by money and went as far as to commit murder.

(그는 돈에 눈이 어두워 살인까지 저질렀다.)

6. Let this promise in me start : Let this promise in me start에서 let 다음에 목적어 (this promise in me)가 나오고 그 뒤에 to 부정사가 나와야 되는데 let가 허용이나 허락을 하는 경우 알몸동사(원형동사; bare infinitive)가 쓰여 to start가 아니라 start로 된다.

7. Like an anthem in my heart : anthem은 1) '(국가 · 단체 등에 중요한 의미가 있는) 노래'나 2) '(흔히 오르간 반주에 맞춰 부르는) 성가'라는 뜻이다. 그러니까 비유법 가운데 직유에 해당되는 표현인데, '내 마음에서 중요한 의미가 있는 노래와 같은'이란 뜻으로 볼 수 있다.

8. someone else's : 일반적으로 형용사는 명사, 대명사나 부사의 앞에서 꾸며주는 것이 일반적이다. 그렇지만 -thing, -body, -one으로 '끝나는 복합대명사를 꾸며주는 경우나 any~, some~이나 no~와 같은 경우 이것들의 뒤에 놓여 이것들을 꾸며준다. 여기에 해당되는 복합대명사로는 anything, everything, nothing, some-

thing/anybody, everybody(every nobody, somebody/anyone, every one, no one과 somewhere이 있다. 예문들은 다음과 같다.

Did you go anywhere interesting?

(어디 재미있는 데 갔었니?)

It's time for someone new to take over.

(새로운 어떤 사람이 이어받아야 할 때이다.)

It was nowhere near as painful as David had expected.

(고통은 데이비드가 예상한 것에 한참 못 미쳤다.)

9. The pitfalls of the man I became : pitfall은 '(눈에 잘 안 띄는) 위험, 함정'이란 뜻이다.

10. I chased their cheers : chase는 1) '뒤쫓다, 추적[추격]하다', 2) '(돈 · 성공 등을) 좇다' 와 3) '(사귀자고) 쫓아다니다'라는 뜻이다. 이 노래에서는 2)의 뜻으로 쓰이고 있다.

1)의 예문들은 다음과 같다.

Why do the police chase me?

(경찰들이 왜 나를 쫓는 거지?)

Chase the cat out of the room.

(고양이를 방에서 쫓아내라.)

The bigger girls used to chase me and tickle me.

(나보다 큰 여자 애들이 나를 쫓아와서 나를 간지럼을 태우곤 했다.)

2)의 예문들은 다음과 같다.

There are many ways to chase after money.

(돈을 쫓는 많은 방법들이 있다.)

But now, there is a way for money to chase after us!

(그러나 지금, 돈이 우리를 쫓아오는 방법이 있다.)

He advised us not to chase false hopes of a cure.

(그는 치료법이 있을 거라는 헛된 희망은 갖지 말라고 우리에게 충고했어.)

3)의 예문들은 다음과 같다.

He used to chase me around.

(그는 한때 나를 쫓아다니곤 했다.)

If you chase her, she dodges.

(만약 당신이 그녀를 쫓아다닌다면, 그녀는 피할 거야.)

Then don't chase a guy like him.

(그리고 그와 같은 남자를 쫓아다니지 마세요.)

11. The crazy speed of always needing more : crazy speed는 글자 그대로 '미친 듯한 속도'라는 것은 정상적인 속도가 아닌 '아주 빠른 속도' 또는 '미친 듯한 빠른 속도'라고 이해하면 될 것이다.

12. I remember who all this was for : 여기서 for와 연결되는 낱말은 앞에 있는 who이 다. 그러니까 who all this was for는 '이 모든 것이 누구를 위한 일이었는지'라는 뜻이 된다.

기억할 만한 영어 문장

❶ Like an anthem in my heart.
(내 심장 속에 있는 노래처럼요.)

❷ And we will come back home.
(그리고 우리는 집으로 돌아갈 거예요.)

❸ These eyes will not be blinded by the lights.
(이 두 눈은 빛들에 눈멀지 않을 거예요.)

뮤지컬과 노래를 생각하며

『위대한 쇼맨』*(The Greatest Showman)*은 크게 보아 극적인 반전이 두 번 일어난다고 볼 수 있다. 첫 번째는 천재적인 사업가이자 서커스의 아버지라고 불리어지는 바넘이 영감을 받아 그가 사회에서 무관심의 영역 또는 많은 사람들이 고개를 돌리는 영역에 있는 특이한 사람들 즉, 기형의 사람들을 모아 서커스를 하여 성공의 사다리를 탄다는 것이다. 이 점은 힘들고 어려운 사람들에 대한 관심을 갖고 그들도 사회에서 의연한 인간으로 우뚝 설 수 있게 만들어주고 있다는 점에서 바넘이 그의 사업에 인간애를 발휘하고 있다는 점이다. 또 다른 반전은 핀란드의 나이팅게일이라는 레니 린드를 스카웃하여 얼마간 성공의 길을 질주해 가다가 그녀와의 관계 때문에 그리고 화재로 인해 그가 나락의 골짜기로 떨어진다는 것이다. 여기에 일종의 외도로 그가 자신의 가정에서 멀어져감으로써 또 다른 인간으로서의 도리를 저버린다는 것이다. 그렇지만 그는 이 모든 실망감과 좌절감에서 벗어나 마음을 새롭게 먹고 마음의 안식처인 따뜻한 가정으로 돌아온다는 일종의 해피엔딩의 이야기가 이 작품에서 펼쳐지고 있다. 그리고 이 작품에서는 인간애, 성공의 꿈, 피부색이나 신분이 서로 다른 필립 칼라일과 앤 위러의 사랑, 바넘과 린드의 사랑과 가정과 같은 다양한 주제들이 춤과 노래와 앙상블을 이루면서 깔끔하게 전개되고 있는 점이 특이하다고 할 수 있다.

『위대한 쇼맨』을 볼 때 "Never Enough"와 "From Now On"은 우리의 마음을 뭉클하게 장면이다. "Never Enough"의 노래에는 수익금을 가난한 사람들에게 베푸는 기부 천사인 레니 린드의 절절한 감정을 노래로 표현하고 있다. 그런데 기부 이야기가 아니라 자신의 사랑의 실현을 위한 희망을 남고 있는 간설한 마음을 그리고 있다. 그녀의 '결코 충분치 않을 거예요'라는 의미는 밤하늘의 모든 별들을 가진다 해도, 황금의 탑들을 소유할 수 있을지라도 사랑을 가질 수 없다면 그건 완전하거나 충분하지 않다는 즉, 행복하지 않다는 마음을 반복적으로 노래하고 있다.

"From Now On"의 노래에는 바넘이 남들로부터의 환호, 갈채와 칭송을 받을 지라도 곰곰이 생각해 보면 그런 것들은 어쩌면 허황된 꿈(pipe dream)이였음을 깨닫고, 진정 자신의 행복은 어디에 있는지를 보여주고 있다. 어쩌면 찬란한 빛처럼 보이는 욕망의 덩어리들도 그의 마음속 깊은 곳을 채워줄 행복의 진정한 요소는 되지 못할 것이다. 그에게 '모든 걸 잃게 되면 / 난 더 많은 걸 얻게 되지요'라는 절규는 어쩌면 모든 걸 내려놓게 될 때 비로소 마음의 안정과 평화가 온다는 큰 가르침을 인생의 굴곡진 경험을 통해 그가 절실하게 깨닫게 된 것이다. 그 종착점이 이 노래에서 수없이 반복되는 집이자 집에 있는 가족의 품인 것이다. 가정은 사회적인 인간이 모든 걸 의지할 수 있는 자궁과 같이 따뜻한 고향이자 안식처이기 때문이다. 우리는 의식적이든 무의식적이든 얼마나 충족될 수 없는 많은 욕망을 갖고 살고 있고, 남의 눈을 끊임없이 의식하면서 살고 있지만 진정한 행복은 과연 어디에 있는지에 대한 생각도 이 노래를 통해 다시 한 번 바라보고 생각하게 된다.

7 『맘마미아!』 *Mamma Mia!*

1) "I Have A Dream"

I have a dream, a song to sing
To help me cope with anything
If you see the wonder of a fairy tale
You can take the future even if you fail

I believe in angels
Something good in everything I see
I believe in angels
When I know the time is right for me
I'll cross the stream – I have a dream

I have a dream, a fantasy
To help me through reality
And my destination makes it worth the while
Pushing through the darkness still another mile
I believe in angels
Something good in everything I see
I believe in angels
When I know the time is right for me
I'll cross the stream – I have a dream
I'll cross the stream – I have a dream

I have a dream, a song to sing
To help me cope with anything

If you see the wonder of a fairy tale
You can take the future even if you fail

I believe in angels
Something good in everything I see
I believe in angels
When I know the time is right for me
I'll cross the stream - I have a dream
I'll cross the stream - I have a dream

나에겐 하나의 꿈이 있어요

나에겐 하나의 꿈이 있어요, 부를 수 있는 노래
어떤 것에든 내가 맞서서 대적할 수 있도록 날 도와줄
당신이 어떤 요정 이야기의 경이로움을 보게 되면
심지어 당신이 실패하더라도 당신은 그 미래를 가질 수 있어요

난 천사를 믿어요
내가 보는 모든 것 안에 좋은 그 무언가가 있거든요
난 천사를 믿어요
내게 적당한 때가 왔단 걸 내가 알게 되면
난 그 시내를 건널 거예요, 나에겐 하나의 꿈이 있어요

나에겐 하나의 꿈이 있어요, 환상 세계 이야기
현실 세계 내내 날 도와줄
그리고 나의 목적지는 그걸 가치있게 해주죠
아직 더 남은 거리를 어둠을 뚫고 가면서
난 천사를 믿어요
내가 보는 모든 것 안에 좋은 그 무언가가 있거든요
난 천사를 믿어요
내게 적당한 때가 왔단 걸 내가 알게 될 때
난 그 시내를 건널 거예요, 나에겐 하나의 꿈이 있어요
난 그 시내를 건널 거예요, 나에겐 하나의 꿈이 있어요

나에겐 하나의 꿈이 있어요, 부를 수 있는 노래
어떤 것에든 내가 맞서서 대적할 수 있도록 날 도와줄
당신이 어떤 요정 이야기의 경이로움을 보게 되면
심지어 당신이 실패하더라도 당신은 그 미래를 가질 수 있어요

난 천사를 믿어요
내가 보는 모든 것 안에 좋은 그 무언가가 있거든요
난 천사를 믿어요
내게 적당한 때가 왔단 걸 내가 알게 될 때
난 그 시내를 건널 거예요, 나에겐 하나의 꿈이 있어요
난 그 시내를 건널 거예요, 나에겐 하나의 꿈이 있어요

영어 발음 제대로 듣거나 소리내기

1 이어지는 소리(연음)의 경우

1 약모음 이동

have a, wonder of, of a

have a에서 have의 끝에 있는 모음 e는 약화되고, a는 약모음 [ə]가 되어 앞 낱말 끝부분에 가서 붙어 '해버'로 발음된다. wonder of에서 of는 기능낱말이기 때문에 [əv]나 [ə]로 발음되고, of의 o는 약모음 [ə]가 되어 앞 낱말 끝에 가서 붙어 '원더러브'로 발음된다. of a에서 a는 약모음 [ə]가 되어 앞 낱말 끝부분에 가서 붙어 '어버'로 발음된다.

2 자음 이동

even if, believe in, good in, When I, time is, makes it

even if에서 even의 자음 n이 뒤에 있는 낱말 앞부분에 가서 붙어 '이브니휘'에 가깝게 발음된다. believe in에서 believe의 끝에 있는 e는 약화되고 그 앞에 있는 v는 뒤에 있는 낱말 앞부분에 가서 붙어 '빌리빈'으로 발음된다. time is도 마찬가지 경우이다. good in에서 good의 자음 d가 뒤에 있는 낱말 앞부분에 가서 붙어 '구딘'으로 발음된다. 가끔 good의 d가 강모음과 약모음 사이에 놓이면 단타음(單打音)화 되어 d도, t도, r도 아닌 발음으로 되어 한국어로 표기할 수 없는 발음이 된다. 따라서 뒤에 있는 낱말 in과 연결되어 '구린'에 가깝게 발음되기도 한다. When I에서 When의 자음 n이 뒤에 있는 낱말 앞부분에 가서 붙어 '웨나이'로 발음된다. makes it에서 makes의 자음 s가 뒤에 있는 낱말 앞부분에 가서 붙어 '메이크싯'에 가깝게 발음된다.

2 없어지는 소리(탈락)의 경우

⊙ 없어지는 소리 현상에서 같은 철자가 겹칠 때, 철자 한 개는 탈락되고 한 개의 철자 로만 소리가 나는 경우는 생략한다.

help me, right for, And my

help me에서 help의 p는 자음 l과 me의 자음 m 사이에 놓이기 때문에 탈락되어 '헬미'에 가깝게 발음된다. 이와 같이 자음과 자음 사이에 놓이는 여섯 개의 파열음인 철자―k/g, p/b, t/d―가 탈락되는 예로 right for('라이 퍼'), And my('앤 마이')가 해당된다.

3 닮는 소리(동화)의 경우

(1) 단타음화

good in

good in에서 d가 강모음과 약모음 사이에 놓이면 단타음(單打音)으로 되어 t도, d도, r도 아닌 발음이 된다. good in은 '구딘'이라기 보다 '구린'에 가깝게 발음되거나 들린다. 이 소리는 한글로 표기할 수 없으며 오직 소리로만 익힐 수밖에 없다. 특히 미국영어(American English)에서 두드러진 현상이다.

(2) 비음화

fantasy

미국영어(American English)의 경우 fantasy에서 t가 바로 앞에 있는 콧소리[비음] n을 닮아서 n으로 되었다가, n이 겹치기 때문에 앞의 n이 탈락되어 '휀터지'라기 보다

'훼너지'로 발음되거나 들린다. 그런데 영국영어(British English)에서는 t를 그대로 발음하는 경우가 대부분이다.

4 줄어진 소리(축약)의 경우

I'll

도우미동사(조동사)의 경우인 I'll이 있다. 이 가운데 You'll에서 'll이 한국인이 발음하기에 가장 힘든 예이다. 그 이유는 'll은 will의 줄인 형태인데 'll'이 한국어에 없는 발음으로, 'l'은 혀를 입천장에 붙여서 소리를 내야 하는데, 한국어에는 이렇게 소리를 내는 것이 없기 때문이다.

5 주의해야 할 발음

dream, can, When, stream

dream에서 'dr~'의 발음은 '드_'와 '주'의 중간쯤 되는 소리로 '쥬'에 가깝게 발음되거나 들린다. 따라서 dream은 '드림'이라기 보다 '쥬림'에 가깝게 발음되거나 들린다.

can과 can't는 도우미동사로 기능낱말이기 때문에 약하게 발음한다. 그런데 can't 다음에 자음이 나오기 때문에 탈락되는 경우가 대부분이어서 can은 [kən]으로 can't는 [kæn]으로 발음하기로 약속이 되어 있다. 그런데 can이 문장 가운데 들어가는 경우가 [kən]으로 주로 발음되고 문장의 끝에 들어가는 경우에는 [kæn]으로 발음되는 경우가 대부분이다. can't는 기본적으로 [kæn]으로 발음되면서 can 보다 약간 길게 발음되는 경향이 있다.

When에서 wh~로 시작되는 낱말은 'w' 뒤에 있는 'h'의 소리가 보통 들리지 않는다. 그러니까 when은 '휀'이라기 보다 '웬'에 가깝게 발음된다. 그러나 사람과 관련된 who, whose와 whom은 예외로 'h' 소리가 그대로 난다.

stream에서 s+k/p/t가 되면 된소리에 가깝게 소리가 난다. 대부분 k/p/t가 들어간 낱말은 h가 들어가는 소리를 내게 되는데, s+k/p/t의 경우는 h 소리가 들어가지 않고 된소리에 가깝게 발음된다. 그러니까 stream은 '스트림'이라기 보다 '스뜨림'에 가깝게 발음되거나 들린다.

노래에 들어 있는 쓸모 있는 영어 표현들

1. help me cope with : help me cope에서 help 동사 다음에 목적어(me)가 나오고 그 뒤에 to 부정사가 나와야 되는데 help가 '돕다, 거들다, 도와주다'라는 뜻으로 도움을 주는 경우 알몸동사(원형동사; bare infinitive)가 쓰여 to cope가 아니라 cope로 된다. 영어 표현에서 이런 경우가 대부분이지만, to 부정사로도 쓰이기도 한다.

1) help+목적어+알몸동사의 경우

They help us cross the street safely.

(그들은 우리가 길을 안전하게 건너도록 도와줍니다.)

Will you please help me clear the table?

(내가 식탁 치우는 거 너가 거들어 줄래?)

This latest research will help you stay in shape.

(이 최신 연구 결과는 당신이 건강을 유지하는데 도움이 될 것이다.)

2) help+목적어+to 부정사의 경우

He helped her to choose a better job,

(그는 그녀가 더 나은 직장을 선택하는 것을 도와주었다.)

Police hope the public help them to find the culprits.

(경찰은 대중이 그 용의자를 찾는 것을 도와주기를 희망한다.)

Visual aids can help children to learn new things quickly.

(시청각 자료는 아이들이 새로운 것을 빨리 배우도록 도와준다.)

cope with는 '…에 대처[대응]하다, …에 대항하다, 극복하다, 다루다, 대비하다, ~을[를] 처리하다'라는 뜻이다. 이 노래에서는 '…에 대처[대응]하다'라는 뜻으로 쓰이고 있다. 예문들은 다음과 같다.

You cope with the situation well.

(그런 상황을 잘 극복하시는군요.)

I can cope with her in small doses.

(나는 얼마 안 되는[길지 않은] 시간 동안은 그녀를 상대할 수 있다.)

Fit people are better able to cope with stress.

(건강한 사람들이 스트레스에 더 잘 대처한다.)

2. even if you fail : even if는 '…에도 불구하고[…이긴 하지만], …라 하더라도, (비록)…일지라도, (설사) …이라고 할지라도'라는 뜻이다. 예문들은 다음과 같다.

I'll get there, even if I have to walk.

(난 걸어서라도 거기 갈 거야.)

I like her, even if she can be annoying at times.

(난 그녀를 좋아해. 그녀가 가끔 짜증스러울 때도 있지만 말야.)

Even if there are side effects, they won't be serious.

(설령 부작용이 있다 해도 심각한 것은 아니다.)

3. believe in : believe in은 1) '~이 존재함을 믿다', 2) '지지하다, …을[를](…의 능력을) 믿다, 신뢰하다'와 3) '생각하다, …을[를] 좋다고[옳다고] 생각하다'라는 뜻이다. 이 노래에서는 1)의 뜻으로 쓰이고 있다.

1)의 예문들은 다음과 같다.

Do you believe in God?

(하느님의 존재를 믿으세요?)

Do you believe in the presence of spirits?

(유령의 존재를 믿나요?)

Do you believe in unidentified flying objects?

(당신은 미확인 비행 물체의 존재를 믿습니까?)

2)의 예문들은 다음과 같다.

I believe in the institution of marriage.

(나는 결혼 제도를 믿는다.)

They need a leader they can believe in.

(그들은 믿을 수 있는 지도자가 필요하다.)

We believe in the philosophy entirely in Utah.

(우리 유타 주는 그 기본 철학에 전적으로 동의합니다.)

3)의 예문들은 다음과 같다.

But I don't believe in perfection.

(하지만 난 완벽함이란 없다고 생각해.)

And I don't believe in prohibiting behavior.

(그리고 저는 사람의 행동을 금지시키는 것이 바람직하다고 보지 않습니다.)

I don't believe in giving parole to murderers.

(나는)살인범들에게 가석방을 허락하는 건 옳지 않다고 생각해요.)

그리고 believe의 명사형인 belief가 '~에 대한 신념, 믿음, 확신'의 의미로 쓰일 경우에도 belief in과 같이 belief 다음에 전치사 in이 뒤따라온다. 예문들은 다음과 같다.

I admire his passionate **belief in** what he is doing.

(자기가 하는 일에 대한 그의 열정적인 신념이 나는 존경스럽다.)

The Greeks accepted belief in the immortality of the soul.

(그리스인들은 영혼 불멸의 믿음을 받아들였다.)

I have a strong belief in the corner of my heart that I can make it.

(나의 마음 한구석에는 성공할 것이라는 강한 확신이 있다.)

belief in과 마찬가지로 '믿음, 신념, 신임, 신뢰, 신앙(심)'의 뜻을 가진 faith도 **faith in**으로 쓴다. 예문들은 다음과 같다.

People have lost **faith in** the government.

(국민들은 정부를 더 이상 믿지 않게 되었다.)

He had implicit faith in their noble intentions.

(그는 그들의 숭고한 의도에 대해 암묵적인 신뢰를 품고 있었다.)

The public never had faith in his ability to handle the job.

(대중은 그가 그 일을 할 수 있다고 신뢰했던 적이 없었다.)

4. Something good : 일반적으로 형용사는 명사, 대명사나 부사의 앞에서 꾸며주는 것이 일반적이다. 그렇지만 -thing, -body, -one으로 '끝나는 복합대명사를 꾸며주는 경우나 any~, some~이나 no~와 같은 경우 이것들의 뒤에 놓여 이것들을 꾸며준다. 여기에 해당되는 복합대명사로는 anything, everything, nothing, something/anybody, everybody(every body), nobody, somebody/anyone, every one, no one과 somewhere이 있다. 예문들은 다음과 같다.

Didn't you like it? Everybody **else** did.

(넌 그게 마음에 안 들었니? 다른 사람들은 다 좋아했는데.)

Ask somebody else to help you.

(다른 누군가에게 도와 달라고 부탁해.)

Many of these animals are not found anywhere else.

(이들 동물들 가운데 많은 것들은 다른 곳에서는 어디에서도 찾아볼 수 없다.)

5. Pushing through : push through는 1) '(새 법률 · 계획을) 통과시키다, (의안을) 강행 통과시키다', 2) '…을 억지로 결말나게 하다, 끝까지 해내다'와 3) '…을[를] 뚫고 나아가다'라는 뜻이다. 이 노래에서는 3)의 뜻으로 쓰이고 있다.

1)의 예문들은 다음과 같다.

The government is pushing the changes through before the election.

(그 정부는 선거 전에 그 개정안들을 통과시킬 것이다.)

The vote will enable the Prime Minister to push through tough policies.

(그 투표는 수상이 어려운 정책들을 통과시키도록 해 줄 것이다.)

He pushed through a referendum last year to allow him to run for a third term.

(그는 지난해 국민투표를 통해 자신의 삼선 연임을 가능하게 했다.)

2)의 예문들은 다음과 같다.

I will push a matter through.

(나는 일을 끝까지 해 낼 것이다.)

Can you push my order through?

(당신은 제 주문 빨리 좀 처리해주실 수 있나요?)

Our Government have led the international climate change negotiations and pushed through targets on carbon dioxide and greenhouse gas reductions.

(우리 정부는 국제 기후 변화 협상을 주도하고 이산화탄소와 온실가스 감축에 목표를 추진해 왔다.)

3)의 예문들은 다음과 같다.

Can we **push through** the crowd?

(우리가 사람들을 밀치며 지나갈 수 있을까?)

Try and push your way through the crowd.

(사람들 사이를 밀치고 앞으로 나가 보도록 해라.)

You have to push through today's difficulties for tomorrow.

(당신은 내일을 위해 오늘의 고난은 헤쳐 나가야 한다.)

기억할 만한 영어 문장

❶ I believe in angels.
(난 천사를 믿어요.)

❷ When I know the time is right for me I'll cross the stream.
(내게 적당한 때가 왔단 걸 내가 알게 될 때 난 그 시내를 건널 거예요.)

❸ If you see the wonder of a fairy tale you can take the future even if you fail.
(당신이 어떤 요정 이야기의 경이로움을 보게 되면 심지어 당신이 실패하더라도 당신은 그 미래를 가질 수 있어요.)

2) "Mamma Mia"

I've been cheated by you since I don't know when
So I made up my mind, it must come to an end
Look at me now, will I ever learn?
I don't know how but I suddenly lose control

there's a fire within my soul
Just one look and I can hear a bell ring
One more look and I forget everything, w-o-o-o-o-h
Mamma mia, here I go again
My my, how can I resist you?
Mamma mia, does it show again?
My my, just how much I've missed you

Yes, I've been brokenhearted
Blue since the day we parted
Why, why did I ever let you go?
Mamma mia, now I really know
My my, I could never let you go

I've been angry and sad about the things that you do
I can't count all the times that I've told you we're through
And when you go, when you slam the door
I think you know that you won't be away too long
You know that I'm not that strong.

Just one look and I can hear a bell ring
One more look and I forget everything, w-o-o-o-o-h
Mamma mia, here I go again
My my, how can I resist you?
Mamma mia, does it show again?
My my, just how much I've missed you

Yes, I've been brokenhearted
Blue since the day we parted
Why, why did I ever let you go?
Mamma mia, even if I say
Bye bye, leave me now or never
Mamma mia, It's a game we play
Bye bye doesn't mean forever
Mamma mia, here I go again
My my, how can I resist you?
Mamma mia, does it show again?
My my, just how much I've missed you

Yes, I've been brokenhearted
Blue since the day we parted
Why, why did I ever let you go
Mamma mia, now I really know
My my, I could never let you go

어머나

내가 언제부터인지도 모를 때부터 난 당신에게 속아왔죠
그래서 나는 결정했어요, 이제 끝을 내야 한다고
이제 날 봐요, 내가 배울 수 있을까요?
난 어떻게 하는지는 모르지만 난 갑자기 통제력을 잃어요

내 영혼 속에 불길이 타올라요
단지 한 번 쳐다보게 되면 종이 울리는 소리를 들을 수 있어요
한 번 더 보게 되면 난 모든 걸 잊어버려요, 우 우 우
어머나, 내가 또 이러네요
아, 아, 어떻게 내가 당신을 거부할 수 있을까요?
어머나, 또 티가 나나요?
아, 아, 단지 내가 당신을 얼마나 그리워해 왔는지

맞아요, 난 마음이 아파왔죠
우리가 헤어진 그날부터 우울했죠
내가 왜, 왜 당신을 가도록 했을까요?
어머나, 이제 난 정말 알아요
아, 아, 난 당신을 절대 보내 줄 수 없어요

난 당신이 하는 일에 대해 화가 나고 슬펐죠
난 당신이 지내온 날들에 대해 내가 당신에게 말한 횟수를 계속해서 셀 수도 없어요
그리고 당신이 갈 때, 당신이 문을 쾅 닫을 때
난 당신이 너무 오래 떠나 있지 않을 거라는 것을 당신도 알 거라 생각해요
당신은 알잖아요, 내가 그렇게 강하지 않다는 것을
단지 한 번 쳐다보게 되면 종이 울리는 소리를 들을 수 있어요
한 번 더 보게 되면 난 모든 걸 잊어버려요, 우 우 우
어머나, 내가 또 이러네요

아, 아, 어떻게 내가 당신을 거부할 수 있을까요?
어머나, 또 티가 나나요?
아, 아, 단지 내가 당신을 얼마나 그리워해 왔는지

맞아요, 난 마음이 아파왔죠
우리가 헤어진 그날부터 우울했죠
내가 왜, 왜 당신을 가도록 했을까요?
어머나, 내가 말을 하긴 하지만
안녕, 안녕, 이제 날 떠나세요, 아니면 절대 그러지 마세요
어머나, 그건 우리가 하는 게임이에요
안녕, 안녕, 영원한 걸 의미하는 건 아니잖아요
어머나, 내가 또 이러네요
아, 아, 어떻게 내가 당신을 거부할 수 있을까요?
어머나, 또 티가 나나요?
아, 아, 단지 내가 당신을 얼마나 그리워해 왔는지

맞아요, 난 마음이 아파왔죠
우리가 헤어진 그날부터 우울했죠
내가 왜, 왜 당신을 가도록 했을까요?
어머나, 이제 난 정말 알아요
아, 아, 난 당신을 절대 보내 줄 수 없어요

영어 발음 제대로 듣거나 소리내기

1 이어시는 소리(연음)의 경우

1 약모음 이동

There's a, go again, sad about, be away, hear a, it's a

There's a에서 a는 약모음 [ə]가 되어 앞 낱말 끝부분에 가서 붙어 '데어저'에 가깝게 발음된다. hear a와 it's a도 마찬가지 경우이다. go again에서 again의 a는 약모음 [ə]가 되어 앞 낱말 끝부분에 가서 붙어 '고우겐' 또는 '고우어겐'으로 발음된다. again의 발음은 미국영어와 영국영어에서 다르게 발음된다. again의 미국영어 발음은 어겐[əgen]이고, 영국영어 발음은 어게인[əgein]이다. sad about에서 about의 a는 약모음 [ə]가 되어 앞 낱말 끝부분에 가서 붙어 '새더바웃'으로 발음된다. be away에서 away의 a는 약모음 [ə]가 되어 앞 낱말 끝부분에 가서 붙어 '비어웨이'로 발음된다.

2 자음 이동

since I, made up, Look at, will I, and I, hear a, does it, much I've, count all, look and, even if

since I에서 since의 끝에 있는 e는 약화되고 그 앞에 있는 c는 뒤에 있는 낱말 앞부분에 가서 붙어 '신사이'로 발음된다. made up도 마찬가지 경우이다. Look at에서 Look의 자음 k가 뒤에 있는 낱말 앞부분에 가서 붙어 '루캣'으로 발음된다. will I에서 will의 자음 ll이 뒤에 있는 낱말 앞부분에 가서 붙어 '위라이'로 발음된다. and I에서 and의 d는 앞의 콧소리 n을 닮아서 n으로 되었다가 n이 겹쳐서 나오기 때문에 앞의

n이 탈락된다. 따라서 남은 자음 n이 뒤에 있는 낱말 앞부분에 가서 붙어 '애나이'로 발음된다. hear a에서 hear의 자음 r이 뒤에 있는 낱말 앞부분에 가서 붙어 '히어러'로 발음된다. does it에서 does의 자음 s가 뒤에 있는 낱말 앞부분에 가서 붙어 '더짓'으로 발음된다. much I've에서 much의 ch 발음 자음 [ʧ]가 뒤에 있는 낱말 앞부분에 가서 붙어 '머차이브'로 발음된다. count all에서 count의 t는 앞의 콧소리 n을 닮아서 n으로 되었다가 n이 겹쳐서 나오기 때문에 앞의 n이 탈락된다. 따라서 남은 자음 n이 뒤에 있는 낱말 앞부분에 가서 붙어 '카우놀'로 발음된다. 가끔 count의 자음 t가 뒤에 있는 낱말 앞부분에 가서 붙어 '카운톨'로 발음되기도 한다. look and에서 look의 자음 k가 뒤에 있는 낱말 앞부분에 가서 붙어 '루캔'으로 발음된다. even if에서 even의 자음 n이 뒤에 있는 낱말 앞부분에 가서 붙어 '이브니훠'에 가깝게 발음된다.

2 없어지는 소리(탈락)의 경우

⊙ 없어지는 소리 현상에서 같은 철자가 겹칠 때, 철자 한 개는 탈락되고 한 개의 철자로만 소리가 나는 경우는 생략한다.

cheated by, don't know, must come, just how, could never, about the, can't count, And when, won't be, not that, doesn't mean

cheated by에서 cheated의 ed[id]의 발음 가운데 [i]는 약음화되기 때문에 [d]가 자음과 자음 사이에 놓이는 것처럼 되어서 탈락되어 '치티 바이'에 가깝게 발음된다.

don't know에서 don't의 t가 자음 n과 자음 k 사이에 놓이기 때문에 탈락되어 '도운 노우'로 발음된다. 이와 같이 자음과 자음 사이에 놓이는 여섯 개의 파열음인 철자—k/g, p/b, t/d—가 탈락되는 예로 must come('머스 캄'), just how('저스 하우'), could never('슈 네브'), can't count('캔 카운트'), And when('앤 웬'), won't be ('오운 비')와 doesn't mean('더즌 민')가 해당된다.

about the에서 about의 t가 the의 th[ð]와 비슷한 발음이기 때문에 앞에 있는 t가 탈락되어 '어바우 더'에 가깝게 발음된다. not that('나 댓'에 가깝게)도 마찬가지 경우이다.

3 닮는 소리(동화)의 경우

(1) 단타음화

made up, but I, parted, that I'm,

made up에서 d가 강모음과 약모음 사이에 놓이면 단타음(單打音)으로 되어 d도, t도, r도 아닌 발음이 된다. made up은 '메이드 업'이라기 보다 '메이럽'에 가깝게 발음되거나 들린다. 이 소리는 한글로 표기할 수 없으며 오직 소리로만 익힐 수밖에 없나. 특히 미국영어(American English)에서 두드러진 현상이다. 마찬가지로 but I는 '벗 아이'라기 보다 '버라이'에 가깝게, parted는 '파티드'라기 보다 '파리드'에 가깝게, that I'm은 '댓 아임'이라기 보다 '대라임'에 가깝게 발음되거나 들린다.

(2) 구개음화

resist you, missed you, let you, told you, that you

resist의 t[t]와 you의 y[j]가 합쳐지면 서로 닮아서 [ʧ]로 바뀌어 '리지스츄'에 가깝게 발음된다. 따라서 이런 현상은 영국영어(British English) 보다 미국영어 (American English)에서 자주 나타나는 현상이다. let you('레츄')와 that you('대츄')도 마찬가지 경우이다.

missed you에서 missed의 ed 발음 [t]가 you의 y[j]가 합쳐지면 서로 닮아서 [ʧ]로 바뀌어 '미스츄'에 가깝게 발음된다.

told you에서 told의 d[d]와 you의 y[j]가 합쳐지면 서로 닮아서 [ʤ]로 바뀌어 '토울쥬'에 가깝게 발음된다. 이런 현상은 영국영어(British English) 보다 미국영어(American English)에서 자주 나타나는 현상이다.

(3) 비음화

count

미국영어(American English)의 경우 count에서 t가 바로 앞에 있는 콧소리[비음] n을 닮아서 n으로 되었다가, n이 겹치기 때문에 앞의 n이 탈락되어 '카운터'라기보다 '카우너'로 발음된다. 미국영어에서 '카운터'로 발음하는 경우도 있지만, 영국영어(British English)에서는 t를 그대로 발음하는 경우가 대부분이다.

4 줄어진 소리(축약)의 경우

've, don't, There's, we're, I'm

be 동사의 경우인 Tomorrow's와 lifetime's가 있다.

5 주의해야 할 발음

've been cheated, when, control, can, again, 've been brokenhearted, Why, can't

've been cheated는 도우미동사 현재+been+과거분사의 형태이다. 이런 형태로 되어 있는 경우에는 세 개의 낱말이 한 박자를 받아야 하기 때문에 주어진 시간 안에 발음하려면 일부를 줄이거나 또는 약하게 발음할 수밖에 없다. 이 세 개의 낱말 가운데 have가 've로 하거나 have로 되어 있다 할지라도 발음을 약하게 해야 된다. 've been cheated는 '해브 빈 치티드'가 아니라 '허브빈치티드' 또는 '브빈치티드'에 가깝게 발음하거나 들어야 한다. 've been brokenhearted도 마찬가지 경우이다.

when에서 wh~로 시작되는 낱말은 'w' 뒤에 있는 'h'의 소리가 보통 들리지 않는다. 그러니까 when은 '휀'이라기 보다 '웬'에 가깝게 발음되거나 들린다. 마찬가지로 Why는 '화이'라기 보다 '와이'에 가깝게 발음되거나 들린다. 그러나 사람과 관련된 who, whose와 whom은 예외로 'h' 소리가 그대로 난다.

control에서 'tr~'의 발음은 '츠'와 '추'의 중간쯤 되는 소리로 '츄'에 가깝게 발음되거나 들린다. control은 '컨트롤'이라기 보다 '컨츄롤'에 가깝게 발음되거나 들린다.

can과 can't는 도우미동사로 기능낱말이기 때문에 약하게 발음한다. 그런데 can't 다음에 자음이 나오기 때문에 탈락되는 경우가 대부분이어서 can은 [kən]으로 can't는 [kæn]으로 발음하기로 약속이 되이 있다. 그런데 can이 문장 가운데 들어가는 경우가 [kən]으로 주로 발음되고 문장의 끝에 들어가는 경우에는 [kæn]으로 발음되는 경우가 대부분이다. can't는 기본적으로 [kæn]으로 발음되면서 can 보다 약간 길게 발음되는 경향이 있다.

again의 미국영어 발음은 어겐[əgen]이고, 영국영어 발음은 어게인[əgein]이다.

노래에 들어 있는 쓸모 있는 영어 표현들

1. made up my mind : make up one's mind은 '결심하다, 결단을 내리다, 단호히 대처하다'라는 뜻이다. 예문들은 다음과 같다.

Stop shilly-shallying and make up your mind.

(그만 미적거리고 마음을 정해.)

She made up her mind to be nice to the elderly.

(노인들에게 친절해지기로 그녀는 결심했다.)

They're both beautiful—I can't make up my mind.

(그들은 둘 다 아름다워. 난 마음을 못 정하겠어.)

2. come to an end : come to an end는 '끝나다, 내리다, 죽다'라는 뜻이다. 이 노래에서는 '끝나다'라는 뜻으로 쓰인다. 예문들은 다음과 같다.

At last winter came to an end.

(마침내 겨울이 끝이 났다.)

The meeting came to an end at noon.

(그 회의는 정오에 끝났다.)

The president's four-year term will come to an end next January 31.

(그 대통령의 사년 임기는 다음 일월 삼십일일로 끝날 것이다.)

3. Look at : look at은 1) '~을[를] (자세히) 살피다[검토하다, 진찰하다]', 2) '~에 대해 생각하다'와 3) '3. (특정한 방식으로) ~을[를] 보다, 쳐다보다'라는 뜻이다. 이 노래에서는 2)의 뜻으로 쓰이고 있다.

1)의 예문들은 다음과 같다.

Did the doctor look at his throat?

(그 의사가 그의 목을 진찰했어?)

It's time to stand back and look at your career so far.

(이제 한 걸음 뒤로 물러나 지금까지 당신이 걸어 온 길을 살펴보아야 할 때이다.)

Your ankle's swollen—I think the doctor ought to look at it.

(네 발목이 부었어. 의사가 진찰을 해 봐야 할 것 같아.)

2)의 예문들은 다음과 같다.

Always look at the glass half full.

(컵에 물이 반이나 차 있다고 항상 생각하세요.)

It drives me crazy to see them look at you that way!

(그들이 널 그런 식으로 보는 것을 보게 되어서 날 미치게 만들어!)

We need to look at these issues from a global perspective.

(우리는 이러한 문제들을 세계적 시각으로 볼 필요가 있습니다.)

3)의 예문들은 다음과 같다.

Look at that man over there.

(저기 있는 저 남자 한번 봐.)

Look at the time! We'll be late.

(시간 좀 봐! 우리 늦겠어.)

Look at him dance! Eat your heart out, Fred Astaire.

(그가 춤추는 것 좀 봐! 프레드 아스테르는 저리 가라군.)

4. **lose control : lose control**은 '제어할 수 없게 되다, 통제를 잃다'와 '(투수가) 난조를 보이다'라는 뜻이다. 이 노래에서는 '통제를 잃다, 통제력을 잃다'라는 뜻으로 쓰이고 있다. 예문들은 다음과 같다.

He lost control of his emotions.

(그는 감정을 억제하지를 못했다.)

The Democrats will probably lose control of Congress.

(민주당이 아마 의회 지배권을 잃게 될 것이다.)

The driver lost control on a curve and the vehicle hit a tree.

(그 운전자가 커브 길에서 제어력을 잃어 차가 나무를 들이받았다.)

5. **hear a bell ring : hear a bell ring**에서 hear 다음에 목적어(a bell)가 나오고 그 다음에는 to 부정사가 나와야 되는데, hear와 같은 감각동사(지각동사)인 경우에는 알몸동사(원형동사; bare infinitive)가 쓰여 to ring이 아니라 ring으로 된다.

6. **Mamma mia :** 맘마 미아(mamma mia)는 이탈리아어로 글자 그대로 '나의 엄마'(my mother)라는 뜻이지만, 감탄사로 '세상에, 어머나'의 뜻으로 쓰인다. 이런 다른 표현으로 oh my gosh와 oh my god 등이 있다.

7. **My, my : my**는 '이런, 어머' 등의 뜻이다. 이것은 감탄문에서 놀람 등을 나타낸다. 예문들은 다음과 같다.

My my, you clean up nice.

(어머, 꾸미니까 멋지네요.)

My my, how can I resist you?

(이런 이런, 내가 어떻게 너를 거부할 수 있겠어?)

Oh!, Why!, Heavens!, Good gracious!, Dear me!, My, My!

(어럽쇼, 여기서 널 만나다니!)

8. can I resist you : resist는 일반적으로 '(어떤 일을 받아들이지 않고) 저항[반대]하다, (유혹 등에) 대항하다, 거부하나, (공격 등에) 저항하다, …을[를] 견디다, 참다'라는 뜻으로 주로 쓰인다. 그런데 resist의 다른 뜻인 '(몹시 하고 싶은 것을 하지 않고) 참다[견디다]'가 있는데 이 경우는 보통 부정문에서 쓰인다. 예를 들어 I can't resist your charms는 '나는 당신의 매력을 참을 수[견딜 수] 없다'는 글자 그대로 옮기는 것 보다 '나에게 당신은 너무나 매력적이다' 또는 '나는 당신의 매력에 매혹되었어요'라고 옮기는 것이 나을 듯싶다. 예문들은 다음과 같다.

I finished the cake. I couldn't resist it.

(나는 그 케이크를 다 먹어 버렸다. 도저히 참을 수가 없었으니까.)

He couldn't resist showing off his new car.

(그는 자기 새 차를 자랑하고 싶은 유혹이 너무 견디기 힘들었다.)

They would resist any limitation of their powers.

(그들은 자신들의 힘[능력]을 제한하는 것은 그 무엇에도 저항할 것이다.)

can't resist와 비슷한 표현으로 영어에서 자주 쓰이는 예로 can't wait가 있다. 이것도 글자 그대로 '기다릴 수 없다, 빨리 끝나면 좋겠다'라는 뜻이지만 '너무 하고 싶다'라는 뜻으로 쓰인다. 예문들은 다음과 같다.

I can't wait to get back home.

(난 빨리 집에 돌아가고 싶어.)

"I can't wait to see it." "Same here."

("난 그게 너무 보고 싶어 기다릴 수가 없어." "나도 그래.")

The children can't wait for Christmas to come.

(아이들은 어서 크리스마스가 되기를 바라고 있다.)

9. I've missed you : miss는 1) '(치거나 잡거나 닿지 못하고) 놓치다[빗나가다], 빗맞히다, 못 맞히다, (목적 · 위치 · 표준 · 욕망에) 못 미치다; …에 닿지[이르지] 못하다'와 2) '그리워하다, 그립다'라는 뜻이다. 이 노래에서는 2)의 뜻으로 쓰이고 있다.

1)의 예문들은 다음과 같다.

I guess we will miss the train.

(아무래도 우리가 기차를 놓칠 것 같다.)

How many goals has he missed this season?

(그가 이번 시즌에 골을 몇 개나 놓쳤죠?)

What did you miss most when you were in France?

(당신이 프랑스에 있을 때 제일 아쉬웠던 게 뭐였나요?)

2)의 예문들은 다음과 같다.

I sure do miss you something fierce!

(난 정말 당신이 너무 그리워!)

"You miss them, don't you?" he asked gently.

("그들이 보고 싶지?" 그가 부드럽게 물었다.)

The soldiers miss their families and friends very much.

(그 군인들은 그들의 가족과 친구들을 매우 그리워하고 있다.)

10. I've been brokenhearted : brokenhearted는 비탄에 잠긴, 단장(斷腸)의, 상심한, 마음이 상한[아픈], 실연한'이란 뜻이다. 예문들은 다음과 같다.

He was brokenhearted when his wife died.

(그는 그의 아내가 죽어 비탄에 잠겨 있었다.)

Remember, your husband has just left you and you're brokenhearted.

(기억하라, 너의 남편은 막 떠났고 그리고, 너는 비탄에 잠겨 있다.)

Unfortunately, studies show that love can become most addictive for the brokenhearted.

(안타깝게도 연구들은, 실연한 사람들의 경우에 사랑이 가장 큰 중독성을 띨 수 있다는 것을 보여준다.)

11. **Blue :** 여기서 blue는 흔히 쓰이는 '파란, 푸른, 하늘색의, 블루스'란 뜻이 아닌 '우울한, 울적한, 비관적인'이란 뜻이다. 이와 같은 뜻의 예문들은 다음과 같다.

He'd been feeling blue all week.

(그는 일주일 내내 기분이 우울한 참이었다.)

Many people feel blue in the winter.

(겨울에 많은 사람들은 우울해 합니다.)

He looked blue after he broke up with his girlfriend.

(그는 여자 친구와 헤어지고 우울해 보였다.)

12. **Why, why :** why는 보통 '왜, 어째서 무엇 때문에'라는 뜻으로 쓰인다. 예문들은 다음과 같다. why가 두 번 반복된 것을 강조하기 위한 표현이다.

Why, why would you do that?

(왜, 도대체 왜 하겠다는 거야?)

Why, why, why didn't he listen?

(왜, 왜, 왜 그는 듣지 않았어?)

Why oh why do people keep leaving the door open?

(도대체 왜 사람들이 계속 문을 열어 두는 거지?)

13. let you go : let you go에서 let 다음에 목적어(you)가 나오고 그 뒤에 to 부정사가 나와야 하는데 let가 허용이나 허락을 하는 경우 알몸동사(원형동사; bare infinitive)가 쓰여 to go가 아니라 go로 된다.

14. all the times : 이 노래에서 all the times('모든 시대(에)')는 잘못된 표현이고, all the time이 맞다. all the time은 1) 1) '그간 줄곧, 계속'과 2) '항상, 늘, 언제든지[언제나]' 라는 뜻이다. 이 노래에서는 1)의 뜻으로 쓰이고 있다.

1)의 예문들은 다음과 같다.

He kept on talking all the time.

(그는 그 동안 내내 이야기를 계속했다.)

Would you mind not interrupting all the time?

(당신은 계속 내 말 좀 가로막지 말아 줄래요?)

I can't be doing with people who complain all the time.

(나는 내내 불평만 해 대는 사람들을 좋아할 수는 없다.)

2)의 예문들은 다음과 같다.

She reads comic books all the time.

(그녀는 항상 만화를 읽고 있다.)

Accidents like this happen all the time.

(이와 같은 사고는 늘 있다[발생한다].)

My sister and I used to quarrel all the time.

(옛날에 우리 언니[여동생]와 나는 항상 다퉜다.)

15. we're through : be through는 '경험하다, 겪어왔거나 경험해오다, 어떤 일을 사용하거나 하는 것을 끝내다, 누구와의 관계를 끊다, 전화상으로 누군가와 통화하다'라는 뜻으로 주로 쓰인다. 이 노래에서는 '누구와의 관계를 끊다'라는 뜻으로 쓰이고 있다. 예문들은 다음과 같다.

I'll be through with him in a while.

(나는 한동안 그와의 관계를 끊을 것이다.)

Are you through with that newspaper?

(당신은 그 신문을 다 보셨나요?)

I'm not through just yet. I should be finished in an hour.

(저는 아직 끝나지 않았습니다. 저가 한 시간 내에 끝내야 해요.)

16. won't be away : be away는 '떨어져 있다; 부재중이다'라는 뜻이다. 예문들은 다음과 같다.

Will you be away for long?

(오래 떠나 있을 거예요?)

He hated to be away from his family.

(그는 가족과 떨어져 있는 것이 너무 싫었다.)

She will be away for the indefinite future.

(그녀는 앞으로 무기한 떠나 있을 것이다.)

17. not that strong : that는 '지, 그'와 같은 한정사로, '저 사람, 저이, 그 사람, 그이'와 같은 대명사로, 절을 이끄는 접속사로 쓰이면서, '그렇게, 그만큼, 그 정도'라는 부사로도 쓰인다. 이 노래에서 that는 부사로 쓰이는 경우이다. that가 부사로 쓰이는 예문들은 다음과 같다.

It's about that long.

(그것은 길이가 그 정도 돼.)

I can't walk that far.

(나는 그렇게 멀리는 갈 수 없어.)

I was that scared I didn't know what to do.

(나는 그 정도로 놀랐기 때문에 어떻게 해야 할지 몰랐다.)

18. even if : even if는 '…에도 불구하고[…이긴 하지만], …라 하더라도, (비록) … 일지라도, (설사) …이라고 할지라도'라는 뜻이다. 예문들은 다음과 같다.

I won't mind even if she doesn't come.

(설령 그녀가 오지 않더라도 나는 개의치 않겠어.)

Even if they lose, they usually enjoy the experience.

(설사 그들이 진다고 해도, 그들은 그 경험을 즐긴다.)

You must keep to the rules even if you think they're unfair.

(그것들이 비록 불공정하다고 생각할지라도 당신은 규칙을 지켜야만 한다.)

기억할 만한 영어 문장

❶ There's a fire within my soul.
(내 영혼 속에 불길이 타올라요.)

❷ You know that I'm not that strong.
(내가 그렇게 강하지 않다는 것을 당신은 알잖아요.)

❸ I don't know how but I suddenly lose control.
(난 어떻게 하는지는 모르지만 난 갑자기 통제력을 잃어요.)

뮤지컬과 노래를 생각하며

『맘마미아!』(*Mamma Mia!*)는 자식의 부모 사랑과 부모 이해가 그 밑바탕에 깔려 있다. 감히 우리나라에서는 상상할 수 없는 일들이 이 작품에서 벌어지는 것이다. 그것도 딸인 소피가 어머니 몰래 세 명의 남자를 초대하게 되는 사건들을 통해서 소피와 그녀의 친구들, 어머니 도나와 어머니 친구들, 그리고 스카이와 친구들과 더불어 재미있고 유쾌하고 발랄하고 상큼하고 다양한 자신의 세계가 그리스의 지중해섬을 배경으로 만들어가는 자유로운 세계가 펼쳐져 있다. 그리고 『맘마미아!2』(*Mamma Mia! : Here We Go Again*)는 호텔이 다시 문을 열게 되는 것과 도나의 죽음을 그리면서 어머니 도나의 젊은 시절 주로 세 명의 남자 이야기를 통해 과거 회상의 이야기가 펼쳐지는 것이다. 다양한 종류의 사랑 유형이 이 작품에 펼쳐지고 있다. 다음 두 개의 노래 "I Have A Dream"과 "Mamma Mia"는 『맘마미아!』와 『맘마미아! 2』에 함께 들어가 있는 노래다.

"I Have A Dream"의 노래에는 자신의 믿음을 통해 현실에서 어려움에 부닥치더라도 대처해가면서 그리고 실패를 하더라도 하나의 꿈을 갖고 있다는 희망과 낙관을 노래하고 있는 것이다. 천사에 대한 믿음을 통해 '모든 것 안에 좋은 그 무언가가 있거든요'라고 말할 수 있는 것이다. 적당한 시기를 알게 되면, 그 꿈을 향해 나아갈 준비가 되어 있다는 것이다. 딸 소피(어맨더 세이후리드; Amanda Seyfried)와 젊은 날의 도나(리리 제임스; Lily James)의 노래를 통해 꿈을 향한 손짓을 뻗어본다. 누구에게나 꿈은 있다, 그 꿈이 소박하든 거창하든 간에 상관이 없이. 그런데 우리가 자신의 능력에 맞는 또는 자신의 능력을 살짝 벗어난 정도가 되어 자신이 도전해볼 정도의 꿈을 추구할 때 비로소 꿈을 실현할 수 있는 가능성은 훨씬 더 커지는 것이다. 그렇지만 능력의 범위를 너무 벗어나게 되면 언젠가 꿈 화마의 불꽃을 뒤집어쓰게 되는 것이다.

“Mamma Mia”의 노래에는 도나가 세 남자인 해리, 빌과 샘과의 옛 사랑을 그리워 한다고 볼 수 있다. 그럼에도 거부할 수 없는 마음, 그렇지만 헤어진 후 그리워하는 마음과 우울한 마음을 노래하면서, 그래도 여전히 마음은 ‘난 마음이 아파왔죠 / 우리가 헤어진 그날부터 우울했죠 / 내가 왜, 왜 당신을 가도록 했을까요? / 어머나, 이제 난 정말 알아요 / 아, 아, 난 당신을 절대 보내 줄 수 없어요’라며 노래할 정도이다. 이번 기회에 똑같은 제목의 ‘I have a dream’이라는 마턴 루터 킹(Dr. Martin Luther King)의 다소 무거운 연설을 한 번 만나보는 것도 좋을 것이다.

8 『알라딘』 *Aladdin*

1) "Speechless"

Here comes a wave
Meant to wash me away
A tide that is taking me under swallowing sand
Left with nothing to say
My voice drowned out in the thunder

But I won't cry
And I won't start to crumble
Whenever they try
To shut me or cut me down

I won't be silenced
You can't keep me quiet
Won't tremble when you try it
All I know is I won't go speechless

Cause I'll breathe
When they try to suffocate me
Don't you underestimate me
Cause I know that I won't go speechless

Written in stone
Every rule every word
Centuries old and unbending

Stay in your place
Better seen and not heard
But now that story is ending

Cause I
I cannot start to crumble
So come on and try
Try to shut me and cut me down

I won't be silenced
You can't keep me quiet
Won't tremble when you try it
All I know is I won't go speechless

Speechless
Let the storm in
I cannot be broken
No I won't live unspoken
Cause I know that I won't go speechless

Try to lock me in this cage
I won't just lay me down and die
I will take these broken wings
And watch me burn across the sky

Hear the echo saying
I won't be silenced
Though you wanna see me
Tremble when you try it

All I know is I won't go speechless
Speechless
Cause I'll breathe
When they try to suffocate me
Don't you underestimate me
Cause I know that I won't go speechless
All I know is I won't go speechless
Speechless

말없이

파도가 밀려와요
날 씻겨내려고
삼켜버리는 모래 아래로 날 잡아먹는 조수
할 말 없이 내버려져
천둥소리에 내 목소리는 잦아들었어

하지만 난 울지 않을 거야
그리고 내가 무너지려고 시작하지 않을 거야
그들이 시도할 때마다
날 막고 그리고 날 죽이려고

난 침묵하지 않을 거야
당신이 날 조용히 하게 할 수는 없어
당신이 한 번 그걸 시도해보면 떨지 않을 거야
내가 알고 있는 모든 건 난 말없이 있지 않을 거야

내가 숨을 쉴 것이기 때문에
그들이 날 숨이 막히게 하려고 할 때
그들이 날 과소평가하지 마
난 말없이 있지 않을 거란 걸 내가 알기 때문에

돌로 쓴
모든 규칙과 모든 말들이
몇 세기 동안이나 굽히지 않고
당신 자리에 머물러요
더 잘 보이고 그리고 듣지 않는 게 더 좋을 거야
하지만 이제 그 이야기는 끝나가고 있어
왜냐하면 내가
내가 무너지려고 시작하지 않을 거야

그러니 어서 그리고 시도해 봐
날 막고 그리고 날 죽이려고

난 침묵하지 않을 거야
당신이 날 조용히 하게 할 수는 없어
한번 그걸 해보면 떨지 않을 거야
내가 알고 있는 모든 건 난 말없이 있지 않을 거야

말없이
폭풍을 들여보내
난 망가질 수 없어
아니, 말없이 살진 않을 거야
난 말없이 있지 않을 거란 걸 내가 알기 때문에

날 이 우리에 가둬두려고 해
난 날 그냥 누워서 죽게 하지 않을 거야
난 이 부러진 날개들을 가져갈 거야
그리고 하늘을 가로질러 타는 모습을 지켜볼 거야

메아리 소리가 들려요
난 침묵하지 않을 거야
당신이 날 보고 싶겠지만
당신이 한번 해보면 떨고
내가 알고 있는 모든 건 난 말없이 있지 않을 거야
말없이
내가 숨을 쉴 것이기 때문에
그들이 날 숨이 막히게 하려고 할 때
그들이 날 과소평가하지 마
난 말없이 있지 않을 거란 걸 내가 알기 때문에
내가 알고 있는 모든 건 난 말없이 있지 않을 거야
말없이

영어 발음 제대로 듣거나 소리내기

1 이어지는 소리(연음)의 경우

1 약모음 이동

comes a, me away, me or, burn across

comes a에서 a는 약모음 [ə]가 되어 앞 낱말 끝부분에 가서 붙어 '캄저'로 발음된다. me away에서 away의 a는 약모음 [ə]가 되어 앞 낱말 끝부분에 가서 붙어 '미어웨이'로 발음된다. me or에서 or의 o는 약모음 [ə]가 되어 앞 낱말 끝부분에 가서 붙어 '미어'로 발음된다. burn across에서 across의 a는 약모음 [ə]가 되어 앞낱말 끝부분에 가서 붙어 '버너크로스'로 발음된다.

2 자음 이동

drowned out, All I, Written in, old and, come on, down and

drowned out에서 drowned의 ed 발음 [d]의 자음 d가 뒤에 있는 낱말 앞부분에 가서 붙어 '드라운다웃'으로 발음된다. All I에서 All의 자음 ll이 뒤에 있는 낱말 앞부분에 가서 붙어 '오라이'로 발음된다. Written in에서 Written의 자음 n이 뒤에있는 낱말 앞부분에 가서 붙어 '리터닌'으로 발음된다. old and에서 old의 자음 d가 뒤에 있는 낱말 앞부분에 가서 붙어 '올댄'으로 발음된다. down and도 마찬가지 경우이다. come on에서 come의 끝에 있는 e는 약화되고 그 앞에 있는 v는 뒤에 있는 낱말 앞부분에 가서 붙어 '커먼'으로 발음된다.

2 없어지는 소리(탈락)의 경우

⊙ 없어지는 소리 현상에서 같은 철자가 겹칠 때, 철자 한 개는 탈락되고 한 개의 철자로만 소리가 나는 경우는 생략한다.

Meant to, Left with, won't cry, won't start, start to, won't be, can't keep, won't tremble, won't go, and not, and try, and cut, won't live, won't just, and die, And watch

Meant to에서 Meant의 t와 to의 t는 같은 철자이기 때문에 앞의 t가 탈락되어 '멘터'로 발음된다. 이와 같은 예로 start to('스땃'에 가깝게), won't tremble('오운 츄렘블'에 가깝게)과 and die('앤 다이'가 있다.

Left with에서 Left의 t는 자음 f와 with의 자음 w 사이에 놓이기 때문에 탈락되어 '레프 위드'에 가깝게 발음된다. 이와 같이 자음과 자음 사이에 놓이는 여섯 개의 파열음 인 철자—k/g, p/b, t/d—가 탈락되는 예로 won't cry('오운 크라이'), won't start('오운사땃'에 가깝게), won't be('오운 비', can't keep('캔 킵'), won't go('오운고우'), and not('앤 낫'), and try('앤 츄라이'에 가깝게), and cut('앤 컷'), won't live('오운리브'), won't just('오운 저섯')와 And watch('앤 와치')가 해당된다.

3 닮는 소리(동화)의 경우

(1) 단타음화

tide, that is, But I, that I, written, Better

tide에서 tide의 끝에 있는 e는 약화되고, d가 강모음과 약모음 사이에 놓이면 단타음 (單打音)으로 되어 d도, t도, r도 아닌 발음이 된다. tide는 '타이러'에 가깝게 발음된다. that is에서 that의 끝에 있는 t가 강모음과 약모음 사이에 놓이면 단타음(單打音)으로 되어 t도, d도, r도 아닌 발음이 된다. that is는 '대리즈'에 가깝게 발음된다. that I에서 that의 끝에 있는 t가 강모음과 약모음 사이에 놓이면 단타음(單打音)으로되어 t도, d도, r도 아닌 발음이 된다. that I는 '대라이'에 가깝게 발음된다. written에서 tt가 강모음과 약모음 사이에 놓이면 단타음(單打音)으로 되어 t도, d도, r도 아닌 발음이 된다. written은 '리런'에 가깝게 발음된다. 이 소리는 한글로 표기할 수 없으며 오직 소리로만 익힐 수밖에 없다. 특히 미국영어(American English)에서 두드러진 현상이다. Better도 마찬가지 경우이다.

4 줄어진 소리(축약)의 경우

won't, can't, Cause, I'll,

부정형의 경우인 won't와 can't, 도우미동사(조동사)의 경우인 I'll가 있다. 이 가운데 I'll에서 'll이 한국인이 발음하기에 가장 힘든 예이다. 그 이유는 'll은 will의 줄인 형태인데 'll'이 한국어에 없는 발음으로, 'l'은 혀를 입천장에 붙여서 소리를 내야 하는데, 한국어에는 이렇게 소리를 내는 것이 없기 때문이다.

Cause는 Because('~ 때문에', '왜냐하면')의 줄인 형태이다. 팝송을 포함한 영어 노래에서는 대부분 because로 하는 경우는 드물다. 그 이유는 아마 노래를 부를 때 뜻을 살리면서 음감을 위해 한 박자로 만들기 위해 관습적으로 이루어진 것이 아닐까 추측해본다. because의 경우, 노래 가사에서 일부를 줄이는 경우 아포스트로피(')를 넣는 경우('cause)도 있지만, 아포스트로피를 넣지 않은 경우(cause)도 있고, 소리가 나는 것 중심으로 cos 또는 cuz로 표기하는 경우도 있다.

5 주의해야 할 발음

drowned, Whenever, tremble, When, try, stay, sky

drowned에서 'dr~'의 발음은 '드_'와 '주'의 중간쯤 되는 소리로 '쥬'에 가깝게 발음되거나 들린다. 따라서 drowned는 '드라운드'라기 보다 '쥬라운드'에 가깝게 발음되거나 들린다.

Whenever에서 wh~로 시작되는 낱말은 'w' 뒤에 있는 'h'의 소리가 보통 들리지 않는다. 그러니까 whenever는 '휀에버'라기 보다 '웬에버'에 가깝게 발음되거나 들린다. 마찬가지로 When은 '휀'이라기 보다 '웬'에 가깝게 발음되거나 들린다. 그러나 사람과 관련된 who, whose와 whom은 예외로 'h' 소리가 그대로 난다.

tremble에서 'tr~'의 발음은 '츠_'와 '추'의 중간쯤 되는 소리로 '츄'에 가깝게 발음되거나 들린다. 따라서 '트렘블'이라기 보다 '츄렘블'에 가깝게 발음되거나 들린다. 마찬가지로 try는 '트라이'라기 보다 '츄라이'에 가깝게 발음되거나 들린다.

stay에서 s+k/p/t가 되면 된소리에 가깝게 소리가 난다. 대부분 k/p/t가 들어간 낱말은 h가 들어가는 소리를 내게 되는데, s+k/p/t의 경우는 h 소리가 들어가지 않고 된소리에 가깝게 발음되거나 들린다. 그러니까 stay는 '스테이'라기 보다 '스떼이'에 가깝게 발음되거나 들린다. 마찬가지로 sky는 '스카이'라기 보다 '스까이'에 가깝게 발음되거나 들린다.

6 기타

wanna

wanna는 허물없이 발음하는 경우의 예이다. wanna는 want to인데 입말체에서 '완터투'로 발음하지 않고 '와너'로 발음하고, want to로 표기가 되어 있더라고 말을 할 때는 wanna로 발음하는 경우가 대부분이다. want to에서 wanna로 바뀌는 과정은 '뮤지컬 노래를 제대로 듣는 방법'에 나와 있는 설명을 참고하기 바란다.

노래에 들어 있는 쓸모 있는 영어 표현들

1. Meant to wash me away : mean to는 '~할 셈이다'라는 뜻으로 쓰인다. 이런 경우 주어의 의도를 표시한다. 예문들은 다음과 같다.

Sorry, I didn't mean to sound flippant.

(본의 아니게 제 말이 건방지게 들렸다면 미안해요.)

Please continue—I didn't mean to interrupt.

(계속 말씀하세요. 방해할 뜻은 없었어요.)

I mean to say, you should have known how he would react!

(정말이야. 그가 어떤 반응을 보일지 네가 알고 있어야 했다니까!)

그런데 mean for는 mean to와는 뜻이 다른 '…을[를] 위해 계획하다, 꾀하다'라는 뜻이다. 예문들은 다음과 같다.

He is meant for her.

(그는 그녀에게 어울린다.)

This book is meant for children.

(이 책은 어린이들을 염두에 두고 쓴 책이다.)

Maybe she didn't mean for it to be so malicious.

(아마도 그녀는 그렇게까지 악의적인 것을 의도하지는 않았을 것이다.)

3. My voice drowned out : drown out는 1) '떠내려 보내다, <수동형으로> (홍수로) 대피하다, (물에) 빠져 죽다'와 2) '(소음 등이) …을[를] 들리지 않게 하다, (소리가 다른 소리를) 삼켜 버리다[안 들리게 하다]'라는 뜻이다. 이 노래에서는 2)

의 뜻으로 쓰이고 있다.

1)의 예문들은 다음과 같다.

The villagers were **drowned out**.

(마을 사람들은 홍수가 나서 대피했다.)

They were drowned out by the recent flood.

(그들은 최근의 홍수로 대피했다.)

Last night a boy was drowned out in the river.

(지난밤에 어떤 소년이 강물에 빠져 죽었다.)

2)의 예문들은 다음과 같다.

His voice was **drowned out** by the traffic.

(그의 목소리는 차 소리 때문에 들리지 않았다.)

Her words were drowned out by the roar of the engine.

(그의 말은 엔진 소리 때문에 들리지 않았다.)

She turned up the radio to drown out the noise from next door.

(그녀는 옆집에서 나는 소음이 안 들리게 하려고 라디오 소리를 키웠다.)

4. I won't cry : 이 노래에서 계속해서 나오는 won't(will not)에서 **will**은 '(의지를 나타내어) …할 것이다[…하려고 한다]'라는 뜻이다. 예문들은 다음과 같다.

They **won't** lend us any more money.

(그들이 우리에게 돈을 더 빌려 주지 않을 것이다.)

I'll check this letter for you, if you want.

((당신이) 원하시면 제가 이 편지를 확인[검토]해 드리겠어요.)

He wouldn't come—he said he was too busy.

(그는 오려고 하지 않았다. 너무 바쁘다고 했다.)

5. cut me down : cut down은 1) '~를[을] 죽이다', 2) '(무엇의 밑 부분을 잘라) 쓰러[넘어]뜨리다'와 3) '(무엇의 크기 · 양 · 수를) 줄이다'라는 뜻이다. 이 노래에서는 1)의 뜻으로 쓰이고 있다.

1)의 예문들은 다음과 같다.

The woman was cut down by gunfire.

(그녀는 총에 맞아 죽었다.)

He was cut down by an assassin's bullet.

(그는 암살범의 총탄을 맞고 죽었다.)

What if it was one of yours cut down by a plastic bullet?

(당신들 가운데 한 사람이 플라스틱 총탄에 맞아 죽게 된다면 어떻게 될까요?)

2)의 예문들은 다음과 같다.

Loggers are preparing to cut down trees.

(벌목꾼들이 나무를 자를 준비를 하고 있다.)

And people don't have to cut down trees.

(그리고 사람들은 나무를 자를 필요가 없다.)

Lots of trees are cut down to make paper.

(종이를 만들기 위해서 많은 나무들이 잘라지고 있어.)

3)의 예문들은 다음과 같다.

You need to cut down on starches.

(탄수화물 섭취량을 줄여야 한다.)

We need to cut the article down to 1,000 words.

(우리는 그 글을 천 단어로 줄여야 한다.)

The doctor says I should cut down on ice cream.

(그 의사선생님께서 아이스크림 먹는 것을 줄여야 된다고 하셨어.)

The doctor says I should cut down on ice cream.

(그 의사선생님께서 아이스크림 먹는 것을 줄여야 된다고 하셨어.)

6. go speechless : go speechless에서 go의 많은 뜻 가운데 한 가지인 것이다. 이 노래에서 go는 연결동사(linking verb)로 '~로 되다, ~이다' 등의 뜻을 갖게 된다. 예문들은 다음과 같다.

Her hair is going grey.

(그녀의 머리가 세고 있다.)

This milk has gone sour.

(이 우유는 상했다.)

The children went wild with excitement.

(아이들이 신이 나서 법석을 떨었다.)

speechless는 '말할 수 없는, 무언의, 말을 못하는, 말없이'란 뜻으로 쓰인다.

7. When they try to suffocate me : suffocate는 1) '질식사하다, 질식사하게 하다'와 2) '숨이 막히다'라는 뜻이다. 이 노래에서는 2)의 뜻으로 쓰이고 있다.

1)의 예문들은 다음과 같다.

Many dogs have suffocated in hot cars.

(많은 개들이 뜨거운 승용차 안에서 질식사해 왔다.)

He put the pillow over her face and suffocated her.

(그가 그녀의 얼굴을 베개로 누르고 질식시켜 살해했다.)

The couple were suffocated by fumes from a faulty gas fire.

(그 부부는 결함이 있는 가스난로에서 새어 나온 가스에 질식사를 당했다.)

2)의 예문들은 다음과 같다.

The smoky fire was suffocating us.

(그 연기를 내뿜는 불에 우리는 숨을 쉴 수 없었다.)

Hurry up, the heat in here is suffocating.

(서둘러, 이곳의 열기는 숨이 막혀.)

Can I open a window? It's suffocating in here!

(저가 창문 좀 열어도 될까? 이 안은 숨이 막혀!)

10. I won't just lay me down and die : lay down은 '(특히 살며시 조심스럽게) 내려놓다 [두다], 눕히다, (사용하거나 하던) ~을[내려놓다], (직장 등을) 그만두다[포기하다], (법칙·원칙을 지키도록) 정하다, ~을[를] 모아서 쌓다[축적하다]'라는 뜻으로 다양하게 쓰인다. 이 노래에서는 '눕히다, 내려놓다'라는 뜻으로 쓰인다. 그러니까 lay 다음에 목적어가 나오는 타동사로서의 lay이다. 타동사 lay의 과거는 laid이고, 과거분사는 laid이다. 그런데 자동사로서 lie down이 있는데 이것은 '편하게 눕다'라는 뜻으로 쓰인다. 자동사 lie의 과거는 lay이고, 과거분사는 lain이다. 참고로 '거짓말하다'라는 자동사 lie의 과거는 lied이고, 과거분사는 lied이다. 이 세 개의 낱말을 혼동하지 않도록 기억해 놓을 필요가 있다. 이 노래에서 lay down은 목적어 me가 뒤에 나오는 타동사로 쓰이고 있다. 그러니까 '내가 나를 눕히겠다'는 뜻은 '내가 자신을 스스로 무너뜨려 죽게 하지는 않겠다'라고 이해할 수 있다.

타동사로 쓰이는 lay down의 경우

He laid a hand down on my arm.

(그가 내 팔에 손을 얹었다.)

She laid the book down on the table.

(그녀가 책을 탁자 위에 내려놓았다.)

She laid the baby down gently on the bed.

(그녀는 아기를 살며시 침대에 내려놓았다[눕혔다].)

자동사로 쓰이는 **lie down**의 경우

He lay down on the bed fully clothed.

(그는 옷을 다 입고 침대 위에 누웠다.)

The children lay down on their stomachs.

(그 아이들은 배를 깔고 엎드려 있었다.)

Lie down on your bed and make yourself comfortable.

(당신의 침대에 편안하게 누우세요.)

11. **watch me burn : watch me burn**에서 watch 다음에 목적어(me)가 나오고 그 다음에 는 to 부정사가 나와야 되는데, watch와 같은 감각동사(지각동사)인 경우에는 알몸동사 (원형동사; bare infinitive)가 쓰여 to burn이 아니라 burn으로 된다.

기억할 만한 영어 문장

❶ You can't keep me quiet.
(당신이 날 조용히 하게 할 수는 없어.)

❷ I won't just lay me down and die.
(난 날 그냥 누워서 죽게 하지 않을 거야.)

❸ All I know is I won't go speechless.
(내가 알고 있는 모든 건 난 말없이 있지 않을 거야.)

8 『알라딘』 *Aladdin*

2) "A Whole New World"

I can show you the world
Shining shimmering splendid
Tell me princess now when did
You last let your heart decide
I can open your eyes
Take you wonder by wonder
Over sideways and under
On a magic carpet ride
A whole new world
A new fantastic point of view
No one to tell us no
Or where to go
Or say we're only dreaming

A whole new world
A dazzling place I never knew
But when I'm way up here
It's crystal clear
That now I'm in a whole new world with you

Now I'm in a whole new world with you

Unbelievable sights
Indescribable feeling
Soaring tumbling freewheeling
Through an endless diamond sky

A whole new world
Don't you dare close your eyes

A hundred thousand things to see

Hold your breath it gets better

I'm like a shooting star
I've come so far
I can't go back to where I used to be

A whole new world

Every turn a surprise

With new horizons to pursue

Every moment red-letter
I'll chase them anywhere
There's time to spare
Let me share this whole new world with you

A whole new world

A whole new world

That's where we'll be

That's where we'll be

A thrilling chase

A wondrous place

For you and me

완전히 새로운 세상

내가 당신에게 어른거리면서 멋지게 빛나는 세상을 보여줄 수 있어
공주님은 언제 오셨는지를 나에게 말해요
당신은 마지막으로 당신의 마음으로 결정하도록 해요
난 당신의 눈을 뜰 수 있게 할 수 있어요
정말 경이로운 곳으로 당신을 데려갈 수 있어요
곁으로 그리고 아래로
마법의 카펫을 타고
완전히 새로운 세상
새로운 환상적인 관점
아무도 우리에게 안 된다고 말하지 않아요
혹은 어디로 갈지
아니면 우리는 그냥 꿈만 꾸고 있다고 말해요

완전히 새로운 세상
내가 결코 알지도 못하는 눈부신 곳
하지만 내가 여기 위로 올라왔을 때
수정 같이 맑아요
이제 난 당신과 함께 완전히 새로운 세상에 들어섰어요

이제 난 당신과 함께 완전히 새로운 세상에 들어섰어요

믿을 수 없는 광경들
설명할 수 없는 느낌
솟아오르면서 돌고 마음대로 달리면서
끝없는 다이아몬드와 같은 하늘을 통해서
완전히 새로운 세상

당신은 감히 눈을 감지 말아요
볼 수 있는 게 너무 많아요

당신의 숨을 참아요, 더 좋아질 거예요

난 마치 유성과 같아요
난 너무 멀리 왔어요
난 예전에 있었던 곳으로 갈 수 없어요

완전히 새로운 세상

돌 때마다 놀라워요

새로운 지평선을 따라가면서

매 순간이 기념할만한 시간이고
난 어디든 그것을 좇아갈 거예요
낼 수 있는 시간이 있어요
당신과 함께 이 완전히 새로운 세상을 내가 공유하도록 해요

완전히 새로운 세상

완전히 새로운 세상

그곳이 우리가 있을 곳이에요

그곳이 우리가 있을 곳이에요

스릴 넘치는 추격

놀라운 장소

당신과 나에겐

영어 발음 제대로 듣거나 소리내기

1 이어지는 소리(연음)의 경우

1 약모음 이동

On a, point of, in a, like a

On a에서 a는 약모음 [ə]가 되어 앞 낱말 끝부분에 가서 붙어 '어너'로 발음된다. in a도 마찬가지 경우이다. point of에서 of는 기능낱말이기 때문에 [ɔv]나 [ə]로 발음되고, of의 o는 약모음 [ə]가 되어 앞 낱말 끝부분에 가서 붙어 '포인터브'로 발음된다. 또 다른 경우에는 point에서 t가 앞에 있는 콧소리(비음)을 닮아 n으로 변하여 '포이너브'로 발음되기도 한다. like a에서 like의 끝에 있는 e는 약화되고 뒤에있는 a는 약모음 [ə]가 되어 앞 낱말 끝부분에 가서 붙어 '라이커'로 발음된다.

2 자음 이동

Take you, sideways and, tell us

Take you에서 Take의 끝에 있는 e는 약화되고 그 앞에 있는 v는 뒤에 있는 낱말 앞부분에 가서 붙어 '테이큐'로 발음된다. sideways and에서 sideways의 자음 s가 뒤에 있는 낱말 앞부분에 가서 붙어 '사이드웨이잰'으로 발음된다. tell us에서 tell 의 자음 ll이 뒤에 있는 낱말 앞부분에 가서 붙어 '테러스'로 발음된다.

2 없어지는 소리(탈락)의 경우

⊙ 없어지는 소리 현상에서 같은 철자가 겹칠 때, 철자 한 개는 탈락되고 한 개의 철자로만 소리가 나는 경우는 생략한다.

heart decide, But when, endless, diamond sky, hundred thousand, thousand things, can't go, back to, moment red-letter, and me

heart decide에서 t는 자음 r과 자음 d 사이에 놓이기 때문에 탈락되어 '하 디사이드'로 발음된다. 이와 같이 자음과 자음 사이에 놓이는 여섯 개의 파열음인 철자—k/g, p/b, t/d—가 탈락되는 예로 But when('버 웬'), endless('엔리스'), diamond sky('다이어먼 스까이'에 가깝게), thousand things('사우전 싱즈'에 가깝게), can't go('캔 고우'), back to('백터'), moment red-letter('모우먼 레드레르'에 가깝게)와 and me('앤 미')가 해당된다.

hundred thousand에서 hundred의 d와 thousand의 th[θ]와 비슷한 발음이기 때문에 앞에 있는 d가 탈락되어 '헌쥬레 사우전드'에 가깝게 발음된다.

3 닮는 소리(동화)의 경우

(1) 단타음화

better, shooting

better에서 t가 강모음과 약모음 사이에 놓이면 단타음(單打音)으로 되어 t도, d도, r도 아닌 발음이 된다. better는 '베러'에 가깝게 발음된다. shooting에서 t가 강모음과 약모음 사이에 놓이면 단타음(單打音)으로 되어 t도, d도, r도 아닌 발음이 된다.

shooting은 '슈링'에 가깝게 발음된다. 이 소리는 한글로 표기할 수 없으며 오직 소리로만 익힐 수밖에 없다. 특히 미국영어(American English)에서 두드러진 현상이다.

(2) 구개음화

let your, Don't you, Hold your

let your에서 treat의 t[t]와 your의 y[j]가 합쳐지면 서로 닮아서 [ʧ]로 바뀌어 '레츄어'에 가깝게 발음된다. 따라서 이런 현상은 영국영어(British English) 보다 미국영어(American English)에서 자주 나타나는 현상이다. Don't you('도운츄')도 마찬가지 경우이다.

Hold your에서 Hold의 d[d]와 your의 y[j]가 합쳐지면 서로 닮아서 [ʤ]로 바뀌어 '호울쥬'에 가깝게 발음된다. 발음된다. 이런 현상은 영국영어(British English) 보다 미국영어(American English)에서 자주 나타나는 현상이다.

(3) 비음화

point

미국영어(American English)의 경우 kind에서 d가 바로 앞에 있는 콧소리[비음] n을 닮아서 n으로 되었다가, n이 겹치기 때문에 앞의 n이 탈락되어 '카인'으로 발음된다. 그런데 영국영어(British English)에서는 t를 그대로 발음하는 경우가 대부분 이다.

(4) 역행동화

Let me

Let me에서 Let의 t는 바로 뒤에 나온 me의 m을 닮아 t가 m으로 바뀌어 Lemme로 표기하기도 하지만, 발음은 대부분 '레미'로 발음된다.

4 줄어진 소리(축약)의 경우

we're, I'm, It's, Don't, I've, can't, I'll, There's, That's, we'll

be 동사의 경우인 we're, I'm, It's, There's와 That's, 부정형의 경우인 Don't와 can't, 도우미동사(조동사)의 경우인 I've, I'll과 we'll이 있다. 이 가운데 I'll과 we'll에서 'll이 한국인이 발음하기에 가장 힘든 예이다. 그 이유는 'll은 will의 줄인 형태인데 'll'이 한국어에 없는 발음으로, 'l'은 혀를 입천장에 붙여서 소리를 내야 하는데, 한국어에는 이렇게 소리를 내는 것이 없기 때문이다.

5 주의해야 할 발음

can, when, freewheeling, sky, star, can't, where, used to,

can과 can't는 도우미동사로 기능낱말이기 때문에 약하게 발음한다. 그런데 can't 다음에 자음이 나오기 때문에 탈락되는 경우가 대부분이어서 can은 [kən]으로 can't는 [kæn]으로 발음하기로 약속이 되어 있다. 그런데 can이 문장 가운데 들어가는 경우가 [kən]으로 주로 발음되고 문장의 끝에 들어가는 경우에는 [kæn]으로 발음되는 경우가 대부분이다. can't는 기본적으로 [kæn]으로 발음되면서 can 보다 약간 길게 발음되는 경향이 있다.

when에서 wh~로 시작되는 낱말은 'w' 뒤에 있는 'h'의 소리가 보통 들리지 않는다. when은 '휀'이라기 보다 '웬'에 가깝게 발음되거나 들린다. 마찬가지로 freewheeling은 '휘리휘링'이라기 보다 '휘리위링'에, where는 '훼어'라기 보다 '웨어'에 가깝게 발음되거나 들린다. 그러나 사람과 관련된 who, whose와 whom은 예외로 'h' 소리가 그대로 난다.

sky에서 s+k/p/t가 되면 된소리에 가깝게 소리가 난다. 대부분 k/p/t가 들어간 낱말은 h가 들어가는 소리를 내게 되는데, s+k/p/t의 경우는 h 소리가 들어가지 않고 된소리에 가깝게 발음되거나 들린다. 그러니까 sky는 '스카이'라기 보다 '스까이'에 가깝게 발음되거나 들린다. 마찬가지로 star는 '스타'라기 보다 '스따'에 가깝게 발음되거나 들린다.

used to는 '~하곤 했다'라는 뜻으로 과거에 규칙적으로 이루어진 행위를 나타낼 때 쓰인다. 그런데 이것의 발음은 '유스터 투'가 아니라 [justə]인 '여스터'에 가깝게 들린다.

노래에 들어 있는 쓸모 있는 영어 표현들

1. let your heart decide : let your heart decide에서 let 다음에 목적어(your heart)가 나오고 그 뒤에 to 부정사가 나와야 되는데 let가 허용이나 허락을 하는 경우 알몸동사 (원형동사; bare infinitive)가 쓰여 to decide가 아니라 decide로 된다. 몇 줄 밑에 나오는 가사 Let me share도 마찬가지 경우이다.

2. wonder by wonder : wonder by wonder는 데려가는 장소나 방식을 일컬을 수 있는데, 여기서는 장소로 보고 '경이로운 곳'이 강조되기 때문에 '정말 경이로운 곳'으로 이해할 수 있을 것이다.

3. point of view : point of view는 '(무엇에 대한 개인의) 관점[견해], (무엇을 판단·관찰하는) 견지'라는 뜻이다. 예문들은 다음과 같다.

Why can't you ever see my point of view?
(당신은 도대체 어째서 내 관점을 이해하지를 못해요?)

From a financial point of view the project was a disaster.
(재정적인 관점에서 보면 그 사업은 대 실패였다.)

From my point of view, the party was a complete success.
(내 관점에서 볼 때에는 그 파티가 완전한 성공작이었어요.)

4. way up here : way up은 '훨씬 높이'라는 뜻이다. 예문들은 다음과 같다.

This couldn't be his home way up here.
(여기 훨씬 높은 곳이 그의 집일 리 없어.)

This place is almost beautiful from way up here.

(이 장소는 여기 훨씬 높은 곳에서 보면 거의 다 아름다워.)

A little way up on the left is the Museum of Modern Art.

(왼쪽으로 조금 올라가면 현대 미술관이 있다.)

5. It's crystal clear : crystal clear에서 crystal은 '크리스털[수정] 같은'이란 뜻이다. 그러니까 crystal clear는 '수정같이 맑은, 수정 같은'이란 뜻이다. 다른 표현으로 하면 It's as clear as crystal.과 같은 표현이다.

6. A hundred thousand things : A[One] hundred thousand는 글자 그대로는 십만(100,000)이지만, '수많은'으로 이해하면 될 것이다.

7. Hold your breath : hold one's breath는 '숨을 죽이다, 숨을 멈추다'라는 뜻이다. 예문들은 다음과 같다.

I can hold my breath for 5 minutes.

(나는 오 분 동안 숨을 멈출 수 있다.)

He held his breath as a rat scuttled past.

(그는 쥐 한 마리가 총총 지나가는 것을 보고 숨을 죽였다.)

He held his breath while the results were read out.

(결과가 발표되는 동안 그는 숨을 죽이고 기다렸다.)

8. it gets better : get better는 '(병 · 상황 따위가) 좋아지다, 호선되다'라는 뜻이다. 예문들은 다음과 같다.

I hope you get better soon.

(나는 당신이 빨리 기운을 차리시길 바랍니다.)

She shut her eyes and wished for him to get better.

(그녀는 눈을 감고 그가 낫기를 빌었다.)

There is a general belief that things will soon get better.

(사정이 곧 좋아지리라는 것이 전반적인 생각이다.)

9. like a shooting star : shooting star는 '유성(流星)'이란 뜻이다.

10. I've come so far : come so far에서 far는 '멀리'라는 뜻이다. come so far는 '아주 멀리 오다'라는 뜻이다. 주로 거리상으로 '아주 멀리 오다'라는 뜻으로 많이 쓰이지만, 비유적으로 정도가 지나치다는 경우에도 쓸 수 있다. 예문들은 다음과 같다.

Have you come far?

(먼 길을 왔니?)

Having come this far, we might as well continue.

(여기까지 왔으니 계속하는 것이 좋을 것이다.)

It is very kind of you to come so far out of your way.

(당신이 일부러 멀리 찾아와 주셔서 정말 감사합니다.)come so far

11. I can't go back : go back은 1) '(…로) 돌아가다', 2) '(두 사람이 보통 긴 세월 동안) 알고 지내다'와 3) '(앞에 있었던 일・말하던 내용으로) 돌아가다'라는 뜻이다. 이 노래에서는 1)의 뜻으로 쓰이고 있다.

1)의 예문들은 다음과 같다.

She doesn't want to go back to her husband.

(그녀는 남편에게 돌아가고 싶어 하지 않는다.)

While many models vow to go back to college, few do.

(많은 모델이 대학으로 돌아가겠다고 맹세하지만, 거의 지키지 않는다.)

If you are not happy about a repair, go back and complain.

(만일 수선한 것에 만족하지 않으면, 가서 따져라.)

2)의 예문들은 다음과 같다.

He and I go back a long way.

(나는 그와 하루 이틀 알고 지낸 사이가 아니다.)

Please, we go back a long way.

(제발, 우린 오랜 친구잖아.)

Dave and I go back twenty years.

(데이브와 나는 이십 년 동안 알고 지내는 사이이다.)

3)의 예문들은 다음과 같다.

Let's go back to what the chairman said earlier.

(의장이 처음에 이야기했던 것으로 돌아갑시다.)

I think you should go back to your original plan.

(나는 당신이 당신의 본래 계획으로 돌아가야 한다고 본다.)

Can I go back to what you said at the beginning of the meeting?

(회의 시작 부분에 당신이 하신 말씀으로 돌아가 볼까요?)

12. I used to be : used to는 '…하곤 했다; 과거 한때는 …이었다'라는 뜻이다. 예문들은 다음과 같다.

I eat lots less than I used to.

(내가 예전보다 훨씬 덜 먹는다.)

He used to spin yarns about his time in the Army.

(그는 군대 시절에 대한 이야기를 길게 늘어놓곤 했다.)

She's always harking back to how things used to be.

(그녀는 예전에는 어땠다는 얘기를 늘 들먹인다.)

13. Every moment red-letter : red-letter는 형용사로 '붉은 글자로 표시된, 기념해야 할' 이란 뜻과 동사로 '(기쁜 일을 기념하여) 붉은 글자로 기록하다, 특필하다'라는 뜻이다. 이 노래에서는 형용사의 뜻으로 쓰이고 있다.

16. There's time to spare : spare는 '(돈 · 시간 · 노력 등을) 할애(割愛)하다(내주다)' 라는 뜻이다. 예문들은 다음과 같다.

I cannot spare time for it.

(나는 그것에 시간을 낼 수 없다.)

Perhaps, I could spare a little time.

(아마도, 나는 약간의 시간을 할애할 수 있었다.)

I'd love to have a break, but I can't spare the time just now.

(나는 몹시 쉬고 싶지만 지금 당장은 그럴 시간을 낼 수가 없다.)

기억할 만한 영어 문장

❶ There's time to spare.
(시간이 있어.)

❷ Now I'm in a whole new world with you.
(이제 난 당신과 함께 완전히 새로운 세상에 들어섰어요.)

❸ Let me share this whole new world with you.
(난 당신과 함께 이 완전히 새로운 세상을 공유하도록 해요.)

뮤지컬과 노래를 생각하며

『알라딘』(*Aladdin*)은 『천일야화』에서 잘 알려진 이야기의 주인공인 알라딘의 마법에 의한 신분 상승과 자스민과의 사랑이 결실을 맺는 이야기이다. 겉으로 보기에 또는 현실적으로 이루어질 수 없는 사랑을 이루려면 인간 세계에서는 쉽게 생각할 수 없는 초능력이 필요하게 된다. 그것이 호롱불과 관련된 마법일 것이다. 마법의 힘은 생각할 수 없는 세계를 생각해서 만들어 낼 수 있고, 상상할 수 없는 세계도 눈앞에 펼쳐 보일 수 있는 것이다. 그래서 알라딘의 등불은 불가능한 것을 가능하게 하는 기적을 뜻하는지도 모른다. 지위, 계급이나 신분을 뛰어 넘는 사랑의 완성과 같은 누구나 꿈꾸고 있는 세계의 모습을 이 작품을 통해 그려지고 있다. 그러나 작품은 꿈의 세계나 가능성의 세계를 그리지만 현실은 그렇지 못할 확률이 훨씬 더 높다. 그래서 꿈은 이루어지는 것이 아니라 꿈의 실현은 끊임없이 지연되는 것이다. 그래도 이 작품을 보면서 이슬람 문화, 신비로운 세계와 상상력이 펼쳐 보이는 화면들을 보는 재미도 솔솔할 것이다.

"Speechless"의 노래를 부르는 나오미 스콧(Naomi Scott)은 뮤지컬 영화로 된 『알라딘』에서 술탄의 아름다운 딸인 자스민 역으로 나오는 데, 그녀의 청아한 목소리가 귀에 맴돈다. 어쩌면 이 노래는 이 작품의 주제가라고 할 수 있다. 그녀의 '말없이' 있지 않을 거라는 표현은 그녀의 생각, 의지와 행동이 그녀 앞에 닥친 현실에 대해 눈감고 있거나 당하거나 말을 하지 않으면서 침묵하며 가만히 있지 않고 당당하게 행동으로 나서겠다는 의지의 표현이다. 그만큼 자스민을 통한 오늘날의 여권 신장과 여성 지위 향상이라는 배경지식(background knowledge)이 이 작품에 충분히 녹아서 들어 있다고 볼 수 있다. 노래 가사에 울지도 않을 것이고 무너지지도 않을 것이고 자신을 막고 죽이려고 해도 침묵하지 않고 파도나 폭풍과 같은 역경이 닥치더라도 굽히지 않을 것이라면서 자신을 과소평가하지 말라고 경고까지 한다.

뮤지컬 영화 『알라딘』에서 "A Whole New World"는 나오미 스콧과 알라딘 역의 메너머수드(ManaMassoud)의 노래이다. 일차적으로 '완전히 새로운 세상'은 자스민과 알라딘이 카펫을 타고 경이로움과 경이로움(wonder by wonder)으로 가득 찬 세계를 말하기도 하고, 그들의 사랑이 결실을 맺는 이상적인 세계라고 볼 수 있다. 아니면 상상이 밑받침이 된 꿈의 세계일 수도 있다. 완전히 새로운 세상은 두 사람이 함께 할 수 있는 완전히 아름답고 신비롭고 포근한 세상이 될 수도 있다. 누구나 꿈꾸고 있는 또는 꿈꾸어 보고 싶은 그런 세상 말이다.

9 『미녀와 야수』 *Beauty and the Beast*

1) "Beauty And The Beast"

Tale as old as time
True as it can be
Barely even friends
Then somebody bends
Unexpectedly

Just a little change
Small to say the least
Both a little scared
Neither one prepared
Beauty and the Beast

Ever just the same
Ever a surprise
Ever as before
Ever just as sure
As the sun will rise

Ever just the same oh
And ever a surprise yeah
Ever as before
And ever just as sure
As the sun will rise
Oh-oh-oooooh

Tale as old as time a-a-ay
Tune as old as song oh
Bitter-sweet and strange
Finding you can change
Learning you were wrong woah

Certain as the sun
Certain as the sun
Rising in the east
Tale as old as time
Song as old as rhyme
Beauty and the Beast

Tale as old as time
Song as old as rhyme
Beauty and the Beast
Woah
A-a-ay
Beauty and
Beauty and the Beast

미녀와 야수

시간이 흐른 만큼 오래된 이야기
그건 정말 있을 수 있는 진실된
심지어 거의 친구라고 할 수 없는
그런데 누군가가 달라져요
예상치 못한 채

단지 아주 작은 변화였을 뿐
정말 작은 변화였는데
두 사람은 조금은 두려웠어요
아무도 준비되어 있지 못했어요
미녀와 야수

언제나 똑같이
언제나 놀랍게
언제나 예전처럼
언제나 태양이 다시 떠오르듯이 그저 확실히

언제나 똑같이 오
그리고 언제나 놀랍게 그래요
언제나 예전처럼
그리고 언제나 태양이 다시 떠오르듯이 그저 확실히
오, 오, 오

시간이 흐른 만큼 오래된 이야기, 아이
옛 노래와 같은 선율
괴롭기도 하지만 행복했고 그리고 낯설은
당신이 바뀔 수 있다는 것을 발견하고
당신이 잘못된 점을 알아가며 오

태양처럼 확실한
태양처럼 확실한
동쪽에서 떠오르는
시간이 흐른 만큼 오래된 이야기
운율만큼 오래된 노래
미녀와 야수

시간이 흐른 만큼 오래된 이야기
운만큼 오래된 노래
미녀와 야수
오
아
미녀 그리고
미녀와 야수

영어 발음 제대로 듣거나 소리내기

1 이어지는 소리(연음)의 경우

1 약모음 이동

just a, Both a, just as, ever a, Certain as

just a에서 a는 약모음 [ə]가 되어 앞 낱말 끝부분에 가서 붙어 '저스터'로 발음된다. Both a와 ever a도 마찬가지 경우이다. just as에서 as의 a는 약모음 [ə]가 되어 앞 낱말 끝부분에 가서 붙어 '저스터즈'로 발음된다. Certain as도 마찬가지 경우이다.

2 자음 이동

as it

as it에서 as의 자음 s가 뒤에 있는 낱말 앞부분에 가서 붙어 '애짓'으로 발음된다.

2 없어지는 소리(탈락)의 경우

- 없어지는 소리 현상에서 같은 철자가 겹칠 때, 철자 한 개는 탈락되고 한 개의 철자로만 소리가 나는 경우는 생략한다.

friends, bends, and the, just the, and strange

friends에서 d는 자음 n과 자음 s 사이에 놓이기 때문에 탈락되어 '훠렌즈'에 가깝게 발음된다. 이와 같이 자음과 자음 사이에 놓이는 여섯 개의 파열음인 철자—k/g, p/b, t/d—가 탈락되는 예로 bends('벤즈')와 and strange('앤 스츄레인즈'에 가깝게)가 해당된다.

and the에서 and의 d가 the의 th[ð]와 비슷한 발음이기 때문에 앞에 있는 d가 탈락되어 '앤더'에 가깝게 발음된다. just the('저스 더'에 가깝게)도 마찬가지 경우이다,

3 닮는 소리(동화)의 경우

(1) 단타음화

little, Beauty, Bitter-sweet

little에서 tt가 강모음과 약모음 사이에 놓이면 단타음(單打音)으로 되어 t도, d도, r도 아닌 발음이 된다. little은 '리럴'에 가깝게 발음된다. Beauty에서 t가 강모음과 약모음 사이에 놓이면 단타음(單打音)으로 되어 t도, d도, r도 아닌 발음이 된다. Beauty는 '비유리'에 가깝게 발음된다. Bitter-sweet에서 tt가 강모음과 약모음 사이에 놓이면 단타음(單打音)으로 되어 t도, d도, r도 아닌 발음이 된다. Bitter-sweet는 '비러스윗'에 가깝게 발음된다. 이 소리는 한글로 표기할 수 없으며 오직 소리로만 익힐 수밖에 없다. 특히 미국영어(American English)에서 두드러진 현상이다.

(2) 비음화

finding

미국영어(American English)의 경우 finding에서 d가 바로 앞에 있는 콧소리[비음] n을 닮아서 n으로 되었다가, n이 겹치기 때문에 앞의 n이 탈락되어 '화이닝'에 가깝게 발음된다. 그런데 영국영어(British English)에서는 d를 그대로 발음하는 경우가 대부분이다.

4 주의해야 할 발음

as old as, True, can, Neither, before, strange

as old as에서 as~ as...는 기본적으로 앞의 as는 '어즈'[əz]로 a를 약모음으로 발음되고, 뒤의 as는 '애즈'[æz]로 a를 강모음으로 발음된다. 아마도 뒤의 as가 강하게 발음하는 것은 비교 대상이 뒤의 as 다음에 나오기 때문일 것이라고 여겨진다. 이 노래 가사에 나오는 as sure As the sun, as old as song와 as old as rhyme의 경우도 마찬가지 경우이다.

True에서 'tr~'의 발음은 '츠_'와 '추'의 중간쯤 되는 소리로 '츄'에 가깝게 발음되거나 들린다. 따라서 '트루'라기 보다 '츄루'에 가깝게 발음되거나 들린다.

can과 can't는 도우미동사로 기능낱말이기 때문에 약하게 발음한다. 그런데 can't 다음에 자음이 나오기 때문에 탈락되는 경우가 대부분이어서 can은 [kən]으로 can't는 [kæn]으로 발음하기로 약속이 되어 있다. 그런데 can이 문장 가운데 들어가는 경우가 [kən]으로 주로 발음되고 문장의 끝에 들어가는 경우에는 [kæn]으로 발음되는 경우가 대부분이다. can't는 기본적으로 [kæn]으로 발음되면서 can 보다 약간 길게 발음되는 경향이 있다.

Neither는 우리나라에서는 주로 '니더'[ni:ðər]에 가깝게 발음하는 경우가 대부분이다. 그런데 이 낱말은'니더'[ni:ðər]와 '나이더'[naiðər]에 가깝게 발음하는 경우가 있기 때문에, 두 가지로 발음된다는 점을 알아두면 neither를 듣거나 말을 때 도움이 될 수 있다. 이런 경우에 해당되는 것으로 자주 쓰이는 것은 either('이더'나 '아이더'에 가깝게)노 있다.

before는 우리나라에서는 주로 비호[bifɔ:r]에 가깝게 발음하는 경우가 많은데, before는 미국영어에서는 [bifɔ:r]와 버호[bəfɔ:r]에 가깝게 발음하는 경우가 있기 때문에, 두 가지로 발음된다는 점을 알아두면 before를 듣거나 말을 때 도움이 될 수 있다. 이런 경우에 해당되는 것으로 자주 쓰이는 것은 behind('비하인드' 또는 '버하인드'), below('비로우' 또는 '버로우')와 beneath('비니스' 또는 '버니스'에 가깝게) 등이 있다. strange에서 s+k/p/t가 되면 된소리에 가깝게 소리가 난다. 대부분 k/p/t가 들어간 낱말은 h가 들어가는 소리를 내게 되는데, s+k/p/t의 경우는 h 소리가 들어가지 않고 된소리에 가깝게 발음되거나 들린다. 그러니까 strange는 '스트레인즈'라기 보다 '스뜨레인즈'에 가깝게 발음되거나 들린다.

노래에 들어 있는 쓸모 있는 영어 표현들

1. Tale as old as time : as ~ as …는 '…만큼 ~한'이란 뜻으로 주로 쓰인다. 이 표현은 기본 비교(동등비교)에 해당되는 것으로 비교 대상을 같은 수준이나 위치에 두고 대등하게 비교하는 것이다. Tale as old as time은 '오랜 기간에 걸쳐 있는 시간처럼 오래된 이야기'라는 뜻으로 이해하면 될 것이다. 예문들은 다음과 같다.

Her mouth felt as dry as a bone.

(그녀는 입 안이 바싹 말라붙은 느낌이었다.)

The water was as smooth as glass.

(물은 거울같이 잔잔했다.)

She doesn't play as well as her sister.

(그녀는 언니[동생]만큼 (연주/운동을) 잘 하지 못한다.)

2. Barely even friends : barely는 1) '거의 …않다'와 2) '겨우, 가까스로, 간신히'라는 뜻이다. 이 노래에서는 1)의 뜻으로 쓰이고 있다.

1)의 예문들은 다음과 같다.

There is barely a cloud in the sky.

(하늘에는 거의 구름 한 점 없어요.)

I barely heard any noise in the house.

(집안에서는 나는 거의 소리가 듣지 못했다.)

At times, the heat was barely tolerable.

(때로는 더위가 참기 힘들 정도였다.)

2)의 예문들은 다음과 같다.

He barely escaped disaster.

(그는 가까스로 재난을 모면했다.)

The music was barely audible.

(그 음악은 간신히 들릴 정도였다.)

We have barely enough money to last the weekend.

(우리는 겨우 주말까지 지낼 돈밖에 없다.)

3. somebody bends : bend는 '구부러지다, 휘다, 숙이다, 굴절되다, (의지 등을) 굽히다, 굴복시키다, 굴복하다, 복종하다'라는 뜻이다. somebody bends는 '누군가 자신의 의지를 굽히다'라는 뜻으로 이해할 수 있다.

4. Small to say the least : small to say the least는 '아무리 줄여서 말해도'나 '최소한으로 말해도'로 이해하면 될 것이다. 이 표현은 독립부정사(absolute infinitive)이다. 이것은 글 전체를 꾸며주는 역할을 한다. 우리에게 익숙한 strange to say('이상한 얘기지만', '이상한 말 같지만'), so to speak('말하자면'), to be honest('정직하게/솔직히 말하면'), not to mention('~는[은] 말할 것도 없고[물론이고]') 등이 모두 독립부정사에 해당된다. small to say the least와 비슷한 뜻을 갖고 있으면서 자주 쓰이는 표현이자 역시 독립부정사인 to say the least가 있다. 이것은 '최소만을 말하자면, 조금도 과장하지 않고'라는 뜻이다. 이 노래 가사에서 small이 붙은 것을 강조의 의미가 아닐까? 예문들은 다음과 같다.

I was surprised, to say the least.

(난 놀랐었어. 전혀 과장이 아냐.)

Her remarks were ill-advised, to say the least.

(그녀의 발언은 최소한으로 말해도 경솔했다.)

The circumstances are murky, to say the least.

(조금도 과장하지 않고 말하면, 상황은 불확실합니다.)

5. Bitter-sweet and strange : bitter-sweet는 '씁쓸하면서 달콤한, 괴로우면서도 즐거운' 또는 '좋기도 하고 슬프기도 한'이란 뜻이다. 보통 bittersweet로 쓰인다. 이런 표현은 비유법 가운데 모순어법(矛盾語法; oxymoron)이라고 하는데 '같은 의미상 서로 양립할 수 없는 말을 함께 사용하는 수사법에 해당된다. 예를 들면, '귀를 먹먹하게 하는 침묵'(a deafening silence)과 같은 것이다. 또 '비극적 환희'도 또 다른 예로 들 수 있다.

예문들은 다음과 같다.

Her novel, *Tango* was about a young female's bittersweet love.

(그녀의 소설 『탱고』는 젊은 여성의 씁쓸하면서 달콤한 사랑에 관한 이야기였다.)

The emotional rollercoaster of life and death, illness and recovery were bitter-sweet experiences.

(삶과 죽음, 병과 회복의 감정 기복은 씁쓸하면서 달콤한 경험이었다.)

When they all reported for work last fall, knowing it might be the beginning of the end, it was a bittersweet reunion.

(그들이 모두 작년 가을에 함께 촬영장에 나오면서 이것이 어쩌면 마지막 시즌을 시작하는 것일지도 모른다고 생각했을 때, 그것은 즐거우면서 괴로운 재회였다.)

6. Song as old as rhyme : rhyme는 '운(韻; 음조가 비슷한 글자), 압운(押韻), (특히) 각운(脚韻), 운문(韻文)'이란 뜻이다. 영시나 영어 노래에서 '운' 또는 '각운'을 맞추는 것은 오래된 전통이자 관례처럼 되어 있다. 여기서 운 또는 각운과 노래를 같은 수준으로 놓고 기본 비교(동등 비교)를 하고 있는 것이다.

기억할 만한 영어 문장

❶ Tale as old as time.
(시간이 흐른 만큼 오래된 이야기.)

❷ Somebody bends unexpectedly,
(예상치 못한 채 누군가가 달라져요.)

❸ Small to say the least both a little scared.
(정말 작은 변화였는데 두 사람은 모두 조금은 두려웠어요.)

9 『미녀와 야수』*Beauty and the Beast*

2) "Something There"

[Belle]
there's something sweet and almost kind
But he was mean and he was coarse and unrefined
And now he's dear and so unsure
I wonder why I didn't see it there before

[Beast]
She glanced this way, I thought I saw
And when we touched
She didn't shudder at my paw
No it can't be, I'll just ignore
But then she's never looked at me
That way before

[Belle]
New and a bit alarming
Who'd have ever thought that this could be?
True that he's no Prince Charming
But there's something in him
That I simply didn't see

[Lumiere]
Well, who'd have thought?

[Mrs Potts]
Well, bless my soul!

[Cogsworth]
Well, who'd have known?
[Mrs Potts]
Well, who indeed?

[Lumiere]
And who'd have guessed
They'd come together on their own?

[Mrs Potts]
It's so peculiar.

[All three]
We'll wait and see
A few days more
There may be something there
That wasn't there before

[Cogsworth]
You know, perhaps there's something there
That wasn't there before

[Chip]
What?

[Mrs Potts]
There may be something there
That wasn't there before

[Chip]
What's there, Mama?

[Mrs. Potts]
Ssh. I'll tell you when you're older.

그곳에 무언가가

달콤하기도 하고 거의 친절한 그 무엇이 있어요
하지만 그는 못됐었고 그리고 그는 거칠었고 그리고 세련되지도 못했어요
그리고 지금 그는 상냥하고 그리고 아주 확신할 수가 없어요
예전에는 내가 왜 그곳에 있는 그것을 보지 못했을까 난 궁금하게 생각해요

그녀가 이쪽을 살짝 쳐다보았고, 나는 보았다고 생각했어요
그리고 우리가 살짝 닿았을 때
그녀는 내 앞발을 무서워하지도 않았어요
아니 그럴 리 없어, 난 그냥 무시할거에요
하지만 그런데 그녀는 예전에는 그런 식으로 결코 나를 보지 않았어요

새롭기도 하고 조금은 걱정스러워요
누가 이렇게 될 수 있을 거라 생각이나 했겠어요?
사실 그는 백마 탄 왕자는 아니지요
하지만 그의 내면에는 내가 그저 보지 못했을 뿐인 그 무언가가 있어요

글쎄, 누가 생각이나 했겠어요?

글쎄, 이럴 수가!

글쎄, 누군가 알았겠어요?

글쎄, 정말 누가?

그리고 누가 추측이나 했겠어요
그들이 스스로 함께 오리라는 것을?

그게 너무 특이해요

우리 기다리면서 지켜보자고요
며칠만 더
그곳에 예전에는 없었던 그곳에 무언가가 있을지 몰라요

있잖아요, 아마도 그곳에 예전에는 없었던 그곳에 무언가가 있어요

뭔데요?

그곳에 예전에는 없었던 그곳에 무언가가 있을지 몰라요

뭐가 그곳에 있는데요, 엄마?

쉬잇, 네가 더 나이가 들면 내가 너에게 얘기해주마

영어 발음 제대로 듣거나 소리내기

1 이어지는 소리(연음)의 경우

1 약모음 이동

and a, bit alarming

and a에서 a는 약모음 [ə]가 되어 앞 낱말 끝부분에 가서 붙어 '앤더'로 발음된다. 가끔 and의 d가 앞에 있는 콧소리(비음) n을 닮아 n으로 되어 앞의 n이 탈락된 후 남은 n과 합쳐져 '애너'로 발음되기도 한다. bit alarming에서 alarming의 a는 약모음 [ə]가 되어 앞 낱말 끝부분에 가서 붙어 '비러라밍'에 가깝게 발음된다.

2 자음 이동

mean and, coarse and, thought I, just ignore, looked at, wait and

mean and에서 mean의 자음 n이 뒤에 있는 낱말 앞부분에 가서 붙어 '미낸'으로 발음된다. coarse and와 wait and도 마찬가지 경우이다. thought I에서 thought의 자음 t가 뒤에 있는 낱말 앞부분에 가서 붙어 '소타이'에 가깝게 발음된다. just ignore에서 just의 자음 t가 뒤에 있는 낱말 앞부분에 가서 붙어 '저스티그 노어'로 발음된다. looked at에서 looked의 ed의 발음 [d]의 자음 d가 뒤에 있는 낱말 앞부분에 가서 붙어 '루캣'으로 발음된다.

2 없어지는 소리(탈락)의 경우

⊙ 없어지는 소리 현상에서 같은 철자가 겹칠 때, 철자 한 개는 탈락되고 한 개의 철자로만 소리가 나는 경우는 생략한다.

almost kind, And now, and so, didn't see, glanced this, And when, didn't shudder, can't be, But then, thought that, that this, could be, But there's, didn't see, It's so, and see, wasn't there

almost kind에서 almost의 자음 t와 kind의 자음 k 사이에 놓이기 때문에 탈락되어 '올모스카인드'로 발음된다. 이와 같이 자음과 자음 사이에 놓이는 여섯 개의 파열음인 철자—k/g, p/b, t/d—가 탈락되는 예로 And now('앤 나우'), and so('앤 소'), didn't see('디든 시'), And when('앤 웬'), didn't shudder('디든 셔더'), can't be('캔 비'), thought that('소댓'), could be('쿠비'), didn't see('디든 시')와 and see('앤 시')가 해당된다.

glanced this에서 glanced의 ed 발음 [t]가 this의 발음 th[ð]와 비슷하기 때문에 앞에 있는 [t]는 탈락되어 '그랜스 디스'에 가깝게 발음된다.

But then에서 But의 t가 then의 th[ð]와 비슷한 발음이기 때문에 앞에 있는 t가 탈락되어 '버 덴'에 가깝게 발음된다. that this('대 디스'에 가깝게), But there's('버 데어즈'에 가깝게)와 wasn't there('워즌 데어'에 가깝게)도 마찬가지 경우이다.

It's so에서 It's s와 so의 s가 같은 철자이기 때문에, 앞의 s가 탈락되어 '이 소우'로 발음된다.

3 닮는 소리(동화)의 경우

(1) 단타음화

But he, bit alarming, That I, wait and

But he에서 he는 기능낱말이기 때문에 약화되고, But의 t가 강모음과 약모음 사이에 놓이면 단타음(單打音)으로 되어 t도, d도, r도 아닌 발음이 된다. But he는 '버리'에 가깝게 발음된다. bit alarming에서 t가 강모음과 약모음 사이에 놓이면 단타음(單打 音)으로 되어 t도, d도, r도 아닌 발음이 된다. bit alarming은 '비러라밍'에 가깝게 발음된다. 가끔 bit alarming은 alarming의 a는 약모음 [ə]가 되어 앞 낱말 끝부분에 가서 붙어 '비터라밍'으로 발음되는 약모음이동이 일어나기도 한다. That I에서 t가 강모음과 약모음 사이에 놓이면 단타음(單打音)으로 되어 t도, d도, r도 아닌 발음이 된다. That I는 '대라이'에 가깝게 발음된다. wait and에서 t가 강모음과 약모음 사이에 놓이면 단타음(單打音)으로 되어 t도, d도, r도 아닌 발음이 된다. wait and은 '웨이랜'에 가깝게 발음된다. 이 소리는 한글로 표기할 수 없으며 오직 소리로만 익힐 수밖에 없다. 특히 미국영어(American English)에서 두드러진 현상이다.

4 줄어진 소리(축약)의 경우

There's, he's, didn't, can't, I'll, she's, Who'd, They'd, we'll, wasn't, you're

be 동사의 경우인 There's, he's, she's, you're, 부정형의 경우인 didn't, can't와 wasn't, 도우미동사(조동사)의 경우인 I'll, Who'd, They'd와 we'll가 있다. 이 가운데 I'll과 와 we'll에서 'll이 한국인이 발음하기에 가장 힘든 예이다. 그 이유는 'll은 will

의 줄인 형태인데 'll'이 한국어에 없는 발음으로, 'l'은 혀를 입천장에 붙여서 소리를 내야 하는데, 한국어에는 이렇게 소리를 내는 것이 없기 때문이다.

5 주의해야 할 발음

why, before, when, can't, Who'd have ever thought, True, who'd have guessed

why에서 wh~로 시작되는 낱말은 'w' 뒤에 있는 'h'의 소리가 보통 들리지 않는다. 그러니까 why는 '화이'라기 보다 '와이'에 가깝게 발음되거나 들린다. when은 '휀'이라기 보다 '웬'에 가깝게 발음되거나 들린다. 그러나 사람과 관련된 who, whose와 whom은 예외로 'h' 소리가 그대로 난다. 이 노래 가사에 나오는 Who'd는 '우드'라기 보다 '후드'에 가깝게 발음되거나 들린다.

before는 우리나라에서는 주로 비호[bifɔ:r]에 가깝게 발음하는 경우가 많은데, before는 미국영어에서는 [bifɔ:r]와 버호[bəfɔ:r]에 가깝게 발음하는 경우가 있기 때문에, 두 가지로 발음된다는 점을 알아두면 before를 듣거나 말을 때 도움이 될 수 있다. 이런 경우에 해당되는 것으로 자주 쓰이는 것은 behind('비하인드' 또는 '버하인드'), below('비로우' 또는 '버로우')와 beneath('비니스' 또는 '버니스'에 가깝게) 등이 있다.

can't와 can은 도우미동사로 기능낱말이기 때문에 약하게 발음한다. 그런데 can't 다음에 자음이 나오기 때문에 탈락되는 경우가 대부분이어서 can은 [kən]으로 can't는 [kæn]으로 발음하기로 약속이 되어 있다. 그런데 can이 문장 가운데 들어가는 경우가 [kən]으로 주로 발음되고 문장의 끝에 들어가는 경우에는 [kæn]으로 발음되는 경우가 대부분이다. can't는 기본적으로 [kæn]으로 발음되면서 can 보다 약간 길게 발음되는 경향이 있다.

True에서 'tr~'의 발음은 '츠_'와 '추'의 중간쯤 되는 소리로 '츄'에 가깝게 발음되거나 들린다. 따라서 '트루'라기 보다 '츄루'에 가깝게 발음되거나 들린다.

Who'd have ever thought에서 'd have ever thought는 도우미동사 과거 +have+ever+과거분사의 형태이다. 이런 형태로 되어 있는 경우에는 네 개의 낱말이 한 박자를 받아야 하기 때문에 주어진 시간 안에 발음하려면 일부를 줄이거나 또는 약하게 발음할 수밖에 없다. 이 네 개의 낱말 가운데 have가 've로 하거나 have로 되어 있다 할지라도 발음을 약하게 해야 된다. 'd have ever thought는 '드 해브 에브 소트'가 아니라 '드브에브 솟'에 가깝게 발음하거나 들어야 한다. who'd have guessed에서 'd have guessed는 도우미동사 과거+have+과거분사의 형태이다. 이런 형태로 되어 있는 경우에는 세 개의 낱말이 한 박자를 받아야 하기 때문에 주어진 시간 안에 발음하려면 일부를 줄이거나 또는 약하게 발음할 수밖에 없다. 이 세 개의 낱말 가운데 have가 've로 하거나 have로 되어 있다 할지라도 발음을 약하게 해야 된다.

노래에 들어 있는 쓸모 있는 영어 표현들

1. something sweet : 일반적으로 형용사는 명사, 대명사나 부사의 앞에서 꾸며주는 것이 일반적이다. 그렇지만 -thing, -body, -one으로 '끝나는 복합대명사를 꾸며주는 경우나 any~, some~이나 no~와 같은 경우 이것들의 뒤에 놓여 이것들을 꾸며준다. 여기에 해당되는 복합대명사로는 anything, everything, nothing, something/anybody, everybody(every body), nobody, somebody/anyone, every one, no one과 somewhere이 있다. 예문들은 다음과 같다.

Everybody else was there.

(다른 사람들은 모두 거기에 있었다.)

Would you like anything else?

(다른 거 뭐 드릴까요?)

There was no one else around.

(주변에 다른 사람은 아무도 없었다.)

2. looked at : look at은 1) '~을[를] (자세히) 살피다[검토하다, 진찰하다]', 2) '~에 대해 생각하다'와 3) '(특정한 방식으로) ~을[를] 보다, 쳐다보다'라는 뜻이다. 이 노래에서는 2)의 뜻으로 쓰이고 있다.

1)의 예문들은 다음과 같다.

Did the doctor look at his throat?

(그 의사가 그의 목을 진찰했어?)

It's time to stand back and look at your career so far.

(이제 한 걸음 뒤로 물러나 지금까지 당신이 걸어 온 길을 살펴보아야 할 때이다.)

Your ankle's swollen—I think the doctor ought to look at it.

(네 발목이 부었어. 의사가 진찰을 해 봐야 할 것 같아.)

2)의 예문들은 다음과 같다.

Always look at the glass half full.

(컵에 물이 반이나 차 있다고 항상 생각하세요.)

It drives me crazy to see them look at you that way!

(그들이 널 그런 식으로 보는 것을 보게 되어서 날 미치게 만들어!)

We need to look at these issues from a global perspective.

(우리는 이러한 문제들을 세계적 시각으로 볼 필요가 있습니다.)

3)의 예문들은 다음과 같다.

Look at that man over there.

(저기 있는 저 남자 한번 봐.)

Look at the time! We'll be late.

(시간 좀 봐! 우리 늦겠어.)

Look at him dance! Eat your heart out, Fred Astaire.

(그가 춤추는 것 좀 봐! 프레드 아스테르는 저리 가라군.)

3. That way before : that way before는 '예전의 그런 방식' 또는 '예전의 그런 모습' 이라고 할 수 있다.

4. he's no Prince Charming : Prince Charming은 '(매력 · 친절함 등을 다 갖춘) 완벽한 남자 친구[남편]'이란 뜻이다. 예문들은 다음과 같다.

It's not easy to find a Prince Charming.

(이상적인 남자를 찾기란 쉬운 일이 아니다.)

She introduced her boyfriend to her friends as a Prince Charming.

(그녀는 친구들에게 자신의 남자친구가 백마 탄 왕자라고 소개했다.)

I've always dreamed that a Prince charming would come and sweep me off my feet.

(나는 항상 백마 탄 왕자가 나타나서 내 마음을 사로잡으리라 믿고 있었어.)

9. bless my soul : bless my soul은 '저런!, 이크!, 아뿔싸!, 아차!, 당치 않다!'라는 뜻으로 쓰인다. 같은 뜻으로 Bless me!가 쓰이기도 한다. 예문들은 다음과 같다.

Bless my soul!

(아뿔사!)

Bless my soul! Here comes Bill!

(이런 세상에! 빌이 오잖아!)

Bless me, sister, for I have sinned.

(수녀님, 자비를 베푸소서. 죄를 지었습니다.)

10. They'd come together on their own : on one's own은 '혼자[다른 아무도 없이, 혼자 서, 혼자 스스로, 단독으로, 직접, 혼자 힘으로, 자력으로, 자기 책임 아래, 독립해서'(=alone, by oneself, independently) 그리고 be on one's own은 '독립하다, 스스로 하다, 혼자 힘으로 해내다'라는 뜻이다. 그렇지만 이 노래에서는 '혼자 있게 되다'란 뜻으로 이해하면 될 것 같다. on one's own이 쓰인 예문들은 다음과 같다.

She lives on her own.

(그녀는 혼자 산다.)

He did it on his own.

(그는 그것을 혼자 했다.)

I think I'm old enough to decide some things on my own.

(나는 내가 스스로 무언가를 결정할 만큼 충분한 나이가 되었다고 생각해.)

기억할 만한 영어 문장

❶ She didn't shudder at my paw.
(그녀는 내 앞발을 무서워하지도 않았어요.)

❷ I wonder why I didn't see it there before.
(예전에는 내가 왜 그곳에 있는 그것을 보지 못했을까 난 궁금하게 생각해요.)

❸ There's something in him that I simply didn't see.
(그의 내면에는 내가 그저 보지 못했을 뿐인 그 무언가가 있어요.)

뮤지컬과 노래를 생각하며

우리는 누구나 이루어질 수 없는 사랑을 꿈꾼다. 사람들 사이에 일어나는 사랑을 이야기하면서, 『미녀와 야수』(*Beauty and the Beast*)는 그 보다 더 넓은 세계를 꿈꾸고 있다. 이 작품은 인간의 세계와 또 다른 마법이 존재하는 초자연 세계를 넘나들며 모험을 하면서 서로에 대한 사랑을 찾아 나서는 여정이다. 마법의 힘을 발휘하는 것은 결국 사랑의 완성을 꿈꾼다는 것을 앞세우고 있다. 그래서 마지막 장미꽃잎이 떨어지고 마법의 힘이 풀린 왕자와 아름답고 행복한 춤으로 끝나는 행복한 결말을 가져오는 것이다. 조그마한 호의나 요청을 거절하게 되어 요정의 저주로 야수로 변한 왕자, 모험을 하며 아버지를 찾아 나서는 모리스의 딸 베러(Belle)의 서로에 대한 사랑이 개스톤의 방해에도 불구하고 그런 과정을 겪은 후 왕자와의 아름다운 만남과 사랑을 만들어내는 것이다. 아주 오래된 이야기이면서 교훈적인 내용을 담고 있는 것이지만 그래도 이런 원형을 통해 시대가 변하더라도 여전히 변치 않고 우리들의 삶을 지배하고 있는 만남, 사랑과 이별, 사랑의 완성 그리고 그리움의 사이클을 만들어가는 것이다. 오래된 이야기는 반복될 수 있지만, 인간의 이야기는 반드시 그렇지 않은 것이다.

"Beauty And The Beast"의 노래에서 미녀와 야수 사이에 작은 변화가 와서 둘 모두 약간 두려워함에도 '언제나 똑같이 / 언제나 놀랍게 / 언제나 예전처럼 / 언제나 태양처럼 다시 떠오르듯이 그저 확실히'라는 가사를 통해 사랑의 속성은 변하지 않음을 확인할 수 있다. 그러면서 사랑은 늘 '괴롭기도 하지만 행복했고 그리고 낯설은' 무지개 빛과 같은 면을 갖고 있기에 서로에 대한 믿음을 확인하고 챙겨주는 관심과 배려의 마음이 필요함을 넌지시 제시하고 있다.

"Something There"의 노래에 등장하는 성 안에는 미녀인 베러와 야수인 왕자, 마법의 힘으로 성 안에 있는 관리나 하인들 모두 물건들로 변하여 합창이 아닌 앙상블을 이루면서 미녀와 야수를 축복하는 듯한 분위기를 만들어 가고 있다. 미녀도 '그의 내면에는 내가 그저 보지 못했을 뿐인 그 무언가가 있어요'라며 야수의 사랑의 기운을 감지하고 있고, 야수도 '그녀는 예전에는 그런 식으로 결코 나를 보지 않았어요'라며 그녀의 사랑을 눈치를 채고 있다. 촛대인 러미에러는 제 삼자의 입장에서 '글쎄, 누가 생각이나 했겠어요?'라며 그런 미녀와 야수의 사랑을 객관적으로 바라보고 있다. 어쩌면 '그 무엇인가'를 따뜻하게 느껴질 때 사랑은 시작되고 사랑은 이어져 나가고 사랑은 결실을 맺는 것이 아닐까?

10 『겨울왕국 II』 *Frozen II*

1) "Into The Unknown"

(Ah-ah-ah-ah)
(Ah-ah-ah-ah)
(Ah-ah-ah-ahh-ah)

I can hear you but I won't
Some look for trouble while others don't
there's a thousand reasons I should go about my day
And ignore your whispers, which I wish would go away, oh, oh (oh, oh)
(Ah-ah-ah-ahh-ah-ah)

You're not a voice
You're just a ringing in my ear
And if I heard you, which I don't
I'm spoken for, I fear
Everyone I've ever loved is here within theses walls
I'm sorry, secret siren, but I'm blocking out your calls
I've had my adventure
I don't need something new
I'm afraid of what I'm risking if I follow you

Into the unknown
Into the unknown
Into the unknown

(Ah-ah-ah-ah-ahh-ah)

What do you want?
'Cause you've been keeping me awake
Are you here to distract me so I make a big mistake?
Or are you someone out there who's a little bit like me?
Who knows deep down I'm not where I'm meant to be?
Every day's a little harder as I feel my power grow
Don't you know there's part of me that longs to go

Into the unknown
Into the unknown
Into the unknown

Oh-oh-oh

Are you out there?
Do you know me?
Can you feel me?
Can you show me?

Ah-ah-ah-ah
Ah-ah-ah-ah
Ah-ah-ah-ah
Ah-ah-ah-ah
Ah-ah-ah-ah
Ah-ah-ah-ah

Where are you going?
Don't leave me alone
How do I follow you

Into the unknown?
Whoo!

미지의 세계로

(아, 아, 아, 아)
(아, 아, 아, 아)
(아, 아, 아, 아~, 아)

난 네 목소리를 들을 수 있어 하지만 난 듣고 싶지 않아
문제를 찾으려는 사람도 있지만 반면에 그렇지 않은 사람도 있어
내가 일상을 계속 이어가야 할 이유는 수없이 많아
그리고 내가 떠나고 싶지 않냐는 네 속삭임은 무시할래 오, 오 (오, 오)
(아, 아, 아, 아~, 아, 아)

너는 목소리가 아냐
너는 그저 내 귀에서 울리는 소리일 뿐
그리고 네 목소리가 들린다 해도, 난 듣지 않을래
미안하지만, 난 이미 임자가 있어
내가 사랑하는 모든 사람들이 여기 이 성 안에 있어
비밀의 사이렌, 미안하지만 난 네가 불러도 듣지 않아
난 모험을 다녀왔어
난 새로운 그 무엇이 필요 없어
내가 널 따라가게 되는 경우 내가 맞닥뜨릴 위험을 난 두려워해

미지의 세계로
미지의 세계로
미지의 세계로

(아, 아, 아, 아, 아~, 아)

네가 원하는 게 뭐야?

네가 날 계속 깨워왔기 때문이야
네가 날 방해하러 여기 온 거야 그래서 내가 큰 실수라도 하라고?
아니면 넌 저 먼 곳에 있는 나와 약간 닮은 누군가인거니?
난 내가 있어야 할 곳이 아니라는 걸 아무도 깊이 몰라
내 힘이 하루하루 강해짐에 따라 매일 매일이 약간 더 힘들어져
알잖아, 사실 마음 한구석에는 간절히 떠나고 싶어 한다는 걸

미지의 세계로
미지의 세계로
미지의 세계로

오, 오, 오

넌 저 먼 곳에 있어?
넌 나를 알아?
넌 날 느낄 수 있어?
넌 나에게 네 모습을 보여줄래?

아, 아, 아, 아
아, 아, 아, 아
아, 아, 아, 아
아, 아, 아, 아
아, 아, 아, 아
아, 아, 아, 아

너 어디 가는 거야?
날 혼자 내버려 두지 마
내가 어떻게 하면 널 따라가지?

미지의 세계로?
우!

영어 발음 제대로 듣거나 소리내기

1 이어지는 소리(연음)의 경우

1 약모음 이동

There's a, go about, go away, not a, just a, I'm afraid, afraid of, me awake, make a, who's a, days a, part of, me alone

There's a에서 a는 약모음 [ə]가 되어 앞 낱말 끝부분에 가서 붙어 '데어저'에 가깝게 발음된다. not a, just a, make a, who's a와 days a도 마찬가지 경우이다. go about에서 about의 a는 약모음 [ə]가 되어 앞 낱말 끝부분에 가서 붙어 '고우어 바웃'으로 음된다. go away에서 away의 a는 약모음 [ə]가 되어 앞 낱말 끝부분에 가서 붙어 '고우어 웨이' 로 발음된다. I'm afraid에서 afraid의 a는 약모음 [ə]가 되어 앞 낱말 끝부분에 가서 붙어 '아이머훼레이드'에 가깝게 발음된다. afraid of에서 of는 기능낱말이기 때문에 [əv]나 [ə]로 발음되고, of의 o는 약모음 [ə]가 되어 앞 낱말 끝부분에 가서 붙어 '어훼레이더브'로 발음된다. part of도 마찬가지 경우이다. me awake에서 awake의 a는 약모음 [ə]가 되어 앞 낱말 끝부분에 가서 붙어 '미어웨이크'로 발음된다. me alone에서 alone의 a는 약모음 [ə]가 되어 앞 낱말 끝부분에 가서 붙어 '미어론'으로 발음된다.

2 자음 이동

And ignore, And if, loved is, if I, as I

And ignore에서 And의 d는 앞의 콧소리 n을 닮아서 n으로 되었다가 n이 겹쳐서 나오기 때문에 앞의 n이 탈락된다. 따라서 남은 자음 n이 뒤에 있는 낱말 앞부분에 가서 붙어 '애니그노어'로 발음된다. And if에서 And의 d는 앞의 콧소리 n을 닮아 n으로 된 후 nn이 겹쳐서 나오기 때문에 앞의 n은 탈락된다. 그리고 남은 자음 n이 뒤에 있는 낱말 앞부분에 가서 붙어 '애니훠'에 가깝게 발음된다. loved is에서 loved의 ed의 발음이 [d]로 되고 이 d가 뒤에 있는 낱말 앞부분에 가서 붙어 '러브디즈'로 발음된다. if I에서 if의 자음 f는 뒤에 있는 낱말 앞부분에 가서 붙어 '이화이'에 가깝게 발음된다. as I에서 as의 자음 s는 뒤에 있는 낱말 앞부분에 가서 붙어 '애자이'로 발음된다.

2 없어지는 소리(탈락)의 경우

⊙ 없어지는 소리 현상에서 같은 철자가 겹칠 때, 철자 한 개는 탈락되고 한 개의 철자로만 소리가 나는 경우는 생략한다.

thousand reasons, should go, don't need, distract me, out there, meant to, Don't leave

thousand reasons에서 thousand의 d는 자음 n과 자음 r 사이에 놓이기 때문에 탈락되어 '사우전 리전즈'로 발음된다. 이와 같이 자음과 자음 사이에 놓이는 여섯 개의 파열음인 철자—k/g, p/b, t/d—가 탈락되는 예로 should go('슈 고우'), don't need('도운 니드'), distract me('디스츄렉 미')와 Don't leave('도운 리브')가 해당된다.

out there에서 out의 t는 there의 발음 th[ð]와 비슷하기 때문에 앞에 있는 t는 탈락되어 '아우데어'에 가깝게 발음된다.

meant to에서 meant의 t와 to의 t는 같은 철자이기 때문에 앞의 t가 탈락되어 '멘터'로 발음된다.

3 닮는 소리(동화)의 경우

(1) 단타음화

but I, not a, but I'm, little, part of

but I에서 t가 강모음과 약모음 사이에 놓이면 단타음(單打音)으로 되어 t도, d도, r도 아닌 발음이 된다. but I는 '버라이'에 가깝게 발음된다. not a에서 not은 부정을 나타내는 내용낱말이기 때문에 여기에 있는 t가 강모음과 약모음 사이에 놓이면 단타음(單打音)으로 되어 t도, d도, r도 아닌 발음이 된다. not a는 '나러'에 가깝게 발음된다. but I'm에서 t가 강모음과 약모음 사이에 놓이면 단타음(單打音)으로 되어 t도, d도, r도 아닌 발음이 된다. but I'm은 '버라이임'에 가깝게 발음된다. little에서 tt가 강모음과 약모음 사이에 놓이면 단타음(單打音)으로 되어 t도, d도, r도 아닌 발음이 된다. little은 '리럴'에 가깝게 발음된다. part of에서 t는 강모음과 약모음 사이에 놓이면 단타음(單打音)으로 되어 t도, d도, r도 아닌 발음이 된다. part of는 '파러브'에 가깝게 발음된다. 이 소리들은 한글로 표기할 수 없으며 오직 소리로만 익힐 수밖에 없다. 특히 미국영어(American English)에서 두드러진 현상이다.

(2) 구개음화

heard you, Don't you

treat you에서 treat의 t[t]와 you의 y[j]가 합쳐지면 서로 닮아서 [ʧ]로 바뀌어 '츠리츄'에 가깝게 발음된다. 따라서 이런 현상은 영국영어(British English) 보다 미국영어(American English)에서 자주 나타나는 현상이다. that you're와 that your도 마찬가지 경우이다.

made you에서 made의 d[d]와 y[j]가 합쳐지면 서로 닮아서 [ʤ]로 바뀌어 '메이쥬'

에 가깝게 발음된다. 발음된다. 이런 현상은 영국영어(British English) 보다 미국영어(American English)에서 자주 나타나는 현상이다. hold you도 마찬가지 경우이다.

4 줄어진 소리(축약)의 경우

won't, don't, There's, You're, I'm, I've, 'Cause, you've, who's, day's

부정형의 경우인 won't와 don't, be 동사의 경우인 There's, You're, I'm, who's와 day's, have 동사의 경우인 I've와 I've가 있다.

'Cause는 Because('~ 때문에', '왜냐하면')의 줄인 형태이다. 팝송을 포함한 영어 노래에서는 대부분 because로 하는 경우는 드물다. 그 이유는 아마 노래를 부를 때 뜻을 살리면서 음감을 위해 한 박자로 만들기 위해 관습적으로 이루어진 것이 아닐까 추측해본다. because의 경우, 노래 가사에서 일부를 줄이는 경우 아포스트로피(')를 넣는 경우('cause)도 있지만, 아포스트로피를 넣지 않은 경우(cause)도 있고, 소리가 나는 것 중심으로 cos 또는 cuz로 표기하는 경우도 있다.

5 주의해야 할 발음

can, trouble, while, whispers, which, what, where

can과 can't는 도우미동사로 기능낱말이기 때문에 약하게 발음한다. 그런데 can't 다음에 자음이 나오기 때문에 탈락되는 경우가 대부분이어서 can은 [kən]으로 can't는 [kæn]으로 발음하기로 약속이 되어 있다. 그런데 can이 문장 가운데 들어가는 경우가 [kən]으로 주로 발음되고 문장의 끝에 들어가는 경우에는 [kæn]으로 발음되는 경우가 대부분이다. can't는 기본적으로 [kæn]으로 발음되면서 can 보다 약간 길게 발음되는 경향이 있다.

trouble에서 'tr~'의 발음은 '츠_'와 '추'의 중간쯤 되는 소리로 '츄'에 가깝게 발음되거나 들린다. 따라서 '트라블'이라기 보다 '츄라블'에 가깝게 발음되거나 들린다.

while에서 wh~로 시작되는 낱말은 'w' 뒤에 있는 'h'의 소리가 보통 들리지 않는다. 그러니까 while은 '화일'이라기 보다 '와일'에 가깝게 발음되거나 들린다. 마찬가지로 whispers는 '휘스퍼즈'라기 보다 '위스퍼즈'로, which는 '휘치'라기 보다 '위치'에, what은 '홧'이라기 보다 '왓'에, where는 '훼어'라기 보다 '웨어'에 가깝게 발음되거나 들린다. 그러나 사람과 관련된 who, whose와 whom은 예외로 'h' 소리가 그대로 난다.

노래에 들어 있는 쓸모 있는 영어 표현들

1. Some look for trouble : look for는 1) '~을[를] 바라다[기대하다]'와 2) '찾다, 구하다'라는 뜻이다. 이 노래에서는 2)의 뜻으로 쓰이고 있다.

1)의 예문들은 다음과 같다.

What do you look for in a role?

(당신은 무슨 역할을 원하나요?)

Death steals upon us when we least look for it.

(죽음은 우리가 전연 원하지 않을 때 살며시 다가온다.)

We shall be looking for an improvement in your work this term.

(이번 학기에는 자네 성적이 나아지기를 기대하겠네.)

2)의 예문들은 다음과 같다.

She went around the market looking for bargains.

(그녀는 시장을 돌며 값싼 물건을 찾아다녔다.)

Which features do you look for when choosing a car?

(당신은 승용차를 고를 때 어떤 특성을 찾나요?)

We all need to look for ways to reduce our carbon footprint.

(우리 모두는 온실효과 유발 이산화탄소 배출량을 줄일 수 있는 방법을 찾아야 한다.)

2. I should go about my day : go about는 1) '~을[를] 시작하다'와 2) '계속 ~을 (바삐) 하다'라는 뜻이다. 이 노래에서는 2)의 뜻으로 쓰이고 있다.

1)의 예문들은 다음과 같다.

How should I go about finding a job?

(내가 일자리 구하는 일을 어떻게 시작해야 할까요?)

You're not going about the job in the right way.

(넌 그 일을 제대로 시작하고 있지 않아.)

Here are some pointers on how to go about the writing task.

(여기 문서 작업을 어떻게 시작할 것인가에 대한 조언 몇 가지가 있다.)

2)의 예문들은 다음과 같다.

Can you tell me how you plan to go about it?

(당신은 그것을 어떻게 계속 진행시킬 계획이신지 말씀해 주시겠어요?)

You just go about your business, same as always.

(당신은 항상 똑같이 단지 당신의 일을 계속하세요.)

Despite the threat of war, people went about their business as usual.

(전쟁의 위협에도 불구하고 사람들은 계속 일상 업무를 보았다.)

3. go away : go away는 '(사람 · 장소를) (떠나) 가다, (특히 휴가를 맞아) 집을 떠나다[어디를 가다], 없어지다, 도망치다'라는 뜻으로 쓰인다. 예문들은 다음과 같다.

We've decided not to go away after all.

(우리는 결국 가지 않기로 결정했다.)

We put the dog in kennels when we go away.

(우리가 어디 갈 때는 개를 돌봐 주는 곳에 맡긴다.)

Distracting thoughts go away when I concentrate on the work.

(내가 일에 집중하다 보면 잡념이 사라진다.)

4. You're not a voice : voice는 '목소리, 음성'이란 뜻이다. You're not a voice라는 것은 글자 그대로 '당신은 목소리가 아니야'는 이미 자신의 관심 밖의 사람임을 은연중에 나타낸다.

5. You're just a ringing in my ear : ringing은 '울리는[울려 퍼지는] 소리'라는 뜻이다. You're just a ringing in my ear는 글자 그대로 '당신은 단지 내 귀에 울려 퍼지는 소리에 불과해'는 이미 자신의 관심 밖의 사람임을 은연중에 나타낸다. 바로 위에 가사와 맥락을 같이 한다고 이해하면 될 것이다.

6. I'm spoken for, I fear : spoken for는 '이미 청구된[주인이 있는], 만나는 사람이 있는, 임자가 있는'(=to be unavailable; to already belong to someone else, or be in a relationship)이란 뜻이다. 그리고 I fear는 글자 그대로 '나는 두려워요' 또는 '나는 걱정스러워요'라는 것은 '내가 미안하지만'(=I'm sorry but~; unfortunately~)라는 뜻으로 이해하면 될 것이다. spoken for의 예문들은 다음과 같다.

The room is spoken for.

(그 방은 예약되었다.)

Liza is already spoken for.

(리자는 이미 짝[임자]이 있다.)

I'm afraid you can't sit there—those seats are spoken for.

(죄송하지만 (당신은) 거기 앉으실 수 없어요. 그 자리들에는 주인이 있어요.)

A : Do you have a boyfriend?)

B : Yes, I do. I'm already spoken for.

(A : 남자 친구 있어요?)

(B : 네, 저 지금 만나는 사람 있어요.)

7. **something new** : 일반적으로 형용사는 명사, 대명사나 부사의 앞에서 꾸며주는 것이 일반적이다. 그렇지만 -thing, -body, -one으로 '끝나는 복합대명사를 꾸며주는 경우나 any~, some~이나 no~와 같은 경우 이것들의 뒤에 놓여 이것들을 꾸며준다. 여기에 해당되는 복합대명사로는 anything, everything, nothing, something/anybody, everybody(every body), nobody, somebody/anyone, every one, no one과 somewhere이 있다. 예문들은 다음과 같다.

Did you go anywhere **interesting**?

(어디 재미있는 데 갔었니?)

Take the bag, and leave everything else to me.

(그 가방만 가져가고 다른 건 모두 내가 들게 놔둬.))

As long as you have your health, nothing else matters.

(건강하기만 하다면 다른 것은 아무것도 중요하지 않다.)

9. **I'm afraid of what I'm risking if I follow you : be afraid~**는 '(달갑지 않은 일에 대하여) ~이라고 생각하다, ~것 같다, 두려워, 유감이지만, 미안하지만'이란 뜻이다. afraid는 글자 그대로의 '두려운, 무서워하여'라는 뜻으로 쓰이기 보다, 주로 회화에서 ', ~것 같다'나 '유감이지만, 미안하지만'의 뜻으로 자주 쓰인다. 예문들은 다음과 같다.

I'm afraid I cannot help you.

(미안하지만 도와 줄 수가 없습니다.)

I'm afraid it will rain tonight.

(오늘 밤에 비가 올 것 같다.)

I'm afraid he's out of temper, isn't he?

(아마 화를 내고 있겠지요; 기분이 언짢은 모양이군요.)

10. I make a big mistake : make a mistake는 '실수하다, 잘못 생각하다'라는 뜻이다. 그리고 make a big mistake는 '큰 실수를 하다. 큰 실수를 범하다'라는 뜻이다. make the same mistake는 '같은 실수를 하다'라는 뜻이다. 예문들은 다음과 같다.

It's easy to make a mistake.

(실수를 범하기는 쉽다.)

He's waiting for me to make a mistake.

(그는 내가 실수를 저지르기를 기다리고 있어.)

When we make a mistake while dancing, we can dance again.

(우리가 춤을 출 때, 실수를 하면 다시 출 수 있어요.)

You are making a big mistake.

(너 크게 실수하는 거야.)

You may make a big mistake if you hold your life cheap.

(너가 일을 가볍게 보다가는 큰 실수를 저지를지도 모른다.)

Because Jack made a big mistake, the boss threw him out of work.

(잭이 너무 큰 실수를 저질러서 사장은 그를 실직 시켰다.)

I keep making the same mistakes.

(나는 계속 같은 실수를 한다.)

Many a man has made the same mistake.

(같은 실수를 한 사람이 많다.)

I was embarrassed to tell him that I made the same mistake.

(그에게 내가 같은 실수를 저질렀다고 말하기가 부끄러웠다.)

11. Who knows deep down I'm not where I'm meant to be? : Who knows에서 who knows는 '혹시 모르지, 어쩌면, 누가 알아, (뭐라고 말할 수 없지만) 어쩌면 그럴지도 모르지!, 경우에 따라서는!, 아무도 모른다'라는 뜻으로 쓰인다. 예

문들은 다음과 같다.

Who knows? She may become a queen.

(누가 알아? 그녀가 여왕이 될 수도 있다고.)

Who knows what changes tomorrow may bring?

(내일[장차] 어떤 변화가 찾아올지 누가 알겠는가?)

Who knows, maybe he will let me ride his amazing bike!

(혹시 알아요, 그가 그 멋진 자전거를 타게 해줄지!)

deep down는 '마음속으로는, 속마음으로는, 본심은'이란 뜻이다. 예문들은 다음과 같다.

Deep down I still loved him.

(마음속으로는 난 아직도 그를 사랑하고 있었다.)

He seems confident but deep down he's quite insecure.

(그가 (겉으로는) 자신감이 있어 보이지만 사실은 상당히 자신감이 부족하다.)

Like many women, deep down she was unsure of herself.

(많은 여성들이 그런 것처럼, 그녀도 마음속으로는 자신에 대한 확신이 없었다.)

mean to는 '~할 셈이다'라는 뜻으로 쓰인다. 이런 경우 주어의 의도를 표시한다. 예문들은 다음과 같다.

Sorry, I didn't mean to sound flippant.

(본의 아니게 제 말이 건방지게 들렸다면 미안해요.)

Please continue—I didn't mean to interrupt.

(계속 말씀하세요. 방해할 뜻은 없었어요.)

I mean to say, you should have known how he would react!

(정말이야. 그가 어떤 반응을 보일지 네가 알고 있어야 했다니까!)

그런데 mean for는 mean to와는 뜻이 다른 '…을[를] 위해 계획하다, 꾀하다'라는 뜻이다. 예문들은 다음과 같다.

He is meant for her.

(그는 그녀에게 어울린다.)

This book is meant for children.

(이 책은 어린이들을 염두에 두고 쓴 책이다.)

Maybe she didn't mean for it to be so malicious.

(아마도 그녀는 그렇게까지 악의적인 것을 의도하지는 않았을 것이다.)

12. as I feel my power grow : feel my power grow에서 feel 다음에 목적어(my power)가 나오고 그 다음에는 to 부정사가 나와야 되는데, feel과 같은 감각동사(지각동사)인 경우에는 알몸동사(원형동사; bare infinitive)가 쓰여 to grow가 아니라 grow로 된다.

13. longs to go : 여기서 long은 '몹시 바라다, 욕구하다; 원하다, 희망하다'라는 뜻이다. 그러니까 long to~는 '~하기를 몹시 바라다, 욕구하다; 원하다, 희망하다'라는 뜻으로 이해하면 될 것이다. 예문들은 다음과 같다.

I long to see her again.

(나는 그 여자를 다시 보고 싶다.)

I long to have him come.

(나는 그가 와주기를 고대한다.)

I long to hear your news.

(나는 당신의 소식을 몹시 듣고 싶어요.)

14. Don't leave me alone : leave me alone에서 leave의 뜻으로 많이 쓰이는 '~를[을] 떠나다, 출발하다'라는 뜻 보다 '~을[를] (어떤 상태로) 그대로 두다, 남기다'란 뜻으로 여기에서 쓰이고 있다. 그러니까 leave me alone은 '날 좀 혼자 있게 내버려 둬요'라는 뜻이기 때문에 Don't leave me alone은 '날 좀 혼자 있게 내버려 두지 말아요'라 할 수 있다. 그렇지만 상대방이 귀찮게 할 때 자주 쓰이는 영어 표현인 Leave me alone은 '제발 날 내버려둬요', '날 가만히 내버려둬' 또는 '나를 혼자 있게 놔둬요'라는 뜻이다. 그러니까 상대방으로 하여금 나를 귀찮게 하지 말라고 할 때 쓰는 표현이다.

기억할 만한 영어 문장

1. Don't leave me alone.
(나를 혼자 내버려 두지 마.)
2. I don't need something new.
(나는 새로운 그 무엇이 필요 없어.)
3. I'm afraid of what I'm risking if I follow you.
(내가 너를 따라가게 되는 경우 내가 맞닥뜨릴 위험을 난 두려워해.)

10 『겨울왕국 II』 *Frozen II*

2) "Show Yourself"

Every inch of me is trembling
But not from the cold
Something is familiar
Like a dream I can reach but not quite hold
I can sense you there
Like a friend I've always known
I'm arriving
And it feels like I am home
I have always been a fortress
Cold secrets deep inside
You have secrets, too
But you don't have to hide
Show yourself
I'm dying to meet you
Show yourself
It's your turn
Are you the one I've been looking for all of my life?
Show yourself
I'm ready to learn
Ah-ah, ah-ah
Ah-ah, ah-ah-ah
I've never felt so certain
All my life I've been torn
But I'm here for a reason

Could it be the reason I was born?
I have always been so different
Normal rules did not apply
Is this the day?
Are you the way I finally find out why?
Show yourself
I'm no longer trembling
Here I am
I've come so far
You are the answer I've waited for all of my life
Oh, show yourself
Let me see who you are
Come to me now
Open your door
Don't make me wait
One moment more
Oh, come to me now
Open your door
Don't make me wait
One moment more

Where the north wind meets the sea (Ah-ah, ah-ah)
There's a river (Ah-ah, ah-ah) Full of memory (memory, memory)
Come, my darling, homeward bound
I am found!
Show yourself
Step into the power
Throw yourself
Into something new

You are the one you've been waiting for
All of my life (All of your life)
Oh, show yourself
You
Ah–ah, ah–ah
Ah–ah, ah–ah
Ah–ah, ah–ah
Ah–ah, ah–ah

너 자신을 보여줘

내 온 몸이 떨리고 있어
하지만 추워서가 아니야
뭔가 익숙해
내가 손을 뻗으면 닿을 수 있지만 꽉 잡을 수 없는 꿈같아
난 네가 거기 있는 게 느낄 수 있어
내가 늘 알고 지내온 어떤 친구처럼
난 이제 막 도착했는데
그리고 난 집에 돌아온 것 같은 느낌이야
난 항상 나를 숨겨왔어
차가운 비밀들을 마음속 깊이 품고서
너 또한 비밀이 있잖아
하지만 넌 숨길 필요가 없어
너 자신을 보여줘
난 널 몹시 보고 싶어
너 자신을 보여줘
이제 네 차례야
내가 평생 동안 찾아 헤매던 누군가가 바로 너일까?
너 자신을 보여줘
난 배울 준비가 되어 있어
아, 아, 아, 아
아, 아, 아, 아, 아
내가 이렇게 확신에 찬적은 없었어
내 평생 찢어질 듯 고통스러웠어
하지만 내가 여기 온 건 이유가 있겠지
그게 내가 태어났던 이유였을까?
난 늘 사람들과 너무 달랐어
평범한 규칙은 맞지 않았지
오늘이 바로 그 날인가?
내가 마침내 이유를 찾고 있는 방식이 너일까?

너 자신을 보여줘
난 더 이상 떨지 않아
난 여기 있어
난 너무 멀리 왔어
넌 내가 평생 동안 기다려온 대답이야
오, 너 자신을 보여줘
네가 누군지 내게 보여주도록 해
지금 내게로 와서
네 마음의 문을 열어줘
날 기다리게 하지 마
한 순간이라도 더
오, 이제 내게로 와
네 마음의 문을 열어줘
날 기다리게 하지 마
한 순간이라도 더

북쪽의 바람이 바다와 만나는 곳에 (아, 아, 아, 아)
강이 있어 (아, 아, 아, 아) 기억으로 가득 찬 (기억, 기억)
그대여, 이리 와, 집으로 향해
난 마침내 찾았어!
너 자신을 보여줘
너의 힘 속으로 나아가
네 자신을 던져
새로운 그 무엇으로
네가 그토록 기다려왔던 사람이 바로 너야
평생 동안 (네 평생을)
오, 너 자신을 보여줘
너
아, 아, 아, 아
아, 아, 아, 아
아, 아, 아, 아
아, 아, 아, 아

영어 발음 제대로 듣거나 소리내기

1 이어지는 소리(연음)의 경우

1 약모음 이동

inch of, Like a, I'm arriving, been a, all of, for a, There's a, Full of

inch of에서 of는 기능어이기 때문에 [əv]나 [ə]로 발음되고, of의 o는 약모음 [ə]가 되어 앞 낱말 끝부분에 가서 붙어 '인치브'로 발음된다. all of와 Full of도 마찬가지 경우이다. Like a에서 Like의 끝에 있는 모음 e는 약화되고, 그 뒤에 있는 a는 약모음 [ə]가 되어 앞 낱말 끝부분에 가서 붙어 '라이커'로 발음된다. been a, for a와 There's a도 마찬가지 경우이다. I'm arriving에서 arriving의 a는 약모음 [ə] 가 되어 앞 낱말 끝부분에 가서 붙어 '아이머라이빙'으로 발음된다.

2 자음 이동

friend I've, And it, deep inside, Could it, find out, Step into

friend I've에서 friend의 자음 d는 뒤에 있는 낱말 앞부분에 가서 붙어 '훠렌다이브'에 가깝게 발음된다. And it에서 And의 d는 앞의 콧소리 n을 닮아서 n으로 되었다가 n이 겹쳐서 나오기 때문에 앞의 n이 탈락된다. 따라서 남은 자음 n이 뒤에 있는 낱말 앞부분에 가서 붙어 '애닛'으로 발음된다. deep inside에서 deep의 자음 p는 뒤에 있는 낱말 앞부분에 가서 붙어 '디핀사이드'로 발음된다. Could it에서 Could의 자음 d는 뒤에 있는 낱말 앞부분에 가서 붙어 '쿠딧'으로 발음된다. find out에서 find의 자음 d는 뒤에 있는 낱말 앞부분에 가서 붙어 '화인다웃'으로 발음된다. Step into에서 Step의 자음 p는 뒤에 있는 낱말 앞부분에 가서 붙어 '스떼핀터'에 가깝게 발음된다.

2 없어지는 소리(탈락)의 경우

⊙ 없어지는 소리 현상에서 같은 철자가 겹칠 때, 철자 한 개는 탈락되고 한 개의 철자로만 소리가 나는 경우는 생략한다.

Cold secrets, don't have, felt so, Don't make, moment more, wind meets, homeward bound

Cold secrets에서 Cold의 d는 자음 l과 자음 s 사이에 놓이기 때문에 탈락되어 '코울 시크리츠'로 발음된다. 이와 같이 자음과 자음 사이에 놓이는 여섯 개의 파열음인 철자—k/g, p/b, t/d—가 탈락되는 예로 don't have('도운 해브'), felt so('휄 소우')에 가깝게), Don't make('도운 메이크'), moment more('모우먼 모어'), wind meets('윈 미츠'), homeward bound('호움워 바운드')가 해당된다.

3 닮는 소리(동화)의 경우

(1) 단타음화

wai**t**ing, Bu**t** I'm, wai**t**ed

waiting에서 t가 강모음과 약모음 사이에 놓이면 단타음(單打音)으로 되어 t도, d도, r도 아닌 발음이 된다. waiting은 '웨이링'에 가깝게 발음된다. But I'm에서 t가 강모음과 약모음 사이에 놓이면 단타음(單打音)으로 되어 t도, d도, r도 아닌 발음이 된다.

But I'm은 '버라임'에 가깝게 발음된다. waited에서 t가 강모음과 약모음 사이에 놓이면 단타음(單打音)으로 되어 t도, d도, r도 아닌 발음이 된다. waited는 '웨이리드'에 가깝게 발음된다. 이 소리들은 한글로 표기할 수 없으며 오직 소리로만 익힐 수밖에 없다. 특히 미국영어(American English)에서 두드러진 현상이다.

(2) 구개음화

But you, meet you,

treat you에서 treat의 t[t]와 you의 y[j]가 합쳐지면 서로 닮아서 [ʧ]로 바뀌어 '츠리츄'에 가깝게 발음된다. 따라서 이런 현상은 영국영어(British English) 보다 미국영어(American English)에서 자주 나타나는 현상이다. that you're와 that your도 마찬가지 경우이다.

made you에서 made의 d[d]와 y[j]가 합쳐지면 서로 닮아서 [ʤ]로 바뀌어 '메이쥬'에 가깝게 발음된다. 발음된다. 이런 현상은 영국영어(British English) 보다 미국영어(American English)에서 자주 나타나는 현상이다. hold you도 마찬가지 경우이다.

(3) 역행동화

Let me

Let me에서 Let의 t는 바로 뒤에 나온 me의 m을 닮아 t가 m으로 바뀌어 Lemme로 표기하기도 하지만, 발음은 대부분 '레미'로 발음된다.

4 줄어진 소리(축약)의 경우

I'm, don't, It's, I've, There's, you've

be 동사의 경우인 I'm, It's와 There's, 부정형의 경우인 don't, have 동사의 경우인 I've와 you've가 있다.

5 주의해야 할 발음

trembling, dream, can, have to, where, Step, why

trembling에서 'tr~'의 발음은 '츠_'와 '추'의 중간쯤 되는 소리로 '츄'에 가깝게 발음되거나 들린다. 따라서 trembling은 '트렘브링'이라기 보다 '츄렘브링'에 가깝게 발음되거나 들린다.

dream에서 'dr~'의 발음은 '드_'와 '주'의 중간쯤 되는 소리로 '쥬'에 가깝게 발음되거나 들린다. 따라서 dream은 '드림'이라기 보다 '쥬림'에 가깝게 발음되거나 들린다.

can과 can't는 도우미동사로 기능낱말이기 때문에 약하게 발음한다. 그런데 can't 다음에 자음이 나오기 때문에 탈락되는 경우가 대부분이어서 can은 [kən]으로 can't는 [kæn]으로 발음하기로 약속이 되어 있다. 그런데 can이 문장 가운데 들어가는 경우가 [kən]으로 주로 발음되고 문장의 끝에 들어가는 경우에는 [kæn]으로 발음되는 경우가 대부분이다. can't는 기본적으로 [kæn]으로 발음되면서 can 보다 약간 길게 발음되는 경향이 있다.

have to는 '~해야 한다'라는 뜻으로 [hæftə]로 발음한다. 우리가 보통 발음하는 '해브투'가 아닌 '해후터'에 가깝게 발음된다.

where에서 wh~로 시작되는 낱말은 'w' 뒤에 있는 'h'의 소리가 보통 들리지 않는다. 그러니까 where는 '훼어'라기 보다 '웨어'에 가깝게 발음되거나 들린다. 마찬가지로 why는 '화이'라기 보다 '와이'에 가깝게 발음되거나 들린다. 그러나 사람과 관련된 who, whose와 whom은 예외로 'h' 소리가 그대로 난다.

Step에서 s+k/p/t가 되면 된소리에 가깝게 소리가 난다. 대부분 k/p/t가 들어간 낱말은 h가 들어가는 소리를 내게 되는데, s+k/p/t의 경우는 h 소리가 들어가지 않고 된소리에 가깝게 발음되거나 들린다. 그러니까 Step은 '스텝'이라기 보다 '스뗍'에 가깝게 발음되거나 들린다.

노래에 들어 있는 쓸모 있는 영어 표현들

1. Every inch of me is trembling : every inch of me에서 every inch는 '철두 철미(徹頭 徹尾), 어느 모로 보나, 전부 다, 구석구석까지, 한치의 틈도 없이'라는 뜻인데, 사람의 경우에는 '어느 모로 보나, 완전히, 어떻게든'으로 적용할 수 있을 것이다. 이 노래에서는 사람의 경우에 적용되고 있기 때문에 every inch of me는 '내 온몸이' 정도로 이해하면 될 것이다. every inch가 들어간 예문들은 다음과 같다.

He was every inch a gentleman.

(그는 철두철미 신사였다.)

He knows every inch of the land.

(그는 그곳을 구석구석 알고 있다.)

The doctor examined every inch of his body.

(그 의사가 그의 몸을 속속들이 검진했다.)

2. from the cold : the cold에서 cold는 형용사로서 주로 '추운, 차가운, (열을 가하지 않아서) 찬, (끓인 음식이) 식은, 냉정한, 차가운'이란 뜻으로 대부분 쓰인다. 그런데 명사로 '감기, 추위, 냉기, 한랭(寒冷)'이란 뜻으로 쓰인다. 이 노래에서는 the가 붙어서 명사로 쓰이고 있다. 명사로 쓰이는 예문들은 다음과 같다.

His fingers were numbed with the cold.

(그는 추워서 손가락에 감각이 없었다[손이 곱았다.]

How much do you know about avoiding the cold?

(당신은 감기에 걸리지 않는 요령에 대해 얼마나 알고 있습니까?)

As he came in from the cold, his glasses misted up.

(그가 추운 데서 안으로 들어오자 안경이 부옇게 되었다.)

3. it feels like I am home : feels like I am home은 주로 쓰이는 feel at home과 같은 뜻으로 보면 될 것이다. feel at home은 '마음이 편안하다, 편안한 마음을 갖다, 마음의 여유가 있다'라는 뜻이다. 예문들은 다음과 같다.

Will you ever feel at home here?

(당신이 여기서 편하게 느낄 날이 있을까요?)

I feel at home when I'm with you.

(나는 당신과 함께 있으면 편안해요.)

He had a genius for making people feel at home.

(그는 사람을 편하게 해 주는 데 특별한 재능이 있었다.)

4. I have always been a fortress : fortress는 '요새'라는 뜻이다. 요새(要塞)는 '국방상 중요한 곳에 튼튼하게 만들어 놓은 방어 시설 또는 그러한 시설을 한 곳' 또는 '차지하거나 도달하기 어렵게 되어 있는 대상이나 목표'란 뜻이다. 따라서 이 노래에서 말하는 또는 노래하는 사람이 항상 요새와 같은 처지, 역할 또는 관계를 이어왔다는 것을 의미 한다고 볼 수 있다. 일종의 비유법 가운데 은유에 해당되는 것으로 '나는 요새이다'라고 보고, 어떤 점에서 그런 처지, 역할이나 관계를 유지해 왔는지는 명확하게 드러나지 않기 때문에 우리는 추측 또는 상상하면서 노래를 감상할 수밖에 없다.

5. Cold secrets deep inside : deep inside는 '마음속 깊이, 마음속으로는[내심은], 본심은, 사실은'(=at heart, deep down, really)이란 뜻이다. 예문들은 다음과 같다.

We can only feel it deep inside our heart.

(우리는 그저 가슴 깊은 곳을 통해 느끼게 되는 거예요.)

He knew deep inside he had a passion for writing.

(그는 그의 마음 깊은 속에 집필에 대한 열정이 있다는 것을 깨달았다.)

Like many women, deep inside she was unsure of herself.

(많은 여성들이 그런 것처럼, 그녀도 마음속으로는 자신에 대한 확신이 없었다.)

6. you didn't have to hide : have to는 '('의무'를 나타내어) …해야 한다'(=must)라는 뜻 이지만, 부정형인 don't[doesn't] have to는 '~할 필요가 없다'(=need not)이란 뜻이다. have to와 don't have to는 도우미동사[조동사]를 대신하는 역할을 하는 동사이다. 예문들은 다음과 같다.

You have to use the past tense.

(넌 과거 시제를 써야[사용해야] 해.)

We may have to resort to using untrained staff.

(우리는 미숙련된 직원을 활용해야만 할 것 같다.)

Firms have to be responsive to consumer demand.

(기업들은 소비자의 요구에 즉각 대응을 해야 한다.)

You don't have to get stressed by him.

(당신은 그 사람 때문에 스트레스 받을 필요 없어요.)

Bathrooms don't have to be purely functional.

(욕실이라고 순전히 기능 위주로 만들 필요는 없다.)

I know that it doesn't have to be a secret any more.

(그것은 더 이상 비밀이 될 필요가 없단 것을 나는 알고 있다.)

7. I'm dying to meet you : be dying to~는 글자 그대로 '~하고 싶어 죽을 지경이다' 또는 '~하고 싶어 죽겠어'라는 뜻이지만 일반적으로 '몹시 ~하고 싶다' 또는 '(어서 ~하기를) 몹시 바라다[어서 빨리 ~하고 싶어하다]'라는 뜻이다. 같은 뜻으로 can't wait to~와 be aching to~가 있고, 비슷한 뜻으로 be itching to~(~하고 싶어 근질근질하다)가 있다. 예문들은 다음과 같다.

I'm dying to see you.

(난 널 몹시 보고 싶다.)

I am dying to see what it is.

(나는 그게 뭔지 보고 싶어 죽겠다.)

I'm dying to know what happened.

(나는 무슨 일이 있었는지 알고 싶어 죽겠어.)

I can't wait to go back home.

(난 빨리 집에 돌아가고 싶어.)

The children can't wait for Christmas to come.

(아이들은 어서 크리스마스가 되기를 바라고 있다.)

I'm aching to buy a new car.

(나는 새 차를 몹시 사고 싶어.)

California's been aching to split for decades.

(캘리포니아주는 수십 년 동안 분할되어지기를 갈망해왔다.)

I'm itching to do some exercise.

(나는 가벼운 운동이 하고 싶어 몸이 근질거려.)

He's itching to get back to work.

(그는 다시 일을 하고 싶어서 몸이 근질거린다.)

8. Are you the one I've been looking for all of my life : the one은 특정한 사람이나 사물을 뜻하는 경우에 쓰인다. 그런데 one은 불특정한 사람이나 사물을 뜻한다. 예문들은 다음과 같다.

He was the one who lived here originally.

(그는 여기에 처음 살았던 사람이었다.)

Are you the one I spoke with a short time ago?

(조금 전에 저와 통화 하셨던 분이죠?)

I like your interpretation better than the one I was taught.

(내가 배운 것보다 당신의 해석이 더 마음에 든다.)

One with the law is a majority.

(법과 함께 하는 자가 다수이다.)

No one matches him in English.

(영어에서 그와 견줄 만한 사람은 없다.)

One ought to pay what one owes.

(빚진 것을 갚는 것은 당연하다.)

look for는 1) '~을[를] 바라다[기대하다]'와 2) '찾다, 구하다'라는 뜻이다. 이 노래에서는 2)의 뜻으로 쓰이고 있다.

1)의 예문들은 다음과 같다.

What do you look for in a role?

(당신은 무슨 역할을 원하나요?)

Death steals upon us when we least look for it.

(죽음은 우리가 전연 원하지 않을 때 살며시 다가온다.)

We shall be looking for an improvement in your work this term.

(이번 학기에는 자네 성적이 나아지기를 기대하겠네.)

2)의 예문들은 다음과 같다.

She went around the market looking for bargains.

(그녀는 시장을 돌며 값싼 물건을 찾아다녔다.)

Which features do you look for when choosing a car?

(당신은 승용차를 고를 때 어떤 특성을 찾나요?)

We all need to look for ways to reduce our carbon footprint.

(우리 모두는 온실효과 유발 이산화탄소 배출량을 줄일 수 있는 방법을 찾아야 한다.)

for all of my life는 글자 그대로 '내 전 삶 동안'이란 뜻이지만 일반적으로 '내 평생 동안' 또는 '내 일생 동안'이라고 옮겨도 될 것이다. all of one's life의 예문들은 다음과 같다.

He has been in and out of jail all his life.

(그는 평생 감옥을 들락거렸다.)

That man has been in farming all of his life.

(그 남자는 평생 농사를 지었다.)

He had a goal to work in the Army for all of his life.

(그는 군인을 평생 직업으로 삼을 계획이었다.)

9. I'm ready to learn : be ready to는 '…할 준비가 되어 있다, …하기를 불사하다' 라는 뜻이다. 이와 비슷한 뜻으로 be willing[pleased] to('흔쾌히 ~하다, 기꺼이 ~하다')가 있다. 예문들은 다음과 같다.

I am ready to do it.

(그것을 할 준비가 되어 있다.)

I'm ready to make a deal.

(전 협상할 준비가 됐습니다.)

I guess we're ready to order.

(이제 저가 주문할 게요.)

10. Could it be the reason I was born? : be born은 '태어나다'라는 뜻이다. 예문들은 다음과 같다.

The baby was born by Caesarean section.

(그 아기는 제왕절개 수술로 태어났다.)

She was born into a very musical family.

(그녀는 대단히 음악적인 가정에서 태어났다.)

When the baby was born, it was blue and distressed.

(그 아기는 태어났을 때 새파란 게 제대로 살 수 있을까 싶을 정도였다.)

11. Are you the way I finally find out why? : find out는 1) '(~에 대해) (~을) 알아내다 [알게 되다]', 2) '~의 잘못을 적발하다'와 3) '(조사하여) 발견하다, 생각해내다, (해답을) 얻어내다, (수수께끼를) 풀다'라는 뜻이다. 이 노래에서는 1)의 뜻으로 쓰이고 있다.

1)의 예문들은 다음과 같다.

I'll do my best to find out.

(내가 최선을 다해 알아보겠다.)

Someone might find out, and that would never do.

(누군가가 알아낼지도 모르지만 그런 일이 있어서는 절대 안 돼.)

A : They'll never find out.

B : You reckon?

(A : 그들은 절대 알아내지 못할 거야.

B : 그렇게 생각하니?)

2)의 예문들은 다음과 같다.

The crime was found out.

(범죄가 드러났다.)

What does the woman find out about Christina?

(여자는 크리스티나에 대해 어떤 잘못을 적발하게 되었는가?)

He had been cheating the taxman but it was years before he was found out.

(그가 계속 세무서를 속여 왔었지만 수년이나 지나서야 적발되었다.)

3)의 예문들은 다음과 같다.

Watch the movie and find out!

(영화를 보고 확인해 보세요!)

She sat outside, waiting to find out her fate.

(그녀는 밖에 앉아 자기 운명이 어떻게 될 것인지를 기다리고 있었다.)

Let's find out some interesting facts about shrimps.

(새우에 대한 몇 가지 흥미로운 사실들을 찾아봅시다.)

why가 1) '왜, 어째서'('이유'를 묻는 의문문에 씀), 2) '왜, 무엇 때문에(의문문 형태로 어떤 일이 불필요함을 나타낼 때 씀)'와 3) '(…한) 이유; …한 (이유)'라는 뜻으로 주로 쓰이지만, 감탄사로서 4) '이런, 아니(놀람이나 참을 수 없음 등을 나타냄)'라는 뜻으로 쓰인다. 이 노래에서는 4)의 뜻으로 쓰인다.

1)의 예문들은 다음과 같다.

Why were you late?

(넌 왜 늦었니?)

Tell me why you did it.

(왜 그랬는지 말해 봐.)

A : I would like you to go.

B : Why me?

A : 난 당신이 갔으면 좋겠어.

B : 어째서 나예요?

2)의 예문들은 다음과 같다.

So, why should that worry you?

(그런데, 그게 왜 걱정이에요?)

Why get upset just because you got one bad grade?

(왜 단지 점수 하나 안 좋게 받았다고 화를 내고 그러니?)

Why bother to write? We'll see him tomorrow.

(뭣 하러 편지를 써? 내일이면 우리가 그를 만날 텐데.)

3)의 예문들은 다음과 같다.

That's why I left so early.

(그것이 내가 그렇게 일찍 떠난 이유이다[그래서 내가 그렇게 일찍 떠났다]).

I know you did it—I just want to know why.

(난 네가 그걸 했다는 걸 알고 있어. 난 단지 이유를 알고 싶어.)

The reason why the injection needs repeating every year is that the virus changes.

(그 주사를 해마다 반복해서 맞아야 하는 이유는 바이러스가 변화하기 때문이다.)

4)의 예문들은 다음과 같다.

Why Jane, it's you!

(아니 제인, 너잖아!)

Why, you astonish me!

(아니, 놀랍군!)

Why, it's easy—a child could do it!
(아니, 이거 쉽구나. 어린애도 할 수 있겠어!)

12. I'm no longer trembling : no[any] longer는 '더 이상 …아닌, 이미 …아니다'란 뜻이다. 예문들은 다음과 같다.

I felt that life was no longer endurable.
(나는 사는 것이 더 이상 견딜 수가 없다는 기분이 들었다.)
The company can no longer service its debts.
(그 회사는 더 이상 부채에 대한 이자를 갚을 수가 없다.)
The ticket was no longer valid and had to be for exchanged with a new one at the travel agency.
(그 표는 유효기간이 끝나, 여행사에서 새 것으로 교환해야 했다.)

13. I've come so far : come so far에서 far는 '멀리'라는 뜻이다. come so far는 '아주 멀리 오다'라는 뜻이다. 주로 거리상으로 '아주 멀리 오다'라는 뜻으로 많이 쓰이지만, 비유적으로 정도가 지나치다는 경우에도 쓸 수 있다. 예문들은 다음과 같다.

I've never come this far before.
(내가 이렇게까지 잘한 건 처음이야.)
Having come this far, we might as well continue.
(여기까지 왔으니 계속하는 것이 좋을 것이다.)
Thank you for taking the trouble to come so far.
(당신이 먼 길 와 주셔서 감사합니다.)
It is very kind of you to come so far out of your way.
(당신이 일부러 멀리 찾아와 주셔서 정말 감사합니다.)

14. I've waited for : wait for는 '…를[을] 기다리다'라는 뜻이다. 예문들은 다음과 같다.

The children can't wait for Christmas to come.

(아이들은 어서 크리스마스가 되기를 바라고 있다.)

I walk to a street corner and wait for the school bus.

(나는 거리 모퉁이로 걸어가서 학교 버스를 기다린다.)

The manager will be free soon—you can wait for her here.

(매니저님이 곧 시간이 날 겁니다. 여기서 (그 분을) 기다리세요.)

15. Let me see who you are : Let me see에서 let 다음에 목적어(me)가 나오고 그 뒤에 to 부정사가 나와야 하는데 let가 허용이나 허락을 하는 경우 알몸동사(원형동사; bare infinitive)가 쓰여 to see가 아니라 see로 된다.

who you are는 '네가[당신이] 누구인가, 네[당신]의 정체, 네[당신]의 인간 됨됨이'라는 뜻이다.

16. Don't make me wait : make me wait에서 make 다음에 목적어(me)가 나오고 그 뒤에 to 부정사가 나와야 되는데 make가 강제성을 띄고 있는 경우 알몸동사(원형동사; bare infinitive)가 쓰여 to wait가 아니라 wait로 된다.

17. Full of memory : full of는 '~로 가득 찬'이란 뜻이다. 주로 be full of로 많이 쓰인다. 예문들은 다음과 같다.

The article is full of technical terms.

(그 글에는 전문적인 용어가 가득 나온다.)

The street is full of traffic from morning till night.

(그 거리에는 아침부터 저녁까지 교통량이 가득하다.)

Hotels were full of rich people wolfing expensive meals.

(호텔들은 비싼 음식을 게걸스럽게 먹어치우는 돈 많은 사람들로 가득 차 있었다.)

18. homeward bound : homeward는 '집으로 향하는'이란 뜻이고, bound는 1) '꼭 …할 것 같은, …할 가능성이 큰', 2) (법・의무 등에) 얽매인, (법・의무상) …해야 하는'과 3) '(합성어에서) ~ (for…) …행의, …로 향하는'이란 뜻으로 쓰인다. 이 노래에서는 3)의 뜻으로 쓰이고 있다.

1)의 예문들은 다음과 같다.

It's bound to be sunny again tomorrow.

(내일은 날씨가 다시 맑을 것 같다.)

You've done so much work—you're bound to pass the exam.

(넌 공부를 아주 많이 했어. 꼭 시험에 합격할 거야.)

There are bound to be changes when the new system is introduced.

(새 제도가 도입되면 여러 변화가 있을 가능성이 크다.)

2)의 예문들은 다음과 같다.

We are not bound by the decision.

(우리는 그 결정에 얽매여 있지 않다.)

I am bound to say I disagree with you on this point.

(이 점에 대해서는 제가 의견이 다르다는 말씀을 드려야겠군요.)

You are bound by the contract to pay before the end of the month.

(계약에 따라 당신은 이 달 말이 되기 전에 돈을 지불해야 한다.)

3)의 예문들은 다음과 같다.

Life's a voyage that's homeward bound.

(인생은 집을 향한 여행이다.)

(* 이것은 『백경』을 쓴 미국의 소설가 허만 멜빌(Herman Melville)한 말이다.)

A plane (bound) for New York was hijacked.

(뉴욕행 비행기가 납치되었다.)

I guess it is almost certainly London bound.

(내가 생각하기로 그것은 거의 확실하게 런던행일 거다.)

따라서 homeward bound는 '고향으로 향하는, 본국행[귀항]의'이란 뜻도 있지만, 이 노래에서는 '집으로 향해, 집으로 가는, 집으로 돌아오는'이란 뜻으로 쓰인다.

19. Step into the power : step into는 1) '(일 따위)를[을] 시작하다', 2) '(재산 · 지위 따위) 를[을] 노력[고생]하지 않고 손에 넣다, (역할 따위)를[을] 인수하다'와 3) '발을 들여놓다'라는 뜻으로 쓰인다. 이 노래에서는 2)의 뜻으로 쓰인다.

1)의 예문들은 다음과 같다.

It seems that he has recently stepped into politics.

(그가 최근 정치에 입문한 것으로 보인다.)

The young heroine steps into a web of intrigue in the academic world.

(이 젊은 여주인공은 얽히고설킨 모의가 벌어지는 학계로 발을 들여 놓게 된다.)

When she stepped into the job she showed initiative and was promoted to manager after a year.

(그녀는 일을 시작하자 그녀는 솔선하는 정신을 보여 주었고 일 년 후에 지배인으로 승진했다.)

2)의 예문들은 다음과 같다.

She stepped into a large fortune.

(그녀는 많은 재산을 이어받았다.)

He stepped into his father's shoes and stretched them.

(그는 부친의 사업을 이어받아 더욱 확장했다.)

Criminal law can't step into a person's life to control his or her life.

(형법은 사람들의 인생을 통제하기 위해 한 사람의 인생에 간섭 할 수 없다.)

3)의 예문들은 다음과 같다.

A client just stepped into my office.

(어떤 고객이 방금 내 사무실로 들어왔다.)

When he stepped into the cemetery, he was very frightened.

(그가 묘지로 발을 들였을 때, 그는 매우 겁먹었습니다.)

When the employee stepped into the store, he was even more surprised.

(그 종업원이 가게로 들어섰을 때, 그는 훨씬 더 놀랐다.)

20. something new : 일반적으로 형용사는 명사, 대명사나 부사의 앞에서 꾸며주는 것이 일반적이다. 그렇지만 -thing, -body, -one으로 '끝나는 복합대명사를 꾸며주는 경우나 any~, some~이나 no~와 같은 경우 이것들의 뒤에 놓여 이것들을 꾸며준다. 여기에 해당되는 복합대명사로는 anything, everything, nothing, something/anybody, everybody(every body), nobody, somebody/anyone, every one, no one과 somewhere이 있다. 예문들은 다음과 같다.

Can we go somewhere warm?

(우리 어디 따뜻한 데로 갈 수 있을까?)

Does anyone else want to come?

(누구 다른 사람도 오고 싶은 사람 있어?)

As long as you have your health, nothing else matters.

(건강하기만 하다면 다른 것은 아무것도 중요하지 않다.)

기억할 만한 영어 문장

❶ Don't make me wait.
(나를 기다리게 하지 마.)

❷ I'm dying to meet you.
(나는 너를 몹시 보고 싶어.)

❸ And it feels like I am home.
(그리고 난 집에 돌아온 것 같은 느낌이야.)

뮤지컬과 노래를 생각하며

신비로운 세계는 언제든지 모험을 통해 경험할 수 있는 것이다. 『겨울 왕국 II』(*Frozen II*)에는 엘사와 안나가 북쪽의 땅 마법의 숲을 향해 모험 여행을 시작하게 된다. 의문의 목소리가 엘사를 부르고 평화로운 아란델 왕국이 위협을 받자 왕국을 구하기 위해 엘사와 안나는 떠나게 되는 것이다. 엘사는 때로는 저주를 풀고 진실을 찾기 위해 모험을 하게 된다. 그렇지만 그들은 스스로 두려움을 깨고 새로운 운명을 만나게 되는 것이다. 그 과정에서 네 개의 돌기둥이라 할 수 있으면서 동시에 정령을 나타내는 물, 불, 바람과 땅과의 만남을 통해 약간의 시련은 있지만 결국 자연과 인간의 조화를 꾀하고 있다는 인상을 심어준다. 이 작품은 애니메이션이긴 하지만 인간과 자연 그리고 정령으로 대변되는 초자연적인 세계를 그려냄으로써 생태학적인 조화가 일어나야만 진정한 의미에서 최종적인 우주의 조화가 일어날 수 있다고 보는 것이 아닐까?

"Into The Unknown"은 『겨울 왕국 II』 전체를 아우르는 노래라 볼 수 있다. 이 노래의 제목이 '미지의 세계로' 떠나는 엘사와 안나의 모험 여행을 떠나는 것과도 관련이 있기 때문이다. '너는 목소리가 아냐 / 너는 그저 내 귀에서 울리는 소리일 뿐 / 그리고 네 목소리가 들린다 해도 난 듣지 않을래'라는 가사는 이미 인간의 목소리와는 다른 그 어떤 소리임을 짐작할 수 있고, 그래도 여전히 자신의 귀에 들여오는 색다른 소리임을 이미 감지하고 있는 것이다. 자신이 듣지 않으려 해도 그녀가 해야 할 임무가 아란델 왕국을 위협하는 그 어떤 것으로부터 보호해야 할 임무가 있기 때문에 자신도 알세 모르세 이 소리에 이끌릴 수밖에 없는 것이다. '미지의 세계로'를 '숨겨진 세상'으로 옮겨지기도 하는데, 엘사와 안나가 알 수 없는 세계로 나아가는 것과 관련이 있고, 그 세계가 어떤 세계인지 알 수 없는 노릇이기 때문에 '미지의 세계로'로 이해하는 것이 더 나을 것이다. 여기에 'Into'는 행동과 관련이 또한 있기 때문에 모험을 떠나는 행동으로 볼 수 있다.

"Show Yourself"의 노래에서 '난 항상 나를 숨겨왔어 / 차가운 비밀들을 마음속 깊이 품고서 / 너 또한 비밀이 있잖아 / 하지만 숨길 필요가 없어 / 너 자신을 보여줘'라는 부분은 모험을 떠나면서 자신을 지키기 위해 맞서 싸우고자 하는 태도를 볼 수 있다. 엘사의 경우 자신에게 다가오는 어떤 역경과 변화에도 기꺼이 대처하여 그 진실과 마주하려고 한다. 물론 이런 그녀의 태도가 노래 가사에 또렷하게 나타나는 것은 아니지만, 가사의 내용을 한 걸음 더 들어가서 면밀히 살펴보면 이런 모습과 행동을 어느 정도 읽을 수 있다. 그래서 그녀는 모험을 떠난 어떤 이유가 있을 것이고 늘 다른 사람들과 달랐다는 점을 인정하고 있다. 그러니까 기꺼이 상대방에게 '너 자신을 보여달라고' 요구할 용기가 생길 수 있는 것이 아닐까? 모험을 떠나는 엘사와 안나의 위상도 예전에 남자들이 모험에 나서는 상황과는 비교할 수 없을 정도로 높아져 있는 것이 아닐까?

찾아보기 INDEX

U

W

Y